Karim El-Gawhary • Alltag auf arabisch

Karim El-Gawhary

Alltag auf arabisch

Nahaufnahmen von Kairo bis Bagdad

K&S

www.kremayr-scheriau.at

ISBN 978-3-218-00783-2

Schutzumschlaggestaltung: Kurt Hamtil
unter Verwendung eines Fotos von Wael Hmedan
Satz und Layout: Ekke Wolf, typic.at
Druck und Bindung: GGP Media GmbH, Pößneck

Inhalt

Ein Tag Honig, ein Tag Zwiebeln

Warum Alltagscollagen aus der arabischen Welt politisch sind

Eine kleine brodelnde Gasse in der Kairoer Altstadt: Zwei Lastenträger mit ihren Handkarren haben sich, mit Bergen von Schuhkartons und Badeschwämmen beladen, in ein paar Autos verkeilt, die nicht ausweichen können, weil mehrere Straßenhändler mit ihrer bunt ausgelegten Ware die Hälfte des Weges blockieren. Es ist heiß, die Luft ist stickig. Es riecht nach den Gewürzen vom Laden an der Ecke und den Abgasen der Fahrzeuge im Leerlauf. Die Ohren sind betäubt vom Hupen der Autos, den Schreien der Straßenhändler, die stoisch weiterhin ihre Waren anpreisen, und dem Gezeter und Gezanke der Festgefahrenen, die sich gegenseitig die Schuld für die Misere zuweisen, ohne dass einer bereit wäre, den Rückwärtsgang einzulegen.

Schließlich stellt sich ein entnervter Passant auf eine Kiste und beginnt einen spontanen Vortrag zu halten. Gestenreich beschwert er sich nicht nur über die Hoffnungslosigkeit der vertrackten Verkehrssituation, sondern des ganzen Landes, ja der ganzen Region. „So geht es nicht weiter. Wir sind ein Heuhaufen, der auf seinen Funken wartet", schmettert er seinem Publikum entgegen, das inzwischen alle Tätigkeiten unterbrochen hat und gebannt zuhört. Da greift einer der Lastenträger in seine Tasche. „Bitte sehr, mein Herr", sagt er und überreicht dem verdutzten Redner unter dem Gelächter des Publikums eine Schachtel Streichhölzer.

Die Krise lauert immer in der nächsten Gasse, sie erwartet die Araber, wenn sie nach Hause kommen und Nachrichten hören. Ob in ihrem Land oder ihrer nahöstlichen Nachbarschaft, überall warten die Lunten auf ihre Streichhölzer.

Manchmal ist es einfach nicht mehr auszuhalten – im Großen wie im Kleinen. Der Irak blutet langsam aus. Mein Nachbar in Kairo wirft seinen Müll aus dem Fenster. Im Libanon patrouilliert die Armee auf den Straßen von Beirut, um einen Bürgerkrieg zu verhindern. Mein anderer Nachbar hat gerade sein neunstöckiges Haus illegal um eine weitere Etage aufgestockt, in der gleichen Woche, in der in Alexandria das Fundament eines ähnlich erweiterten Gebäudes nachgegeben und 20 Menschen unter sich begraben hat. In beiden Fällen wurde vermutlich die Baubehörde bestochen.

Der Gazastreifen hungert aus. Im Nildelta kommt es zu ersten Brotunruhen, in Saudi-Arabien soll eine Frau wegen Hexerei gesteinigt werden. Eine andere saudische Frau wird ins Gefängnis geworfen, weil sie es gewagt hat, mit einem männlichen Geschäftspartner bei Starbucks in Riad einen Kaffee zu trinken. Im Jemen reicht ein achtjähriges Mädchen die Scheidung ein.

An meiner Haustür klingelt es. Ali, der Botenjunge von der Wäscherei nebenan, bringt die Bügelwäsche zurück. Mit einem breiten Lächeln überreicht er mir meine frisch geplätteten Hemden. Er würde gerne Englisch lernen, verkündet er, und mit aufgeweckten Augen erzählt er mir seine Geschichte. Der 13-Jährige kommt aus dem südlichen Oberägypten und ist das älteste seiner Geschwister. Weil sein Vater nicht mehr arbeiten kann, musste er die Schule abbrechen. Von seinem bescheidenen Lohn lebt nun eine ganze Familie. Es gibt Zehntausende Alis in dieser Stadt. Es ist, wie gesagt, schwer auszuhalten.

Für die Europäer ist diese Region stets der Inbegriff des Fremden geblieben, egal welchen Namen sie ihr geben. Sprechen sie verklärt vom *Orient*, dann ist der Ort exotisch aufregend, es duftet nach Koriander und Kardamom, es ziehen die Kamelkarawanen im matten Schein des Halbmondes durch die Weiten der Wüste. In der Zeitung liest man dann vom *Nahen Osten*. Gemeint ist die größte Zapfsäule der Welt, dort, weit hinter der Türkei, wo die Völker aufeinander schlagen und Araber sich mit den Israelis zanken. Es ist ein Hort der permanenten Krisen und Kriege. Neokonservative Zwangsreformer sprechen dagegen von der *arabischen Welt*, dem demokratischen Brachland, das es umzupflügen gilt. Eine Gegend, die heilige Krieger und verschleierte Frauen hervorbringt und einen Islam, der unsere westliche Zivilisation bedroht.

Ob Orient, Naher Osten oder Arabische Welt: Dort spiegeln sich Mythen wider, Vorurteile und fremde Machtansprüche. Es ist das Symbol des Anderen. Und das hat weder Vor- noch Familiennamen, tritt höchstens in emotionalisierten Massen auf, verbrennt amerikanische oder dänische Flaggen. Und wenn es doch einmal als Individuum auftaucht, dann als Selbstmordattentäter.

Dieses Buch soll den Menschen in Kairo, Beirut und Bagdad einen Namen und Gesichter geben. Es will zeigen, wie bei aller orientalischer Exotik, in einer von Krisen, Kriegen und Armut geschüttelten Region, Menschen die gleichen Gefühle, kleinen und großen Lebensträume haben wie die Leser dieses Buches. Nicht die Krisen selbst stehen hier im Vordergrund, sondern die Menschen, die sie täglich meistern und dabei noch versuchen ein ganz normales Leben zu führen. „Ein Tag Honig, ein Tag Zwiebeln", lautet ein arabisches Sprichwort. Es könnte auch das Motto dieses Buches sein. Mit viel Witz, einer gehörigen Portion Gelassenheit, manchmal auch einer lähmenden Gleichgültigkeit und oft einer tröstenden Schicksalsgläubigkeit ziehen die Araber in ihren täglichen Überlebenskampf.

Fast zwei Jahrzehnte sammle ich nun als Nahost-Korrespondent Anekdoten und Geschichten von Menschen in dieser Region. Manche wurden im Laufe der Jahre in deutschsprachigen Zeitungen veröffentlicht, einige waren im Rundfunk zu hören, andere werden hier das erste Mal erzählt. Nicht durch ein Teleobjektiv aus der Ferne beobachtet, sondern durch Nahaufnahmen soll Tuchfühlung aufgenommen und Beziehung hergestellt werden. Es sind heitere und ernste, verrückte und tragische Geschichten, aus dem Leben selbst – aus Honig und Zwiebeln eben.

Wie chauffiert man schweißgebadet seinen Neuwagen durch Kairos Verkehrschaos? Was hat die Wohnung meiner Tante in Alexandria mit dem Klimawandel zu tun? Wie geht man mit den kafkaesken Arabesken einer 7000 Jahre alten ägyptischen Bürokratie um, die Strafzettel für das Überfahren einer roten Ampel verteilt, in einer Straße, in der es gar keine Ampeln gibt? Und über allem: dicke Luft in der Stadt, jenseits der Schadstoffgrenzen, bei der jede europäische Feinstaubdiskussion wie Hohn anmutet.

Aber es geht auch darum, wie Menschen mit etwas mehr als einem Euro am Tag um ihr und das Überleben ihrer Familien kämpfen. Menschen wie Abu Aschraf, der als Metallarbeiter 40 € im Monat verdient und nicht weiß, von welchem Geld er am ersten Schultag seine Kinder einkleiden soll. Wie jenseits des Staates Konflikte geschlichtet werden, mit Sana', der „Scheichin der Gasse", einer Schneiderin, die in einem Kairoer Armenviertel zugleich als Friedensrichterin und Bewährungshelferin auftritt. Immer wieder tauchen sie auf, die „Sittat bi-miat ragil" – die Frauen, die hundert Männer in die Tasche stecken. Frauen wie die Rallyefahrerin Laleh Saddigh, bei der das Kopftuch sichtbar wird, wenn sie ihren Helm abnimmt. Sie alle entsprechen so gar nicht dem westlichen Bild von der schwachen, ohnmächtigen muslimischen Frau.

Es soll nichts beschönigt werden. Hier geht es auch um Tabus. Viel ist von Heuchelei und den zwei Gesichtern islamischer Gesellschaften die Rede. Vom Kampf zwischen Anspruch und Wirklichkeit, dessen Front hinter Waschpulver und Windeln im hinteren Regal in Abu Summers Tante-Emma-Laden in Bagdad verläuft, wo der christliche Händler Whisky, Wodka und Dattel-Arrak feilbietet und fast ausschließlich Muslime zu seinen Kunden zählt. Oder vom Sextourismus in Kairo: Im Eigenversuch wird getestet, wie das Netzwerk aus Pförtnern, Wohnungsmaklern und Prostituierten funktioniert, das meist reichen Golfarabern käufliche Liebe verschafft.

Deutlich wird auch die kulturelle Zerreißprobe der Menschen. Zwischen Konsum und Spiritualität meinen viele auf der Suche nach ihrer Identität ihr Heil in schnellen islamischen Patentrezepten zu finden, bei einer Art „Instant-Islam": schnell ein Kopftuch auf, flugs einen Bart wachsen lassen – so treten

Äußerlichkeiten ins Zentrum der eigenen Religiosität. Und dann ist da noch der Frust, stets politisch auf der Verliererseite zu stehen, sei es gegenüber dem überlegenen Westen, Israel oder den eigenen arabischen Regimes. Ein Gefühl, das zur Folge hat, dass sich selbst meine eigenen, verwestlichten Tanten als potenzielle Terroristen outen.

Auch Berichte aus den Kriegsgebieten enthält dieses Buch. Es sind keine Front-Reportagen, in kugelsicherer Weste recherchiert, sondern Geschichten von hinter der Front, aus dem Libanonkrieg oder von den zerplatzten Lebensträumen einer befreundeten irakischen Familie. Jahrelang hatte sie einem Leben ohne Saddam entgegengefiebert. Groß, aber bald enttäuscht, waren ihre Hoffnungen nach dessen Sturz im neuen Irak. Inzwischen sind sie froh, das Land mit heiler Haut verlassen zu haben. „Niemals hatten wir die Wahl", sagt die Irakerin Intisar heute, „keiner hat sich Saddam ausgesucht, und nach ihm hatten wir keine andere Wahl als zu flüchten."

Vielleicht ist es genau das, was die Autoren des UN-Berichtes zur „Entwicklung in der arabischen Welt", meinen, wenn sie zu deren Beschreibung zu den Sternen greifen: „Der moderne arabische Staat folgt im politischen Sinne einem astronomischen Modell, in dem die Staatsmacht ein schwarzes Loch darstellt, das seine soziale Umgebung in einen Zustand versetzt, in dem sich nichts bewegt und aus dem es kein Entrinnen gibt."

Medien verkürzen. „Erklären Sie uns den Nahen Osten in 40 Sekunden", lautet die Aufgabe, die das Fernsehen bei einer Live-Schaltung in eine der arabischen Hauptstädte stellt. „Können Sie uns 80 Zeilen zum Thema Islam, Libanon oder Irak schreiben?", fragt der Zeitungsredakteur am Morgen. „Kann ich eigentlich nicht", will ich immer antworten. Die folgende Alltagscollage aus der arabischen Welt, die Nahaufnahmen aus dem Nahen Osten, der Soundtrack aus dem Orient, sind zumindest ein Versuch. Mit dem Blick auf die Alltagsfacetten wird das politische Geschehen nachvollziehbarer als durch manche Analyse und ganz sicher als durch jeden Nachrichtenbericht. Insofern ist dies auch ein politisches Buch, ganz nah am Leben.

Wenn es am Ende dem europäischen Leser seine unmittelbaren und doch so fernen arabischen Nachbarn einen kleinen Schritt näher gebracht hat, dann hat es seinen Zweck erfüllt. Denn wie lautet das arabische Sprichwort, der weise Rat an alle Wohnungssuchenden: „Al-Gar aham min Al-Dar“ – die Nachbarn sind wichtiger als das Haus selbst.

Kairo: „Zu viel ist nicht genug"

Jeden Tag ein Festival voller Widersprüche

Es gibt ihn, jenen paradiesischen Ort, an dem alle Sinnesorgane gleichzeitig beflügelt werden. Es ist ein permanentes Bad der Reize. Manche behaupten dagegen, er käme eher der Hölle gleich, jener Platz, an dem die Rezeptoren 24 Stunden lang an sieben Tagen in der Woche nicht abschalten können.
Die Einwohner des Ortes selbst scheinen sich allerdings nicht mit solch neurologisch-philosophischen Fragen aufzuhalten. „Zu viel ist nicht genug", lautet das Motto, mit dem die Kairoer ihren turbulenten Alltag bewältigen. Sei es die Lautstärke des Muezzins oder des übersteuerten Autoradios, die schrille Farbe eines Hauses, seien es die vielen bunten Lämpchen, die hektisch blinkend die Neueröffnung eines Ladens ankündigen, oder die mit Glasperlen bestickten goldenen Badeschlappen in der Auslage des Schuhgeschäftes: „Kairo – jeden Tag ein Festival", verkündet ein Plakat an der Auffahrt zu einer der Nilbrücken im Zentrum der Stadt. Solange es nur laut, bunt und schrill zugeht, so lange ist die Welt am Nil in Ordnung. In der Umm Al-Duniya, der Mutter aller Städte, hat sich diese Lebensphilosophie, voll aufzudrehen, ins Unermessliche gesteigert.
Vereinzelt gibt es Versuche, den Wahnsinn zu messen. Das Nationale Forschungsinstitut veröffentlichte eine Studie, laut der in der Kairoer Innenstadt zwischen 7 und 22 Uhr ein durchschnittlicher Geräuschpegel von 85 Dezibel herrscht. Das entspricht in etwa einem in der Nähe vorbeirauschenden Güterzug. Auf den großen Plätzen und Verkehrsknotenpunkten der Stadt wurden im Schnitt sogar 95 Dezibel gemessen – gleich dem Lärm eines Pressluftbohrers.
Vor der schieren Zahl der Menschen, die die Nilmetropole ihr Zuhause nennen, gehen die Statistiken in die Knie. Sie lässt den Atem stocken. Etwas mehr als 18 Millionen, hieß es bei der letzten Volkszählung, die allerdings bekannt dafür ist, dass sie beileibe nicht

alle zählt (siehe Seite 106 ff.). Und dann sind da noch weitere zwei bis drei Millionen Pendler aus der Umgebung, die jeden Tag in die Hauptstadt zur Arbeit pilgern. Wie viele Kairoer es auch immer sein mögen, stets hat man das Gefühl, dass sie alle da sind, immer und überall, unmittelbar auf Tuchfühlung, wo man sich selber gerade befindet. Sei es, dass sie mehr oder weniger geduldig im Stau in der Innenstadt auf die ersehnte Weiterfahrt hoffen, sei es, dass sie als Traube vor dem Schalter einer Amtstube warten und versuchen, alle gleichzeitig die Aufmerksamkeit eines einzigen Beamten zu erhaschen, sei es, dass sie sich in einen U-Bahn-Wagen quetschen. Jede Fahrt, jede Erledigung ist eine gefühlte Überbevölkerung. Wenn das Münchener Olympiastadion mit 70 000 Menschen ausverkauft ist und man die Zuschauer auf dessen ganzer Fläche, einschließlich des Spielfeldes, verteilen würde, erhält man die gleiche Bevölkerungsdichte wie in Schubra, einem Kairoer Viertel neben dem Hauptbahnhof. Und Schubra ist nicht Manhattan. Es gibt hier keine Hochhäuser.

Kairo ist nicht nur voller Menschen, es ist auch voller Widersprüche. Die Stadt ist ein Brennglas, in dem sich alle Gegensätze und Konflikte dieser Erde bündeln. Bettelarm und stinkreich, Tradition und Moderne, Islam und Verwestlichung, Stadt und Land: In Kairo leben sie alle Tür an Tür. Auf dem Grünstreifen vor dem Internetcafé grasen die Ziegen. Auf einem Dach vergnügen sich die Einwohner an einem Swimmingpool mit Bar, während unweit davon auf einem anderen Dach in einem kärglichen Verschlag Hühner und Menschen zusammenleben.

Es ist eine Stadt mit vielen Städten. Mit so genannten Aschwaiyat – informellen Armenvierteln, die ohne jegliche Infrastruktur-Planung illegal entstanden sind und die 40 Prozent der Stadtfläche bedecken. Dahinter befinden sich die neuen, exklusiven Compounds der Schönen und Reichen, die sich immer mehr in umzäunten, abgesicherten Vororten in der begrünten Wüste ansiedeln. Und dann ist da noch die dahinvegetierende Innenstadt, deren einstiger bourgeoiser Glanz langsam verfällt.

Nur in der islamischen Altstadt rund um die Al-Azhar-Universität, in der sich islamische Baudenkmäler drängeln, ist die Zeit stehen

geblieben, nicht aber das Leben. Es gibt wohl keinen Ort auf der Welt, in dem das Konzept vom lebenden Museum besser praktiziert wird. Sehr zum Leidwesen des Tourismusministeriums, das die Bewohner am liebsten in die Wüste schicken und eine sterile Altstadt Marke „Disney Orient" hervorzaubern möchte, als devisenbringenden Ausstellungs- und Erlebnispark. Aber Al-Hamdulillah – Gott sei Dank –, bis jetzt ist Kairo noch immer Kairo geblieben.
Der arabische Name Kairo, „Al-Qahira", bedeutet „die Siegreiche". Im überfüllten, chaotischen modernen Kairo hat dieser Ehrentitel eine neue Bedeutung gewonnen. Die Stadt, die ihre Einwohner jeden Tag besiegt. Oder besiegen vielmehr die Einwohner sich gegenseitig und die Stadt gleich mit? Das Leben in der lauten, überbevölkerten, korrupten und widersprüchlichen Stadt, in der nicht nur die Abgasglocke einem den Atem raubt, zermalmt so manche Biografie.
Es gibt Tage, an denen auch einem Korrespondenten das Zuviel mehr als genug ist. Dann bleibt von der Hass-Liebe zu der Stadt, die alle Kairoer eint, nur noch das negative Gefühl übrig. Gedanken ans baldige Auswandern machen sich breit. Aber dann passiert immer etwas, das zum Umdenken zwingt. Etwa mein Erlebnis mit dem Kinderwagen meiner Tochter. Ich hatte ihn auf den Autodachträger gelegt, in der ägyptischen Unart, keine Zeit mit dem Festbinden zu verschwenden. Nach ein paar Kilometern auf der Nilstraße begannen mich Autofahrer anzuhupen, einer schnitt mir gar mit quietschenden Reifen den Weg ab. Den gleichzeitig aus allen offenen Autofenstern tönenden Rufen war schließlich zu entnehmen, dass der Kinderwagen irgendwo da hinten auf der Uferstraße liege. Doch da bremste bereits ein Taxi ab und der breit grinsende Fahrer hievte das verlorene Gerät aus seinem Kofferraum.
Auf die Frage, wie ich mich revanchieren könne, nickte er, beugte sich ins Auto und gab dem schlafenden Baby einen Kuss. „Mein Tag ist gerettet", verkündete er unter dem Lachen der anderen Autofahrer, deren Fahrzeuge inzwischen die gesamte Hauptstraße blockierten. Da wusste ich: Kairo hat mich doch wieder.
Es sind dieser Humor, diese Gelassenheit und ihre großmütige Hilfsbereitschaft, die die Kairoer trotz aller Widrigkeiten des Lebens

in der arabischen Megastadt bewahrt haben. Das wird auf den folgenden Seiten deutlich. Sei es mein Nachbar mit den Hühnern auf dem Dach, seien es die Anstreicher eines staatlichen Kaufhauses, die betenden und witzelnden Mitfahrer bei einer eher beängstigenden Aufzugfahrt, Umm Buqqu oder die „Mutter der scharfen Zunge" mit ihrer Kairoer Beleidigungsagentur – sie alle machen Kairo zum permanenten Festival, dem man verfällt wie einer Sucht, von deren Zuviel man nicht genug kriegen kann.

Wenn der Hahn kräht, ehe der Muezzin ruft

(Kairo, den 22. Mai 2005)

Davon konnten schon die Pharaonen ein Lied singen: Die Landflüchtigen bringen ihre Dorfkultur in die Stadt. Daran hat sich bis heute nichts geändert, wie man am Fall meiner neuen Nachbarn sehen kann. Nachdem voriges Jahr in der Baulücke nebenan ein dreistöckiges Gebäude errichtet worden war, zog eine Familie ein. Nach wenigen Tagen tauchte ein halbes Dutzend Hühner auf dem Dach auf. Es folgten zwei Paar Enten, verstärkt von fünf schnatternden Gänsen. Von meinem Küchenfenster aus beäugen wir uns seitdem misstrauisch, das Federvieh und ich.

Morgens weckt mich nicht mehr der übersteuerte Gebetsruf der nahen Moschee, sondern der hysterische Hahn von nebenan. Wenn dann im Laufe des Tages die Kairoer Sonne Dach und Geflügelkot aufheizt, weht eine recht ländlich anmutende Brise herüber.

Man stelle sich vor, in Berlin oder Wien zieht plötzlich ein kleiner Bauernhof auf den Balkon des Nachbarhauses. Gesetzgebung, Gesundheitsamt und Lärmschutzverordnung stellen dem alteingesessenen Städter mannigfache Handhabe gegen den dörflichen Eindringling zur Verfügung. Notfalls droht man mit dem Tierschutzverein. Nicht so in Kairo, wo die Behörden wahrlich andere Probleme zu bewältigen haben als ein paar gackernde Hühner auf dem Dach, zumal in den Armenvierteln der Stadt die ländlichen Neuankömmlinge wie selbstverständlich ihr Vieh halten.

Was bleibt, ist ein freundliches Gespräch mit dem neuen Nachbarn Hagg Mustafa. Wenn er das Federvieh verkaufe, könne er einen ähnlichen Dachgarten wie ich anlegen, mit duftendem Jasmin zur Freude aller Anwohner, so mein augenzwinkernder Ratschlag. Hagg Mustafa winkt lachend ab. Bei meiner Nachbarin handle es sich um seine Zweitfrau mit seinen Kindern, erklärt er mir stolz. Die Gute komme nun einmal vom Land und wünsche sich nichts mehr, als morgens weiterhin ihre eigenen Eier in die Pfanne zu hauen und gelegentlich ihr eigenes Huhn zu rupfen. Er könne seiner jüngeren Zweitfrau einfach keinen Wunsch abschlagen. Und schließlich dürfe jeder in seinem Haus machen, was er wolle. Ende des Palavers.

Also finde ich mich mit meinem Schicksal ab. Es hat schließlich auch etwas Idyllisches, wenn die Nachbarskinder jeden Morgen vergnügt die Eier einsammeln. Und siehe da: Ein paar Hühner kommen selten allein. Vergangene Woche brach vor dem Nachbarhaus ein Tumult aus. Ein paar Männer versuchten verzweifelt, eine störrische Kuh von ihrem Kleinlaster zu laden. Mit allen Tricks wurde das Rindvieh schließlich in die untere Etage getrieben. Wenn nun gelegentlich aus dem benachbarten Kellergewölbe ein lang gedehntes Muhen zu vernehmen ist, lehne ich mich resigniert, aber auch ein wenig zufrieden, zurück. Die frische Milch ist sicherlich viel gesünder als die im Supermarkt und wird dafür sorgen, dass mir meine Nachbarn lange erhalten bleiben.

Die „müde" Seite des Warenerwerbs

(Kairo, den 1. August 1999)

Jeder Ägyptenbesucher kennt sie: die Bazarhändler, die jeden Kunden wort- und gestenreich umwerben. „Hallo Mister, Monsieur, Señor … kommen Sie hierher, riechen Sie, schmecken Sie, probieren Sie – kaufen Sie. Ich bin Mister Billig."

In welcher Sprache sie ihr Opfer ansprechen, erkennen erfahrene Bazaris meist schon am Schuhwerk der schlendernden Kunden. „Die Deutschen erkenne ich immer an ihren hässlichen, bequemen Schuhen und außerdem sind sie das einzige Volk der Welt, das Socken in Sandalen trägt", verriet mir einmal einer der Bazarschlepper im Vertrauen. Beobachtungsgabe und psychologische Kenntnisse haben die Verkäufer im Blut. Nach ein bisschen Anpreisen und Feilschen ist man handelseinig. Am Ende sind beide Seiten zufrieden, der Käufer, weil er meint, ein Schnäppchen gemacht zu haben, und der Bazari in dem siegreichen Gefühl, den anderen übers Ohr gehauen zu haben. Alle sind glücklich – arabische Einkaufskultur pur. Das ist aber beileibe nicht alles, was Kairos Shoppingszene zu bieten hat. Es gibt noch eine andere Seite des Warenerwerbs, jene gigantischen staatlichen Kaufhäuser in der modernen Innenstadt. Ihre wohlklingenden Namen wie Omar Effendi, Cicurel oder Sednawy stammen noch aus den 20er Jahren, als hier die Kairoer Oberschicht an den mit der neuesten Mode aus Europa bestückten Kleiderständern entlangflanierte. Damals konnten die Grand Magasins durchaus mit den Einkaufsparadiesen von London, New York oder Paris konkurrieren.

Damit war es nach der Revolution der freien Offiziere vorbei. Nach dem Suezkanal und den Banken wurden 1961 auch die Kaufhäuser verstaatlicht. Von da an ging es steil bergab. Heute haben die Haute-Couture-Etablissements von einst den Charme verstaubter sozialistischer Warenmagazine, die sich zu einer Art Via Dolorosa, einem „Weg der Schmerzen" für die Kundschaft, verwandelt haben. Wer hier einkauft, muss starke Nerven haben, festen Willens sein, genau wissen, was er sucht und eine gehörige Portion Geduld mitbringen.

Jene Kaufhäuser sind der Inbegriff dessen, was Ägypter normalerweise als „taaban", als „müde" bezeichnen. Nicht etwa, dass hier wie in deutschen Kaufhäusern nach mehreren Einsparungswellen praktisch kein Verkaufspersonal mehr aufzutreiben ist. Das ist im Omar Effendi im Überfluss vorhanden. Es trinkt Tee, bohrt in der Nase, hat auch schon einmal den

Kopf zu einem kleinen Nickerchen auf den Verkaufstresen gelegt und zeigt sich ansonsten gegenüber jeglicher Störung durch fragende Kunden immun. Für Bettbezüge sei hier niemand zuständig, aber der Kollege müsste demnächst kommen, lautet die Information einer Gruppe Verkäufer, die es sich in der Bettenabteilung gemütlich gemacht hat.

Immerhin machen sich in der Ecke tatsächlich zwei Männer eifrig an einem Regal zu schaffen. Ihre mit frischer Farbe befleckten Overalls zeichnen sie sofort als der Malerzunft zugehörig aus. Ohne mit der Wimper zu zucken, streichen sie das Regal und mit ihm gleich auch die darauf liegenden Waren an. Das sei schließlich egal, da die Bettbezüge ohnehin in Plastikfolie verpackt seien, lautet ihr verblüffendes Argument. Zugegeben, eine gewisse Logik hat es schon, die Waren gleich mit anzustreichen. So spart man sich das Warnschild „Frisch gestrichen“. Im Übrigen: Ein bisschen Lackfarbe hat noch keinem Kunden geschadet, meinen sie, und Chef habe gesagt, das solle gemacht werden, und nach vier hätten sie Feierabend. Also könne man den Auftrag nur während der Öffnungszeiten erledigen. Auf die Idee, ihre Zeit damit zu verschwenden, wenigstens die Waren zuvor aus dem Regal zu nehmen, wären die beiden nie gekommen. Auch das halbe Dutzend herumlungernder Verkäufer scheint das Ganze nicht weiter zu stören.

Immerhin helfen die beiden Maler am Ende bei der Suche nach der richtigen Größe des gewünschten Bettbezugs (der eigentliche Verkäufer war immer noch nicht aufzutreiben). Dann gilt es noch die „Herausforderung Kasse“ zu überwinden. Die Kassiererin ist zwar immerhin da, wenngleich sie sich äußerst gelangweilt über ihre Registrierkasse lehnt. Sie hat nichts zu tun, denn die potenziell bezahlende Kundschaft muss auf den Einpacker warten. Der hat sich angeblich zum Gebet verflüchtigt.

Dieses wurde anscheinend nicht erhört, denn übel gelaunt kommt er schließlich nach einer Viertelstunde um die Ecke. Mein Bezug wird lieblos eingepackt (die Farbe an der Plastikfolie ist inzwischen getrocknet). Für den in jeder Hinsicht außergewöhnlichen Service zahle ich am Ende sogar etwas mehr, als ich es in einem der privat geführten Läden getan hätte. Als ich mit meinem mühsam erstandenen Beutestück von dannen ziehe, winken die beiden Maler zum Abschied. „Vorsicht, frische Farbe", witzeln sie, glücklich, dass ich das Richtige gefunden habe, und machen sich nun frohgemut über das nächste Regal her.

Diät für Fahrstuhlkabinen

(Kairo, den 8. Oktober 1995)

Wir sind umgezogen. Anstatt uns wieder im nervenraubenden Geschehen der alles verschlingenden Stadt niederzulassen, haben wir beschlossen, Kairo in den nächsten Jahren ein wenig von oben zu betrachten. Der atemberaubende Blick aus dem 16. Stock spricht seine eigene Sprache. Alles ist wunderschön – wäre da nicht dieser kleine Haken.

„Bismillah Al-Rahman Al-Rahim" – „Im Namen Gottes des Barmherzigen und Allmächtigen", flüstert mein Mitfahrer verstört vor sich hin, als sich die Türen des Aufzugs schließen und das Gefährt seinen Weg nach oben sucht. Während die Kabine mit lautem Krächzen den Schacht entlangschrammt, versucht ein weiterer Mitfahrer die angespannte Atmosphäre ein wenig aufzulockern. „Die Kabine hat in den letzten Monaten zugenommen und zwängt sich daher nur noch mit Mühe durch den Schacht. Sie braucht eine Diät", witzelt er. Die Mitreisenden lachen lauthals, fast als wollten sie ihre mittlerweile bis zum Platzen angestaute Angst überspielen. „Hamdillah a la Al-Salama" – „Danke Gott dafür, heil angekommen zu sein", verabschieden sich die Mitreisenden im 16. Stock.

Dass der Aufzug überhaupt funktioniert hat, war, wie sich später herausstellen sollte, ein purer Glücksfall. „Der Fahrstuhl muss sich ein wenig ausruhen", war das überzeugende Argument des Pförtners, als wir mit unseren Kisten in seinem Reich ankamen. Zwischen 11 und 14 Uhr sowie 16 und 18 Uhr schwelgt die angekratzte Kabine in ihrer wohlverdienten tariflich festgelegten Pause.

Derweil erweist sich unser Lift als durchaus nicht einzigartig. Viele alte Bürgerhäuser im Zentrum sind bis heute mit alten Kolonial-Fahrstühlen ausgerüstet. Mit ihren königlichen Käfigschächten und holzgetäfelten Kabinen wirken sie, als seien sie noch von einer Dampfmaschine angetrieben. Ersatzteile dürfte es schon seit Jahrzehnten nicht mehr geben, und als wolle man noch, so gut es geht, für weitere hundert Jahre einen reibungslosen Betrieb gewährleisten, triefen Seilzug und Aufhängung von schwerem Maschinenöl. Nostalgisch hängt auch der schwere Geruch des Öls und des von Würmern zerfressenen Holzes im Treppenflur.

Neulich kam übrigens unser Bürobote völlig bleich und zitternd zurück, bevor er seinen Auftrag erledigen konnte. Er hatte die Aufzugtüre geöffnet und wollte eintreten, als er merkte, dass keine Kabine da war und er gerade dabei war, seinen Fuß in einen leeren Aufzugschacht zu setzen. Im letzten Moment hielt er sich an der Türe fest, bevor er 13 Stockwerke nach unten stürzte. Wenige Tage darauf brachte die Liftfirma an jedem Stockwerk ein arabisches Warnschild an: „Bitte stellen Sie vor dem Eintreten sicher, dass die Aufzugskabine vorhanden ist."

In anderen Kairoer Gebäuden geben die Gastgeber ihren Gästen nützliche Tipps für die Fahrt. „Falls das Seil reißt, sofort in die Knie gehen", lautet etwa ein gut gemeinter Rat. Und zur endgültigen Beruhigung bekommt man, heil oben angekommen, erzählt: „Ein Paar hat in der Hockstellung einen Aufzugabsturz aus dem achten Stock überlebt. Man muss das einfach abfedern."

Wer in seinem Leben noch nie in einem Fahrstuhl stecken geblieben ist, sollte auf jeden Fall zwecks Erfahrungsbereicherung einen längeren Besuch in der Nilmetropole wagen. Ein Berliner Freund ist gar einmal im hundert Meter hohen Aussichtsturm der Stadt hängen geblieben. Bereits nach wenigen Minuten brach in der Kabine Panik aus, die selbst die Hartgesottensten hemmungslos um Hilfe schreien ließ. Seitdem verweigert sich mein Freund der automatisierten vertikalen Fortbewegungsart.

Aber keine Panik. Alles findet seine Lösung. Wenn in unserem Haus der Strom ausfällt und der Aufzug stecken bleibt (das passiert mindestens zweimal wöchentlich), macht sich der Pförtner auf den Weg und sammelt in den Büros eine Spende für den Elektriker. Diejenigen, die Glück hatten und nicht kurz zuvor noch in den Aufzug gesprungen waren, machen sich geduldig bis zu zwanzig Stockwerke auf den Weg nach oben oder unten, oder gehen ins nächste Café, bis der Elektriker sein Werk beendet hat und es wieder heißt: Freie Fahrt – im Namen Gottes des Barmherzigen und Allmächtigen.

Die Beleidigungs-Agentur

(Kairo, den 12. Juli 1993)

Lautstark ausgetragener Streit, Schimpftiraden, neugierig zusammenströmende Passanten: All das ist ein täglich wiederkehrendes Bild in den Straßen von Kairo, wo das Klima nicht nur im Sommer hitzig ist. Der unbescholtene Beobachter denkt sich nichts weiter dabei und geht nach kurzem Zuhören seines Weges.

Das arabische Tratschblatt *Sabah Al-Kheir* wusste nun in einer skandalösen Enthüllungsstory von einer Agentur ganz besonderer Art zu berichten: Aufgedeckt wurden die Machenschaften der „Umm Buqqu-Agentur für Prügel und Beleidigungen" mit Sitz in einem der Slum-Vororte von Kairo.

Das System dieser Geschäftsstelle gestaltet sich relativ einfach. Wer sich mit seinen ärgsten Feinden, Konkurrenten oder Nebenbuhlern nicht selber die Finger schmutzig machen will, der mietet kurzerhand die Crew von Umm Buqqu, zu Deutsch etwa „Mutter der scharfen Zunge". Sie erledigt das delikate Geschäft für ihren Auftraggeber auf eine möglichst professionelle Weise.

Zu feilschen gibt es dabei nicht viel, Umm Buqqu, eine Fachfrau der Kairoer Unterwelt, weiß, was sie von ihren Kunden verlangen kann. Eine gezielte Schimpfattacke mit den dreckigsten Ausdrücken ist schon für umgerechnet ein Viertel Monatslohn eines Lehrers zu haben. Ein künstlich gestalteter Affront mit einem Grundset an beleidigenden Ausdrücken, einschließlich einer Auswahl von leichten Schlägen gegen eine Frau, kostet schon das Doppelte. Wer einen Mann zurechtweisen will und zusätzlich „Schläge mit den Absätzen von Frauenschuhen auf den Kopf“ bestellt (eine für ägyptische Männer besonders erniedrigende Art der Kränkung), der legt noch einmal das Doppelte drauf. Dazu kommen etwaige Gerichtskosten, für den Fall, dass sich die Mitarbeiter der Agentur nicht so ohne Weiteres aus der Affäre ziehen können.

Bezahlt wird dabei eine Expertise ganz besonderer Art. Die Mutter der scharfen Zunge, die, wie sie selber sagt, früher als Taschendiebin tätig war, hat sich schon damals als gute Fighterin angepriesen. Am Anfang stellte sie nur ihren Freunden und der Nachbarschaft ihre speziellen Fähigkeiten zur Verfügung. Später ging sie dazu über, einen Vorschuss zu verlangen und sich den Rest nach vollbrachter Leistung auszahlen zu lassen.

Mit Fatima Sewifi, Künstlername „Fatima die Amazone“, hat sie sich auch eine äußerst gut qualifizierte Partnerin an Land gezogen. Deren besondere Fähigkeiten: Sie ist Meisterin im Haareziehen und hat auch ansonsten akrobatische Kampfqualitäten, die denen von Laura Croft in nichts nachstehen. Umm Naseh – Mutter der routinierten Verschlagenheit – gehört ebenfalls zum inneren Stab der Agentur. Ihr Wortschatz gleicht einem Lexikon der dreckigsten Ausdrücke, die selbst Kennern der Materie die Luft nehmen. Umm Buqqu selbst ist eine meisterhafte Trommlerin, die die Performance der Frauen meist rhythmisch begleitet, wozu sie einige Reime gedichtet hat.

Aufgeflogen ist das Ganze, als ein kleines Mädchen über die Existenz der geheimen Agentur plauderte. Ihr Vater hatte die Frauen angestellt, um der Lehrerin seiner Tochter, deren Erziehungsmethoden nicht gerade als zimperlich gelten, einmal alles so richtig heimzuzahlen.

Die Behörden gehen dem Fall nun nach. Doch das ägyptische Gesetz weist in solchen Fällen Lücken auf. Mehr als die Hälfte des Entgelts für einen Schimpfeinsatz der niedrigsten Kategorie werden die Frauen für ihre Aktion gegen die unbeliebte Lehrerin wohl nicht als Strafgeld blechen müssen.

Verkehr als überwältigende Naturgewalt

Mit dem Totengott Anubis auf dem Beifahrersitz – Autofahren in der arabischen Welt

Im Leben eines gewöhnlichen Verkehrsteilnehmers in Kairo gibt es Dinge, die lassen sich weder in die Worte einer Straßenverkehrsordnung fassen noch als Road Movie verfilmen. So erweist sich schon die Fahrt vom Flughafen zum Hotel für jeden, der die ägyptische Hauptstadt das erste Mal besucht, als größter aller noch kommenden Kulturschocks. Da ist stets der erste ungläubige Blick durch die Heckscheibe, wenn der Fahrer, ohne auch nur mit der Wimper zu zucken, die erste rote Attrappenampel überfährt. Es folgen Adrenalinstöße, wenn im Gewühl mit haarscharfen Manövern um den besten Platz gekämpft wird, nach dem Motto: Liegt der Kotflügel um Zentimeter vorn, hat man gewonnen. Und dann liegt das Hotel möglicherweise noch in einer Einbahnstraße und ist viel günstiger gegen die Fahrtrichtung zu erreichen.
Verkehr in Kairo, das ist eine turbulente Mischung aus sportlicher Missachtung grundlegender Verkehrsregeln, einer korrupten Verkehrspolizei, einer Ansammlung von Fahrzeugen, die das Prädikat „verkehrstauglich" schon seit Jahrzehnten verloren haben, und natürlich der obligatorischen Hupe. Die Benutzung des letzteren Gerätes gilt weniger der Warnung vor Gefahr als der Aufmerksamkeitserheischung. Will heißen: Hallo, lieber Fahrnachbar – hier bin ich.
Doch nicht nur für Fahrer, auch für Fußgänger hält Kairo Überraschungen bereit. Hier ein Tipp für die Frage aller Fragen von Kairo-Neulingen. Wie überquere ich eine Straße, deren Strom nie abreißt? Jeden Morgen auf dem Weg ins Büro sehe ich sie: jene bemitleidenswerten ausländischen Geschöpfe, die sehnsüchtig und voller Todesangst auf das ägyptische Nationalmuseum auf der anderen Straßenseite blicken. Zwischen ihnen und den altägyptischen

Artefakten liegt eine von Kairos belebtesten Hauptverkehrsstraßen. Zwar wollen sie den pharaonischen Jenseitskult in Form von Mumien studieren, wollen aber nicht selbst schon vorher dem Totengott Anubis die Hand schütteln. Zunächst gilt: Wer auf eine Lücke wartet, kommt nie vom Fleck. Stattdessen langsam, aber bestimmt über die Fahrbahn schreiten. Jedes Zögern und jede Rückwärtsbewegung könnte fatale Folgen haben. Dabei immer das Weiße im Auge des Fahrers des nächsten Fahrzeuges fest im Blick behalten. Direkter europäisch-arabischer Blickkontakt kann Leben retten.
Aber das sind Bagatellen, die nur An- und Zugereiste beschäftigen. Die Kairoer haben mit Problemen ganz anderen Ausmaßes zu kämpfen. Jedes Jahr bricht erneut eine Diskussion über die altbekannte Frage aus, wann der Verkehr in der Stadt endgültig zusammenbrechen wird. Und immer wieder werden Pläne geschmiedet, wie der unvermeidliche Kollaps doch noch aufzuhalten ist. Gerüchteweise überliefert ist dabei die Geschichte einer französischen Beratungsfirma für Stadt- und Verkehrsplanung, die den Auftrag erhalten hatte, ein Jahr lang Kairos Verkehrsströme zu studieren und mit praktikablen Lösungen aufzuwarten. Das mit Spannung erwartete Ergebnis: Die Firma kam zu dem Schluss, dass es an ein Wunder grenzt, dass der Verkehr in Kairo überhaupt noch fließt und dass jede Intervention verheerende Folgen nach sich ziehen könnte.
Das mit dem Fließen wird allerdings immer zäher. Meist kommt man nur im Schneckentempo voran, oft kommt der Fluss inzwischen auch ganz zum Erliegen. Beispielsweise wenn ein „Abu Muhim", zu Deutsch ein „Vater der Wichtigkeit", beschlossen hat, zur gleichen Zeit zur Arbeit zu fahren wie man selbst. Nicht nur für den Präsidenten, auch für seine Ministerriege, den Bürgermeister oder selbst den Chef der Verkehrspolizei, der eigentlich von Amts wegen für den reibungslosen Ablauf des Verkehr sorgen sollte, werden zeitweise ganze Straßenzüge gesperrt. Damit die Herren ohne Verzögerungen zu ihrem Ziel kommen, muss das gemeine Volk eben warten.
Letzteres sorgt aber gerne auch selbst für Engpässe, indem es seine Fahrzeuge in der zweiten oder dritten Reihe parkt. Doch da finden die fantasievollen Kairoer Autofahrer immer wieder einfallsreiche

Mittel und Wege, sich doch noch irgendwie am Vordermann vorbeizudrücken, sei es auf der eigenmächtig eröffneten Spur jenseits und zwischen den Markierungen, am Gehweg oder notfalls auch auf der Gegenfahrbahn. Kairos Verkehr ist nicht so sehr die Ansammlung der Bewegung unzähliger Autos – er gleicht eher einer überwältigenden Naturgewalt.

Dort zu fahren will gelernt sein. Derweil sind Fahrschulen in Ägypten eher die Ausnahme. Trotzdem schaffen, laut ägyptischen Medienberichten, neun von zehn Ägyptern die offizielle Fahrtauglichkeitsprüfung gleich im ersten Durchlauf. Oft ist der Führerschein gekauft oder die Familie hat einen Bekannten bei der Verkehrspolizei, der die Angelegenheit mit ein paar Telefonaten regelt. Nach den ersten Anfangschwierigkeiten auf Kairos freier Verkehrswildbahn haben sie es ohnehin geschafft. Wer hier unfallfrei fährt, schafft es überall auf der Welt. Wobei die eigenwillige ägyptische Fahrweise und der chaotische Verkehr in Kairo, entgegen der landläufigen Meinung, in der Region durchaus noch ernsthafte Konkurrenten haben, wie ein leidgeprüfter reisender Nahost-Korrespondent bezeugen kann.

Mit Abstand am brutalsten wird in Teheran chauffiert. Zu den Stoßzeiten liefern sich die Fahrer ein leidenschaftlich ausgetragenes Rennen: Die Fahrzeuge werden auf wenigen Metern hochtourig von null auf hundert gebracht und Sekunden später kurz vor der Stoßstange des Vorderautos abrupt abgebremst. Der Iran führt mit 28 000 Todesfällen und 270 000 Verletzten im Jahr die weltweite Unfallstatistik an. Und die ist Chefsache. „Unsere Unfallrate ist unter unserer Würde und muss reduziert werden“, meinte dazu der iranische Präsident Mahmud Ahmadinedschad. Und der sollte wissen, wovon er spricht, besitzt er doch einen Doktor in Verkehrsmanagement.

Doch auch im kleinen Libanon steht man dem kaum nach. In schicken, meist noch abzuzahlenden Autos hat sich die aggressive Milizfahrweise aus Bürgerkriegszeiten schon längst auf die nächste Generation vererbt. Übrigens sind die bevorzugten Automarken der Hisbollahkämpfer über all die Jahre der robuste, kastenförmige Volvo Kombi oder ältere Modelle aus der Produktion der Baye-

rischen Motorenwerke geblieben. Weswegen man als Journalist bei Recherchen in den Hisbollah-Hochburgen des Südlibanon und der Bekaa-Ebene auffällig häufig diese Fahrzeugtypen im Rückspiegel findet. Schließlich will die Hisbollah wissen, was man so treibt.
Dagegen hatten Palästinenser im Westjordanland ihre ganz eigene Art, im Verkehr Widerstand gegen die israelischen Besatzungstruppen zu leisten. „Warum schnallst du dich an?", fragt mich der palästinensische Taxifahrer perplex. „Der nächste israelische Checkpoint liegt doch noch ein paar Kilometer entfernt!" Die Besatzer im Kleinen zu überlisten war immer eine der Überlebensstrategien für die palästinensische Psyche. Da wird das Anschallen außer Sichtweite der israelischen Armee schnell als verdächtiger Akt freiwilliger Unterwerfung unter die Besatzer interpretiert.
Ganz anders bei den Jemeniten, die zwar anders als die Palästinenser ihren eigenen Staat besitzen, dessen Institutionen aber getrost missachten und nur den eigenen Stamm als Rechtsprecher und Schlichter anerkennen. Schadensfälle werden selbst in der jemenitischen Hauptstadt Sana'a nicht von der Versicherung, von Gutachtern oder den Gerichten ausgehandelt. In heiklen Fällen setzen sich die lokalen Chefs der betroffenen Stämme zusammen und entscheiden, wer den Schaden in welcher Höhe zu bezahlen hat. Bei Personenschäden gilt das ungeschriebene Gesetz des Blutgeldes, in dem der zu entrichtende Schadenersatz durch die Stammestradition genau festgelegt und katalogisiert ist, vom gebrochenen Finger bis hin zum gebrochenen Genick.
Und dann bleibt da noch der Irak. In Bagdad war es eine Zeitlang Mode, sich nach dem Vorbild des Streitwagens von Ben Hur nach außen ragende Blechklingen an die Radkappen zu schrauben.
So hielt man sich das Nachbarfahrzeug vom Leib. Zu Zeiten der UN-Sanktionen war die Zahl der Autos in Bagdad begrenzt geblieben. Statt mit Ersatzteilen warteten Iraks Automechaniker damals mit Improvisationskunst auf. Nach Saddams Ende wurden Hunderttausende Autos steuer- und zollfrei ins Land geschmuggelt. Straßensperren und Sicherheitsmauern zur Verhinderung von Anschlägen haben den Verkehr inzwischen auch in Bagdad zum Stehen gebracht. Wobei es schon wenige Wochen nach dem Sturz

Saddams nicht ratsam war, über das Fahrverhalten eines anderen Verkehrsteilnehmers einen Streit vom Zaun zu brechen. Er könnte bewaffnet sein.

Doch zunächst zurück zu den Zeiten, als noch Saddam Hussein über die Straßenverkehrsordnung im Zweistromland wachte.

Mr. Malibu repariert in Bagdad jeden noch so kaputten Amischlitten

(Bagdad, den 19. November 1998)

Eigentlich wollte er sich gerade mit einer Steinschleuder nach seinem Abendessen umtun. Abu Muhammad, der verschlafene Wärter der verwaisten Autorennstrecke im Süden Bagdads, ist auf Fasanenjagd. Doch nach dem Vorschlag, mit unserem verbeulten Toyota (Baujahr 1980) auf der Rennpiste eine Spritztour zu machen, verschiebt er sein Vorhaben.

Michael Schumacher wäre überfordert, sollte er sein Gefährt an den auf der Rennpiste aufgeschichteten Heuhaufen vorbeilenken und dabei noch so aufs Gas drücken, dass die ihn verfolgenden wilden Hunde nicht auf die Kühlerhaube springen. Der irakische Taxifahrer meistert das Kunststück mit Bravour. In vollem Tempo manövriert er seine Klapperkiste wie im Elch-Test geschickt um hier abgestellte, verschrottete russische MiG-Kampfflugzeuge. Der letzte Golfkrieg und die jetzt acht Jahre andauernden UN-Sanktionen haben Bagdads einstigem autosportlichen Schmuckstück schwer zugesetzt.

Dabei hatte er nur drei Jahre vor dem irakischen Einmarsch in Kuwait, am 2. August 1990, so gut angefangen, der Traum vom irakischen Nürburgring, Monza oder Monte Carlo Grand Prix. Ein Name für die Rennstrecke war schnell gefunden: „Abed“, benannt nach der gleichnamigen größten Baureihe von Scud-Raketen, sollte Geschwindigkeit suggerieren. Damals kamen die Besucher noch zu Tausenden zu den Rennen. Nur zwei Monate, bevor im Februar 1991 die ersten US-Raketen in Bagdad einschlugen, hatten hier zum letzten Mal die Motoren aufgeheult.

Über dem Ganzen waltet Udai, der älteste Sohn Saddam Husseins, als Schirmherr der Rennbahn. Der Präsidentenspross ist passionierter Autosammler. Wie viele Karossen er tatsächlich sein Eigen nennt, ist in der irakischen Hauptstadt fast schon eine mystische Frage. Hunderte? Tausende? Wer immer ein interessantes Modell einführt, muss mit dem Besuch der Männer des mächtigen Sohnes rechnen. Das Geschäft ist schnell abgeschlossen und nicht immer zum Nachteil des Verkäufers, der ohnehin keine andere Option hat. In einem Stadtteil erinnert man sich, wie vor einem Jahr ein gutbetuchter Nachbar eine besondere Ausführung eines Porsches importiert hatte. Kurz darauf bekam er Besuch und „tauschte" den Porsche gegen zwei Luxuslimousinen.

Für die meisten Autobesitzer Bagdads ist solch hoher Besuch allerdings unwahrscheinlich. Sie haben ganz andere Probleme mit ihrem fahrbaren Untersatz. Drei bis fünf Dollar durchschnittliches Monatsgehalt reichen weder für einen Neuwagen noch zur Instandsetzung des guten alten Stücks. Durch die Sanktionen sind Ersatzteile zur Luxusware geworden. Die Verkehrspolizei winkt schon lange niemanden mehr rechts ran, wenn wesentliche Teile des Autos kaputt sind oder ganz fehlen. Die überwiegende Mehrheit der Fahrzeuge auf Bagdads Straßen darf man getrost als verkehrsgefährdenden Schrott bezeichnen.

Falls es sich dabei um ein im Irak weit verbreitetes Modell amerikanischer Bauart handelt, sind die Besitzer zumeist Kunden der Autowerkstatt von Samir Abbas Kathim. Seinen richtigen Namen kennt allerdings kaum jemand, doch sein Nom de Guerre ist bis ins benachbarte Jordanien bekannt: Samir Malibu. Chevrolets des Typs Malibu sind seine Spezialität. Als er vor 20 Jahren in der gleichen Werkstatt begonnen hatte, sich für die schiffsartigen glitzernden Karossen zu interessieren, hatte er sich nicht träumen lassen, unter welchen Umständen er einmal seinem Handwerk nachgehen würde. Der Parkplatz seiner Werkstatt ist eine Ansammlung von amerikanischem Alteisen. Er habe noch nie ein Auto aufgegeben, erzählt der Mechaniker stolz, während er sich in seinen ölverschmierten Klamotten auf einem Hocker niederlässt und Tee schlürft.

Samir Malibu gilt als Meister der Improvisation. Im Detail demonstriert er, wie er ein fehlendes Verbindungsstück zu einem Vergaser nachgebaut hat. „Bring mir das kaputteste amerikanische Auto, das du in Bagdad finden kannst, ich mache es wieder fahrtüchtig", erklärt er siegessicher.

Doch nicht immer nagt nur der Zahn der Zeit an des Irakers Lieblingsstück. „Früher konnte man das Auto nachts offen stehen lassen, aber inzwischen gibt es zu viele Ali Babas in der Stadt", beschreibt ein Autobesitzer die prekäre Lage. War Diebstahl vor den UN-Sanktionen im Irak fast unbekannt, gelten heute krumme Finger als probates Mittel im täglichen Überlebenskampf. Er habe sein Auto nur abgestellt, um einzukaufen, aber als er eine Stunde später zurückkam, hätten beide Vorderreifen gefehlt, erzählt ein Taxifahrer.

Jeden Freitag ist Ersatzteiltag. Auf einem Markt im Zentrum der Stadt finden Autobesitzer auf Hunderten Decken ausgebreitet alles, was sie brauchen, um ihren Wagen am Laufen zu halten. Von alten Vergasern, Benzinpumpen über Achsen und Stoßdämpfer ist alles zu haben. Suk Al-Haramiya – Markt der Diebe – wird dieser Umschlagplatz genannt. Wer etwa seine Rückleuchte vermisst, kann sie womöglich hier wieder zurückkaufen. Die Sanktionen haben der irakischen Ökonomie ihren eigenen Zyklus verliehen. Wenn keine neuen Ersatzteile hereinkommen, nimmt der Warenkreislauf eben ungewohnte Wege. Autobesitzer und Ali Babas sind in Bagdad in einer Schicksalsgemeinschaft verbunden.

Nachtrag: Was ist eigentlich mit der Luxus- und Sportwagenflotte des Saddam-Sohnes Udai geschehen? Zusammen mit seinem Bruder Qusai wurde Udai bei einem Schusswechsel mit amerikanischen Soldaten im Juni 2003 erschossen. Ein Teil von Udais Limousinenerbe war in vier Lagerhäusern südlich von Bagdad versteckt, die nach dem Krieg angezündet wurden. Plünderer nahmen einige der Fahrzeuge mit. Einem Journalistenkollegen wurde kurz darauf in Bagdad für 3000 Dollar ein Rolls-Royce angeboten. Im Internet finden sich auch Fotos eines von einem Mob angezündeten Ferrari 550 Maranello, der Udai gehört haben soll. US-Truppen entdeckten seinen in Bagdad als „Rambo Lambo" bekannten Lamborghini und benutzten ihn als Zielscheibe für großkalibrige Munition, ohne sich seiner Herkunft bewusst zu sein. Später, im Juli 2003, organisierte die US-Besatzungsverwaltung eine Auktion mit dem verbliebenen Besitz Udais. Im 18-seitigen Auktionskatalog finden sich 193 Gehstöcke, von denen sich die Hälfte zu einem Schwert oder einem Gewehr umwandeln ließ, und 4002 Flaschen edle Weine und Schnaps. Autos waren zu diesem Zeitpunkt keine mehr dabei.

Kairoer „Woche des Verkehrs"

(Kairo, den 5. Dezember 1993)

„Es reicht", beschloss die Kairoer Verkehrsverwaltung. Und nun schlagen Tausende von Verkehrspolizisten eifrig zurück. Schon seit Jahren versuchen sie frustriert und hilflos sämtliche Verkehrsbewegungen der Stadt in den Griff zu bekommen. Nicht gerade einfacher wird diese Sisyphus-Aufgabe durch die Tatsache, dass die meisten Ägypter ein gesundes Verhältnis zur Autorität von Polizeiuniformen besitzen.

„Woche des Verkehrs" heißt die breit angekündigte Operation, mit der zum Generalangriff gegen alle unverbesserlichen Verkehrssünder in der Nilmetropole geblasen wird. Zur Kasse gebeten werden all jene, die nach etabliertem Gewohnheitsrecht beharrlich die Straßen Kairos unsicher machen. Für viele ist es nicht so ohne Weiteres einsichtig, warum sich neuerdings jemand darüber aufregt, wenn man von der falschen Seite her in die Einbahnstraße einbiegt, in der dritten Reihe parkt oder sich ohne Licht, Auspuff, Nummernschild, Führerschein und andere in der Verkehrsordnung gebotene Utensilien auf den Weg zur Arbeit macht.

Der Erfolg der Verkehrsexekutive kann sich sehen lassen: 60 000 ausgehändigte Strafzettel in zwei Tagen und 1600 abgeschleppte Vehikel nach 24 Stunden. Auch den Fußgängern bläst ein schärferer Wind entgegen. Schnell waren am Tatort Innenstadt die ersten 4000 Strafzettel für unbotmäßige Straßenüberquerung ausgehändigt. Dass das Rot der Ampeln eine tiefere Bedeutung hat als gemeinhin angenommen, trifft bei vielen noch auf demütige Einsicht. Mit dem Verbot, diagonal über die Kreuzung zu gehen, schlugen die Freunde und Helfer aber dann doch etwas über die Stränge.

Überhaupt machte sich nach den ersten Tagen ein leichtes Murren breit. Die Staus sind aufgrund der Kontrollen länger geworden, und so mancher zweifelte auch am langfristigen Erziehungseffekt der Aktion. „Verkehrsbewusstsein kann nicht in zwei Wochen geschaffen werden. Wir müssen in der Schule, der Familie, im Fernsehen und in Zeitschriften für Kinder und Erwachsene damit beginnen", heißt es in einem Kommentar in der Regierungszeitung *Al-Ahram*. Für andere wiederum ist die „Woche des Verkehrs" nur eine etwas größer angelegte Kampagne, um die Unkosten der Verkehrsüberwachung für das letzte Jahr zu decken.

Khalid Hilmi, einer der verantwortlichen Polizeioffiziere vor dem ägyptischen Nationalmuseum im Zentrum Kairos, kämpft mit seinen Männern seit sechs Uhr morgens standhaft gegen das allgemeine Chaos an. Ihre einzige, aber schier übermenschliche Herausforderung: Sie sollen die Fußgänger davon überzeugen, doch bitte den Zebrastreifen zu benützen und nicht ausgerechnet an der Stelle über die Straße zu gehen, wo sich über vier Einfallstraßen die Autoströme auf den Platz ergießen.

Doch die Kämpfer für korrektes Verkehrsverhalten wirken etwas müde. „In den ersten Tagen waren wir sehr strikt", erklärt Hilmi, „jetzt versuchen wir es mehr mit Höflichkeit." – „Wo willst du hin?", fragt etwa einer seiner Untergebenen freundlich einen Mann, der gerade zur Überquerung der Todeskreuzung ansetzt. „Auf die andere Seite natürlich", antwortet dieser verwundert. Die simple Antwort schien den Polizisten sofort zu überzeugen. Er zündete dem Verkehrssünder eine Zigarette an, worauf dieser unbehelligt weiter seines verbotenen Weges zog.

Nachtrag: Zu Beginn des neuen Jahrtausends versuchte die Kairoer Verkehrsverwaltung das Steuer noch einmal herumzureißen. Im Januar 2000 trat Ägyptens neue Straßenverkehrsordnung in Kraft. Nach den Buchstaben dieses ambitionierten Werkes gibt es jetzt heftige Strafen für das Überfahren einer roten Ampel, für Fahren ohne Licht, unmotiviertes Hupen und das Beschimpfen von anderen Verkehrsteilnehmern. Gleiches droht dem, der seinen Aschenbecher auf die Straße kippt. Daneben soll auch die öffentliche Moral gewahrt bleiben. Wenn Pärchen knutschend auf dem Autositz erwischt werden, kann ihr Wagen konfisziert werden. Der wirkliche Horror für die Ägypter war allerdings die Einführung von Zubehör wie Sicherheitsgurten und Motorradhelmen. „Was soll all dieser unnütze europäische Sicherheitskram", lautete der erste Kommentar eines professionellen Fahrers. Besonders ärgerte ihn, dass die Preise dieser Utensilien, die bisher auf dem Kairoer Autobazar nur Ladenhüter waren, sich unter dem Diktat von Angebot und Nachfrage verdreifacht hatten.
In der ersten Woche wurden 124 000 Strafzettel ausgestellt. 16 869 Autos wurden als Geisterfahrer auf Einbahnstraßen gestoppt, 60 347, weil sie von ihrer Hupe exzessiven Gebrauch gemacht hatten. Der Rest hatte sich anderer Kleinigkeiten schuldig gemacht. Doch schon wenige Monate danach herrschte bereits wieder das Gewohnheitsrecht auf den Straßen, die Polizei hatte kapituliert. „Wovon sprichst du überhaupt?", fuhr ein Motorradfahrer aus dem ländlichen Oberägypten einen Verkehrsbeamten an. „Willst du wirklich, dass ich meinen Turban für so einen blöden Helm abnehme?" Gurt und Helmpflicht werden inzwischen wieder wesentlich entspannter gehandhabt. Viele Autos versuchen mit schwarzen elastischen Gummibändern, die den Gurten täuschend ähnlich sehen, den Schein zu waren. Motorradfahrer schwindeln sich mit einfachen Bauarbeiterhelmen durch. Die Polizei diskutiert in regelmäßigen Abständen eine weitere Verschärfung der Straßenverkehrsordnung. Kurzum: Alles geht seinen üblichen ägyptischen Gang.

Garagenmafiosi und Entenärsche

(Kairo, den 27. Oktober 1997)

„Ja Aziza" (O meine Allerliebste), „ja Sasua" (mein kleiner Piepmatz). Die Wörter, mit denen Ägypter ihre fahrbaren Untersätze belegen, zeugen davon, dass das Auto nicht nur der Deutschen liebstes Kind ist. Dabei sehen viele der alten Klapperkisten auf Kairos Straßen eher beklagenswert aus. Doch egal ob in bejammernswertem Zustand oder funkelnagelneu: So ein Gefährt will gut geparkt und gehätschelt werden. Zumal die staubigen Straßen den guten Stücken arg zusetzen. Eine allmorgendliche Befreiung von einer zarten Schicht aus Dreck und Wüstensand ist unabdingbar.

Meist geschieht dies allerdings nicht eigenhändig. Denn wer sich im Land am Nil ein Auto leisten kann, der hat auch genug Geld, um ihm von fremder Hand die notwendige Fürsorge angedeihen zu lassen. Erledigt wird dies meist von den Jungs aus der „Garage". Solche informellen „Garagen" werden in der gesamten Innenstadt von einer Art Auto-Schutz- und -Wasch-Mafia unterhalten. Deren Pate erklärt eine bestimmte Straße – etwa die vor unserem Haus – zur „Garage". Will heißen: zu seinem Territorium. Wer dann noch so verwegen sein sollte, sein wertvolles Stück dort ohne Einverständnis des Paten zu parken, bezahlt – etwa mit einer Schramme im neuen Lack oder bei wiederholtem Tatbestand mit ein oder zwei platten Reifen. „Parkgenehmigungen" gibt es selbstverständlich – gegen Bezahlung. Zu verhandeln ist dabei wenig, dank des Garagen-Monopols, das sich über die Länge der gesamten Straße erstreckt. Aber auch wer ins Geschäft gekommen ist, wird gelegentlich jäh an die Tarifbedingungen erinnert. Wenn die Jungs von der Garage beginnen, sich morgens gemeinsam auf der Motorhaube niederzulassen und dort ihr Frühstück einzunehmen, ist es Zeit für eine Gehaltserhöhung.

Aber zurück zum eigentlichen Objekt der Begierde. Nicht nur das individuelle Auto bekommt in Ägypten Kosenamen, sondern gelegentlich ein ganzer Auto-Typ. Jedes Kind kennt die Namen, mit denen die bei der Oberschicht populären Modelle einer Stuttgarter Autofirma belegt werden: Nur noch selten findet sich „Chansira" (die Sau) auf Kairos Straßen, das alte, abgerundete Modell aus den 60er Jahren. „Timsaah" (das Krokodil) aus den 80ern ist dagegen noch öfter zu bewundern. Wer tiefer in die Taschen gegriffen hat, fährt das hinten leicht nach oben gezogene Modell 200 der frühen 90er – bekannt als „Entenarsch". Neuere Modelle wie das „Gespenst" oder die „Mutter der bezauberten Augen" (Kennzeichen: runde Scheinwerfer) finden sich häufig in den Botschaftsvierteln. Manchmal schlägt in der Namensgebung auch die Verachtung gegenüber der reichen Elite durch. „Al-Budra" (das Puder) heißen die größten Stuttgarter Luxusschlitten am Markt – eine Anspielung darauf, dass deren Besitzer nach Volkes Meinung im Drogengeschäft reich geworden sind.

Auch aktuelle Ereignisse können namenstiftend sein. So war die Prinzessin von Wales noch nicht unter die Erde gebracht, da war schon die neue Auto-Taufe vollzogen – für das Modell des Unfallwagens im Pariser Tunnel. „Wer einen ‚Diana' fährt, der kann sich hier wohl alles erlauben", entfährt es meinem Taxifahrer in einer Mischung aus Ärger und Ehrfurcht, während er auf eine schwarze Limousine deutet, die gerade unverfroren die Kreuzung bei Rot überquert.

Ist das Auto ruiniert, fährt es sich ganz ungeniert: Mit dem Neuwagen durch Kairo

(Kairo, den 17. März 2007)

Es war ein echter Glücksmoment. Das Auto war brandneu, der Tachostand knapp über Null, die Sitze rochen nach Fabrik, silbergrau lächelte mich die noch jungfräulich unangetastete Karosserie an. Kurzum: Ich hatte ein gutes Gefühl, als ich das erste Mal in meinem Leben einen echten Neuwagen langsam von der Rampe des Kairoer Autohauses auf die Straße gleiten ließ.

So schlimm wird es schon nicht werden, dachte ich, immerhin habe ich mehr als ein Jahrzehnt Fahrerfahrung auf Ägyptens chaotischen Straßen, wenngleich mein bisheriger Wagen, ein 30 Jahre alter Volvo, der eher einem Panzer gleicht, mir das Kräftemessen mit anderen, nennen wir sie mal neutral „Verkehrsteilnehmern", eher einfach gemacht hat. Sicher, ich hatte noch irgendwo in meinem Hinterkopf die Geschichte eines Bekannten gespeichert, der sich vor Jahren einen neuen Wagen angeschafft hatte und es nach einer Woche schweißtreibender Fahrt durch Ägyptens Hauptstadt einfach nicht mehr aushielt. Er nahm einen Hammer und fügte seinem Fahrzeug mit einem gezielten Schlag auf die Kühlerhaube höchstpersönlich den ersten Schaden zu. Fortan fuhr er völlig entspannt.

Zaghaft, ja geradezu scheu, lenkte ich also mein Auto durch Kairos Verkehrsadern. Alle anderen Fahrer schienen blitzschnell erfasst zu haben, dass praktisch überall auf meinem Modell das Baujahr 2007 geschrieben stand. Brutal schoben sie ihre alten, schäbigen, ausgebeulten Karossen im Kreisverkehr vor mein funkelnagelneues Gefährt. In jeder kleinen Verkehrsschlacht trugen meine Gegner den Sieg davon, indem sie immer wieder neue, zusätzliche Spuren vor mir eröffneten und mir gnadenlos aus jeder erdenklichen Richtung die Vorfahrt raubten.

Glücklich zu Hause angekommen, war die Lösung des Problems für meine Nachbarn keine Frage. „Du musst unbedingt vor dem Auto ein Schaf schlachten, deine Hände in das Blut tauchen und sie auf die Karosserie pressen. Nur so lässt sich der böse Blick der Neider abwehren", lautete ihr Rat. Anschließend müsse das Fleisch an die Armen verteilt werden. Gott hat dir ein neues Auto geschenkt, also musst du an andere etwas weitergeben, steht als durchaus schlüssige Logik dahinter. „Tust du das nicht, hast du auf jeden Fall bald einen Unfall", lautete die Warnung meiner Putzfrau. Ich wollte gerade losfahren, um sofort ein lebendes Schaf zu besorgen, als meine zehnjährige Tochter mich bremste. „Es kommt überhaupt nicht in die Tüte, ein armes hilfloses Tier für eine Maschine abzuschlachten", argumentierte sie mit europäischer Abpackfleisch-Supermarktmentalität. Wenn ich das mache, würde sie niemals in das Auto einsteigen.

Also ließ ich das Schaf doch Schaf sein. Misstrauisch zog ich die nächsten Tage meines Weges, immer auf der Suche nach dem bösen Blick im Weißen der Augen meiner fahrenden Mitmenschen. Schließlich, drei Tage später, war es so weit. Ich stand gerade nachts an einer Kreuzung, als ich ein Knirschen hinter mir vernahm. Ein Sammeltaxifahrer hatte, sozusagen als Bote meines unausweichlichen Schicksals, die linke Rückleuchte zerschmettert. Wie in diesen Fällen üblich, schreit man sich ein paar Minuten besinnungslos an, um dann einfach weiterzufahren. Versicherungen sind in Ägypten ein Fremdwort und Sammeltaxifahrer haben in der Regel gerade genug Geld in der Tasche, um ihr Fahrzeug halb aufzutanken und ihre nächste Mahlzeit zu kaufen. Weswegen viele Kairoer sich bei kleineren Blechschäden resigniert erst gar nicht die Mühe machen auszusteigen.

Der Ärger machte dann aber schnell der Erleichterung oder besser gesagt der neu gewonnenen Erkenntnis Platz, nach dem Motto: „Ist das Auto ruiniert, fährt es sich ganz ungeniert." Übrigens hatten die Nachbarn auch gleich wieder einen neuen Rat parat. Die Rückleuchte solle ich auf keinen Fall reparieren lassen. Denn mit dem gut sichtbaren Schaden würden sich die Neider sicherlich zufriedengeben und ihren bösen Blick nun wieder auf andere Dinge lenken. Sicherheitshalber werde ich auch noch statt in eine Versicherungspolice in eine Spende für ein Kairoer Waisenhaus investieren. Eigentlich ein äußerst tröstlicher Gedanke: Zwar hat mein schöner Neuwagen nach ein paar Tagen bereits an Wert verloren, dafür ist er aber hoffentlich nun doch von allen bösen Geistern verlassen, und das wäre in der Tat eine geradezu unbezahlbare Wertsteigerung.

Umwelt: Jenseits der Schadstoffgrenze

Klimawandel und die Wohnung meiner Tante in Alexandria

Überschwänglich meldet sich Tante Safinas aus Alexandria mit dem Coup ihres Lebens. Sie hat einen Teil des von meinem Großvater Taufik vererbten Landes im Nildelta verkauft und dafür eine Luxuswohnung in Alexandrias bester Lage erstanden. Direkt bei St. Stefano am vornehmen Teil des Küstenstreifens entlang der Stadt. Von dort blicke man aus allen Zimmern im 11. Stock direkt auf die Brandung des Mittelmeers, erzählt sie stolz. Jetzt versucht sie die Wohnung an ein paar gut zahlende Ausländer zu vermieten. Tante Safinas sollte sich beeilen, damit ihre Mieteinnahmen ihre Investition so schnell wie möglich ausgleichen. Denn vielleicht wird sich der Kauf des urbanen südmediterranen Immobilienfiletstücks langfristig doch nicht als so gutes Schnäppchen erweisen.

Die Weltbank warnt, dass der Klimawandel für die Wohnung meiner unternehmerischen Tante katastrophale Folgen haben könnte. Vorausgesagt ist, dass der Pegel des Mittelmeers bis Ende des 21. Jahrhunderts um 30 Zentimeter steigt. Damit würden nicht nur große Teile Alexandrias, sondern auch des fruchtbaren Nildeltas überflutet, fürchtet der Küstenforscher Omran Frihi. Darüber hinaus könnten weitere Gebiete durch das Eindringen von Salzwasser in das Grundwasser betroffen sein.

Die Weltbank schätzt, dass jeder zehnte Ägypter umgesiedelt werden muss. Von den heute fast vier Millionen Einwohnern der Hafenmetropole Alexandria werden 1,5 Millionen Menschen wegziehen müssen, prophezeit ein Bericht des ägyptischen Umweltministeriums. Im bedrohten Delta lebt mehr als ein Drittel der Bevölkerung des Landes. Dort wird fast die Hälfte der landwirtschaftlichen Produkte angebaut.

Ägypten ist ein Geschenk des Nils, so beschrieb schon der antike Historiograph Herodot vor 2500 Jahren die besondere Lage des

Landes. Der Nil war und ist lebensnotwendig für Ägypten und entschied über fruchtbare Jahre oder Hungersnöte. Der gewaltige Strom aus den Tiefen Afrikas bestimmte schon seit Anbeginn das Leben der alten Ägypter, sie studierten und analysierten ihn mit großer Sorgfalt. Heute sind die Forscher sich uneins, wie sich der Klimawandel auf den Fluss aller Flüsse auswirken wird, der über 95 Prozent des in Ägypten konsumierten Wassers zur Verfügung stellt. Sicher ist, dass höhere Temperaturen den Wasserkonsum und die Verdunstung des Wassers steigern werden. Schon heute lösen sich rund zehn Prozent des hinter dem Assuan-Damm aufgestauten kostbaren Nilwassers durch Verdunstung in Luft auf. Die Forscher tun sich allerdings noch schwer einzuschätzen, wie der Klimawandel die Niederschläge in den afrikanischen Regengebieten im oberen Flusslauf des Nils beeinflussen wird.

In jedem Fall ist der Klimawandel ungerecht. Ägypten wird wegen der prognostizierten Wasserknappheit, der Verwüstung und der Küstenüberflutung als Hochrisikoland bei einer Erderwärmung aufgelistet. Obwohl es den Klimawandel kaum verursacht hat. Das Land hat ohne Zögern das Kioto-Protokoll unterzeichnet und ist für weniger als ein halbes Prozent des weltweiten CO_2-Ausstoßes verantwortlich.

Allerdings verstellen die globalen Rauchschwaden den Blick auf die lokalen Dreckschleudern. Besonders in der Megametropole Kairo bleibt einem nicht nur beim Sandsturm buchstäblich die Luft weg. Kairo, das ist ein Leben jenseits der Schadstoffgrenzwerte, gewürzt mit Lebensmittelskandalen und Wasserhähnen, die nur noch furzen.

Schwarze Wolken über Kairo

(Kairo, den 25. Oktober 2007)

Jeden Herbst ist es wieder so weit. Draußen taucht die afrikanische Sonne meine Kairoer Straße in ihr verlockendes Morgenlicht. Ich öffne die Fenster, um einmal richtig durchzulüften, atme tief durch – und fange an zu husten. Verglichen mit dem, was da von draußen hereingeweht kommt, hat die stickige Luft im Inneren der Wohnung geradezu deutschen Waldluftcharakter, „Die schwarze Wolke“ haben die Bewohner Kairos dieses mysteriöse Phänomen getauft, das ihre 18-Millionen-Stadt täglich ab Mitte Oktober für einen Monat heimsucht. Zwar sind keine Rauchschwaden auszumachen, aber es riecht, als läge die ägyptische Hauptstadt in der Windrichtung eines gigantischen Lagerfeuers.

Wissenschaftlich gesprochen, haben Stickstoff- und Kohlenmonoxid zusammen mit dem Feinstaub wieder einmal Rekordhöhen erreicht, die weit über den Grenzwerten der Weltgesundheitsorganisation liegen. Nach deren Schätzungen wird beim Einatmen der Kairoer Luft im Schnitt das 20-Fache der vertretbaren Giftmenge aufgenommen. Dazu kommt die herbstliche Wetterlage, in der kältere Luftschichten die wärmere Kairoer Dunstglocke fest unter sich verschließen und die Stadt in ihrem eigenen Dreck langsam ersticken lassen.

In der Ursachenforschung sieht man den Wald vor Bäumen oder besser gesagt die Fabriken vor Schornsteinen nicht. Sind es die hundert Ziegelfabriken rund um die Stadt, die täglich 250 Tonnen Schweröl verheizen, die vier Zementfabriken, die 750 kleinen Gießereien, die 70 Steinbrüche, die 53 industriellen Töpfereiöfen, die 1206 kleinen, Metall verarbeitenden Betriebe, die zwei Ölraffinerien oder die 269 Köhlereien? Es könnten aber auch die 21 Millionen Tonnen jährlich anfallenden Mülls sein, die meist offen verbrannt werden. Oder liegt es vielleicht doch am Verkehr, also an den 1500 öffentlichen, dieselbetriebenen Stadtbussen und 1000 privaten Minibussen, an den 1,6 Millionen Privatautos oder an den 80 000 zum Teil schrottreifen Taxis? Sie alle schleudern ihren Dreck das ganze Jahr über in unsere wertvolle Atemluft.

Ich strecke meinen Kopf aus dem Fenster und blicke Richtung Norden, wo der Wind herkommt. Denn dort leben sie, die Übeltäter, die in einer allherbstlich wiederkehrenden Heimsuchung der verpesteten Kairoer Luft in dieser Jahreszeit endgültig den Rest geben: die Reisbauern des Nildeltas. Wenn die im Oktober ihren Reis geerntet haben, entledigen sie sich des übrig gebliebenen Reisstrohs kurzerhand, indem sie es anzünden – vorzugsweise abends nach getaner Arbeit. Allein in einer der drei Deltaprovinzen, in Scharqiya, gilt es 858 000 Tonnen Reisstroh zu entsorgen. Tendenz steigend, denn die ägyptische Reisproduktion ist in den letzten vier Jahren um ein Drittel gestiegen.

Die Regierung wird von den Medien wegen ihres schleppenden umweltpolizeilichen Tatendrangs jeden Herbst von Neuem kritisiert. Und jedes Mal droht sie den Bauern Geldstrafen an. Aber es hapert an der Durchsetzung der Anordnungen. Und an möglichen Alternativen: Die seit Jahren angekündigten Pressmaschinen für das Stroh werden nur selten gesichtet, obwohl das Reisstroh eigentlich ein ideales Isoliermaterial für den Bau darstellt und auch zu wertvollem Biodiesel umgewandelt werden könnte. Aber die „schwarze Wolke", über die nun seit neun Jahren gesprochen und geschrieben wird, hat inzwischen immerhin drei ägyptische Umweltminister und deren Versprechen überlebt.

„Eine halbe Million Kairoer werden in den nächsten 25 Jahren ernsthaft an den Atemwegen oder tödlich an Krebs erkranken", kalkuliert Salah Hassanein, Umweltprofessor an der Kairoer Universität. Genug gelüftet: Ich mache mein Fenster wieder zu.

Immerhin ein Silberstreif ist am verrauchten Horizont doch auszumachen. Die kanadische Entwicklungsbehörde wird zusammen mit der ägyptischen Umweltbehörde 50 Ziegeleien von Schweröl auf Gasbetrieb umstellen. Das käme angeblich der Stilllegung von 300 000 Autos gleich. Mal schauen, vielleicht werde ich morgen früh doch noch einmal einen Versuch starten: das Fenster einen Spalt öffnen und meine Nase noch einmal von der zweifelhaften Brise aus dem Niltal streicheln lassen.

Hier macht sich keiner aus dem Staub

(Kairo, den 29.Dezember 2006)

Die Nachrichten aus dem fernen Europa klingen wahrlich beunruhigend. Feinstaub rieselt da auf die Großstädte herab. Vom größten Umweltproblem überhaupt ist die Rede. München, Stuttgart und auch Berlin hätten bereits gegen die EU-weit geltende Feinstaubrichtlinie verstoßen. Diese erlaubt nur an 35 Tagen im Jahr mehr als 50 Mikrogramm Feinstaub pro Kubikmeter Stadtluft. „Feinstaubmanagement" sei nun angesagt, denn laut EU-Studien sollen jährlich allein in Deutschland 65 000 Menschen an den Folgen der verschmutzen Luft – verursacht durch Industrie und Dieselmotoren in Deutschland – vorzeitig sterben.

Zur Bekämpfung von gesundheitsschädlichem Feinstaub aus Autoabgasen planen viele deutsche Großstädte gar, so genannte Umweltzonen einzuführen. Fahrzeuge der „Schadstoffgruppe 1" dürfen dann in diesen innerstädtischen Zonen nicht mehr fahren.

Soll ich lachen oder weinen?, frage ich mich, als Schwaden der stinkenden schwarzen Rußwolke des vor mir fahrenden, überfüllten Stadtbusses langsam den Innenraum meines Autos füllen. Letzteres würde wahrscheinlich auch keinen deutschen Abgastest bestehen. Denn unter die „Schadstoffgruppe 1" fallen dort nicht nur Autos mit Dieselmotor oder solche ohne Katalysator, sondern auch Benziner mit einem geregeltem Kat der ersten Generation: Das wären also alle Autos in der ägyptischen Hauptstadt.

Vielleicht sollten die ägyptischen Behörden bei der Einführung einer Kairoer Umweltzone langsam aussortieren. In den ersten Wochen könnten sie alle Fahrzeuge aus dem Verkehr ziehen, deren Türen nicht mehr schließen und die deshalb mit Seilen zugebunden sind. Dann folgen die Fahrzeuge, die mehr als drei Jahrzehnte auf dem Buckel haben. Nicht zu vergessen: In dieser verdammten Trockenheit rostet nichts. Dann verbannen sie die neueren Modelle, bei denen es statt aus dem Auspuff aus der Motorhaube raucht.

Authu Billah – möge Gott den Kairoern helfen. Eine kurze Recherche ergibt, dass der ägyptische Staubgrenzwert auf 70 Mikrogramm pro Kubikmeter festgelegt wurde. Das sind schon einmal 20 Mikrogramm mehr als in der EU-Richtlinie, schließlich will man nicht für zusätzliche Beunruhigung sorgen. Aber was sind schon Grenzwerte im Land am Nil. In der Kairoer Innenstadt werden im Jahresdurchschnitt über 250 Mikrogramm Feinstaub pro Kubikmeter Luft gemessen, der sich dann in den hintersten Winkeln der ägyptischen Lungen festsetzt. Irgendwie hat es da doch etwas Beruhigendes, dass wir eigentlich alle bereits tot sein müssten, aber merkwürdigerweise immer noch im Kairoer Stau am Steuer sitzen.

Zudem lässt die internationale Zementindustrie, wegen geringer Umweltauflagen und hoher Profite, gern in Drittweltländern produzieren. Kein Wunder also, dass Zement neben Baumwolle ein echter ägyptischer Exportschlager ist. Er wurde bis vor kurzem bevorzugt ohne lästige Filteranlagen produziert. Denn die Filter müssen ab und an gewechselt werden und das kostet Produktionszeiten, sprich Geld. Was im Land der Pharaonen aus dem Schornstein kam, verpasste nicht nur der auf den Leinen hängenden Wäsche im Umkreis vieler Kilometer einen einheitlichen Grauschleier, sondern sprengte mit 10 000 Mikrogramm Staubpartikeln pro ausgespucktem Kubikmeter Rauch auch jegliche Feinstaubverordnung. Dreckige ägyptische Luft für sauber verputzte europäische Häuser.

Eigentlich müssten die Ägypter auch schon ohne jede Auspuff- oder Fabrikschloteinwirkung ausgestorben sein. Im Grunde dürfte sogar nie jemand die Pyramiden gebaut haben. Denn angeblich produziert die Wüste rund um Kairo bereits 80 bis 100 Mikrogramm natürlichen Feinstaub.

Er hatte zwar noch nicht die erforderlichen Messgeräte, aber der arabische Arzt Ibn Ridwan wusste bereits im Vordieselzeitalter des 11. Jahrhunderts von manchen Abenden in Kairo zu berichten, „an denen eine Art schwarzer Nebel über der Stadt hängt, der die Kehle irritiert, ganz besonders, wenn kein Lüftchen weht".

Vielleicht würde den Deutschen ein wenig mehr Gelassenheit und den Ägyptern ein Quäntchen mehr Panik im Moment ganz gut anstehen. In Berlin, München und Stuttgart könnte man wieder über etwas anderes als das miese Wetter und den tödlichen Feinstaub reden. Und in Kairo würde die Angelegenheit mit dem gesundheitsschädlichen Feinstaub dann vielleicht nicht mehr einfach in den Dünen der umliegenden Sahara versanden.

Die Wüste klebt

(Kairo, den 16. März 1998)

Das andere Nilufer verschwindet binnen weniger Minuten in einem gelblich grünen Dunst. Wenig später taucht auch ein Teil der Nilbrücke in die endzeitlichen Schwaden ein. Die Sichtweite sinkt auf knappe 100 Meter. Der letzte Tropfen Feuchtigkeit ist verdunstet, der Hals fängt an zu kratzen, und zwischen den Zähnen knirscht der Sand.

Ein „Chamsin", ein klassischer ägyptischer Sandsturm, hat Kairo und andere Teile des Nillandes in seine Gewalt gebracht. Auslöser waren kalte Luftmassen vom Mittelmeer, die im Landesinneren auf heiße Wüstenwinde stießen. Die Sandmassen aus der westlichen Wüste zwischen dem Niltal und der libyschen Grenze machten in der Stadt den Tag zeitweise zur Nacht. Mindestens zwei Menschen kamen ums Leben, 70 wurden verletzt, meist durch Autounfälle, Feuer und herunterstürzende Bäume, Reklameschilder oder Satellitenschüsseln. Zahlreiche Häuser und Autos wurden beschädigt. Die Notdienste sollen allein in Kairo 1500-mal zum Einsatz gerufen worden sein.

Selbst der hohen Nahost-Diplomatie hatte der Sandsturm einen Streich gespielt. Der in der ägyptischen Hauptstadt angesagte britische Außenminister musste vor den Gesetzen der Wüste kapitulieren. Der Kairoer Flughafen war ebenso gesperrt wie die ägyptischen Mittelmeerhäfen und der Suezkanal. Eigentlich sollte der Brite als Vertreter der EU an diesem Tag mit dem ägyptischen Präsidenten Hosni Mubarak die wieder einmal festgefahrenen Nahost-Friedensgespräche erneut in Gang bringen. Stattdessen wartete er in Zypern noch immer auf weitere Instruktionen und den neuesten Wetterbericht.

Die Kairoer, denen unterdessen buchstäblich die Luft ausging, versuchten derweil, sich so gut es ging vor den Sand- und Staubschwaden in Schutz zu bringen. Auf die Straße begab sich nur, wer unbedingt musste, ansonsten wurden die eigenen vier Wände bevorzugt. Geschlossene Fenster erwiesen sich jedoch als unzulänglich, drückt der Wind doch den Staub durch jede noch so kleine Ritze. Wer elektrische und elektronische Geräte besitzt, der hat zumindest diese kostbaren Stücke abgedeckt. Aber selbst der wirksamste Schutz, ein vor dem Fenster aufgespanntes feuchtes Betttuch, kann die sich überall ausbreitende feine Schicht aus Sand und Staub am Ende auch nicht aufhalten.

Die setzt sich in der Lunge und im dortigen Bindegewebe fest und kann langfristig zu Atembeschwerden führen. Raucher sind dabei noch mehr betroffen, da die Selbstreinigungskräfte ihrer Lunge bereits geschwächt sind. Im ohnehin stark luftverschmutzten Kairo kommt noch hinzu, dass die Staubpartikel mit Schwermetallen wie Blei und Kadmium, aber auch mit allerlei Bakterien verseucht sind. Ansonsten wirkt ein Sandsturm ähnlich wie ein Föhnwind. Das mit dem Sturm einhergehende Tiefdruckgebiet kann zu Kreislaufstörungen, Kopfschmerzen und Müdigkeit führen.

Am nächsten Tag kam dann das erste Mal wieder Entwarnung und die ägyptische Frühlingssonne zum Vorschein. Die Kairoer machten sich ans Aufräumen. In den Wohnungen wird dem Staub mit eimerweise Wasser zu Leibe gerückt. Die Straßenkehrer fegen die abgebrochen Äste und den überall verteilten Müll zur Seite. Allerorten werden die Autos vom Schmutz befreit.

Womöglich vergebliche Müh. Laut Wettervorhersage wird das Land der Pharaonen wohl auch in den nächsten Tagen nicht zur Ruhe kommen. Die Sandstürme sollen sich mit Gewittern und Temperaturstürzen abwechseln. Die Zufahrtswege auf die Halbinsel Sinai wurden sicherheitshalber gesperrt. Erwartet werden starke Regenfälle, die die völlig ausgetrockneten Wadis, in denen sich die Straßen entlangschlängeln, schnell zu reißenden Flüssen umwandeln können.

Der Melonenskandal

(Kairo, den 7. August 2005)

Sie stammt aus dem alten Ägypten: Citrullus lanatus, die Wassermelone. Schon vor 5000 Jahren fanden sich die saftigen Riesen auf den Reliefs der Pharaonengräber wieder. Beliebt war die Frucht auch als Grabbeigabe, als Stärkung für die Liebsten auf ihrem Weg ins Jenseits.

Fünf Millennien später scheint die ägyptische Wassermelone diese fatale Rolle erneut spielen zu wollen. Mehr als 300 Ägypter erkrankten, nachdem sie versucht hatten, die Plage der Sommerhitze mit dem roten, wässrigen Fruchtfleisch zu lindern. Ganze Familien wurden ins Krankenhaus eingeliefert. „Ich habe diese Melone von einem Straßenhändler erstanden. Nachdem wir sie gegessen hatten, wurde uns übel und schwindlig", erinnert sich ein Opfer bei der Einweisung ins Giftzentrum der Kairoer Uniklinik.

Der Grund für diese mysteriöse Vergiftungsepidemie war bald gefunden. Die Melonen waren mit dem Pestizid Temik besprüht worden – einer weltweit verbotenen Substanz, deren Abbau länger dauert als die Reifeperiode der Melonen und die sofort zu akuter Lebensmittelvergiftung führt. Das Mittel soll auch als Rattengift zuverlässige Dienste leisten.

Zwar gehört die Substanz zu jenen, die per Gesetz 1999 auch in Ägypten verboten wurden. Aber die Korruption im Landwirtschaftsministerium und die Unwissenheit der Bauern erwies sich am Ende offenbar als stärker als die Paragrafen.

Nun gibt es in Ägypten zwar keine wachsamen Verbraucherverbände, aber die Nachricht von den vergifteten Melonen verbreitete sich wie ein Lauffeuer. Erboste Konsumenten wollten Köpfe im Agrarministerium rollen sehen, andere verbreiteten das Gerücht, es handle sich um importierte israelische Melonen, die präpariert worden waren, um die 70 Millionen Ägypter auszurotten.

Das ägyptische Vertrauen in die Wassermelone ist jedenfalls gründlich erschüttert. Der Verkauf sank um über 70 Prozent.

Wären sie nicht so schwer, die Früchte würden einem von den Händlern buchstäblich hinterhergeworfen. Das veranlasste den neuen Landwirtschaftsminister zum Handeln. Live verzehrte er im Fernsehen vor Millionenpublikum eine Melone, um bei Allah zu schwören, dass sämtliche jährlich in Ägypten kultivierten 50 Millionen Wassermelonen ungefährlich und gesundheitsfördernd seien.

Ich erinnere mich noch gut an den letzten Melonenskandal in den 90ern. Damals hatten gierige Händler Wasser in die Früchte gespritzt, um das Verkaufsgewicht zu erhöhen. Einfallsreich wie sie waren, benutzten sie dazu die vor Bakterien strotzenden Einwegspritzen, die sie im Müll des Krankenhauses um die Ecke gefunden hatten.

Wie die meisten Ägypter hatte ich damals mit meiner Familie zunächst von jeglichem Melonenkauf abgesehen. Aber ein Sommer in Kairo ohne Wassermelonen? Drei Wochen hatten wir durchgehalten, dann stand ich doch wieder beim nächsten Straßenhändler. Auch diesmal wird der Melonenbann schon bald in der Wüstenhitze dahinschmelzen. Hoffentlich führt der nächste saftige Bissen dann nicht ins ägyptische Jenseits.

Nachtrag: Inzwischen wurde ein ägyptischer Verbraucherverband gegründet. Im Frühjahr 2008 trat der Verband mit der aufsehenerregenden Meldung in Erscheinung, dass keine einzige der in Ägypten verkauften lokalen Mineralwassersorten nach internationalen Standards den Namen „Mineral-" verdient.
Das Geschäft mit dem Trinkwasser boomt. Tausende von Litern werden jeden Tag nicht nur an Touristen verkauft, sondern auch an eine wachsende Zahl von Ägyptern, die dem nach Chlor stinkenden Nass aus dem Wasserhahn misstrauen und es sich leisten können, auf „Mineralwasser" umzusteigen. Hartnäckig hielten sich allerdings auch immer Gerüchte, dass viele der im Laden verkauften Wassersorten eigentlich nur gefiltertes Nilwasser seien. Das wollte der Verbraucherverband jedoch nicht bestätigen. Es liege keine Gesundheitsgefährdung vor, beruhigte er. Immerhin: Ägyptens größter und ältester Produzent mit der Sorte „Baraka", zu deutsch „Segen",

hat inzwischen Konsequenzen gezogen und bietet sein Produkt nur noch mit dem vagen Label „natürliches Trinkwasser“ an. Am Ende gibt es, Verbraucherverband hin oder her, ohnehin keine Alternative zum Wasserhahn oder zum abgefüllten Getränk. Denn selbst im Hightech-Zeitalter gilt immer noch die einfache Gleichung einer alten Wüstenweisheit: „Wasser ist Leben.“

Wasserkriege

(Kairo, den 9. Oktober 1994)

Langsam rinnt der Schweiß über den mit Hitzepickeln übersäten Rücken. Auf dem Gesicht vermengt er sich mit den Blei- und Abgasdünsten der Großstadt. Über die strohigen Haare hat sich seit dem Morgen eine zarte staubgraue Schicht gelegt.

Kairo im Sommer. In die überhitzten Gehirnzellen kriecht ein Gedanke: Ein Emirat und fünf Königreiche für eine Dusche. Rein ins Bad, die verschwitzten Klamotten auf den lauwarmen Fliesenboden geworfen – da lacht dich die silberstrahlende Brause von oben an. Du drehst den eisfarbenen Kaltwasserhahn auf. Das Rohr beginnt zu vibrieren, und mit dem Ton eines lang gedehnten Furzes presst sich faul-warme Luft durch die leicht verkalkten Düsen. Dann – ein einsamer Tropfen Wasser. Das war’s.

Dieser verfluchte Kairoer Sommer dauert nun schon viel zu lange, denkst du. Da hatte wieder jemand in den unteren Stockwerken den gleichen Gedanken, hat den Wasserhahn aufgedreht und damit alle deine H_2O-Träume in der höheren Etage zunichte gemacht. Sie haben dir buchstäblich das Wasser abgedreht.

Kairo im Sommer, das ist ein Millionenheer an Wasserverbrauchern in einer Stadt. Allen ist heiß – alle wollen trinken, duschen und planschen. Doch die Fluten des Nil sind begrenzt. Sein kostbares Nass muss mit hundertvierzig Millionen anderen Anrainern entlang seinen Ufern geteilt werden. Ein niedriger Wasserstand und unzureichender Druck sind die Folgen, eine allsommerlich wiederkehrende Tragödie.

Der Sommer ist auch die Zeit, in der das Faustrecht in Kairos Haushalten Einzug hält. In unserem Haus sind die Hierarchien dabei schnell ausgemacht. Anders als im restlichen Leben sind hier die Oberen die Blöden, während es sich die unteren Etagen gut gehen lassen. In einigen der hochgezogenen Neubauten Kairos wollten sich die wohlhabenden Bewohner der oberen Etagen allerdings nicht mehr für dumm verkaufen lassen. Ihre Antwort im Kampf ums Wasser: die elektrische Wasserpumpe. Einmal im Keller installiert, befördert sie das Wasser in wenigen Sekunden diebisch am Nachbarn vorbei direkt hinein in den heimischen Wasserhahn.

„Der nächste Krieg im Nahen Osten wird ums Wasser ausgefochten", warnen nun schon seit Jahren die Polit- und Kriegsstrategen der Region. In Kairo ist dieser Krieg schon längst ausgebrochen. Die Schlacht der Wasserpumpen ist in vollem Gange. Der Klempner einer Freundin hat das einmal in einfache Worte gefasst: „Meine Dame, Sie müssen mindestens eine so starke Pumpe haben wie Ihr Nachbar, am besten schon eine größere, um für die Zukunft vorzusorgen." Kairos Installateure propagieren die hemmungslose Aufrüstung.

Doch Pumpen haben ihre Tücken, davon kann auch meine leidgeplagte Freundin im fünften Stock ein Lied singen. Nicht nur, dass sie zu ihrem täglichen Bedauern die kleinste Pumpe im Haus hat. Das Schlimme, so sagt sie, sind die Sensoren des Gerätes. Denn so eine Pumpe entwickelt mitunter ihren eigenen Charakter. Wenn sie das Gefühl hat, genug geschafft zu haben, dann schaltet sie sich einfach vollautomatisch wieder ab. Das geschieht meist gerade in dem Moment, in dem die Freundin voll eingeseift und mit Shampoo im Haar ihr Brausebad würdig zu Ende bringen will.

Argwöhnisch geworden ist auch der Universitätsprofessor im zehnten Stock eines Hochhauses unweit des Nil. „Es gibt eine undurchsichtige Wasserpolitik in diesem Haus", erzählt er. Seit Wochen sei das Wasser nun fast acht Stunden am Tag ausgeschaltet. Angeblich, so hatte es ihm der Hausmeister erzählt, und der ist der unumstrittene Herr des Kellers und damit über Nass und Trocken, angeblich gebe es keine Ersatzteile für die Pumpe der Hausgemeinschaft. Das erste Mal wurde der Professor stutzig, als ihm zuverlässige Quellen steckten, dass sich die Politprominenz einen Stock höher den ganzen Tag über im wertvollen Nass suhlt.

Jetzt warten die Unterdrückten ohne Pumpe in den oberen Stockwerken oder die Verlierer mit den ungenügenden Pferdestärken auf den alle erlösenden Winter. Dann herrscht wieder mit höherem Wasserstand für ein paar Monate Waffenruhe. Entspannt kann man dann für den kommenden langen heißen Sommer aufrüsten, ohne dabei aber die Aktivitäten der nachbarlichen Konkurrenz aus den Augen zu verlieren.

Drogen, Sex und Rock 'n' Roll: Die zwei Gesichter arabischer Gesellschaften

Zwischen moralischem Ehrgeiz und Lebenswirklichkeit

Das Geschäft florierte, wenngleich es mit einem gewissen Risiko behaftet war. Abu Sumer betrieb in Bagdad kurz nach dem Sturz Saddams einen Tante-Emma-Laden mit dem üblichen Sortiment aus Waschpulver, Lebensmitteln, Windeln und Getränken. Nur ein Regal ganz hinten in der Ecke verriet die wahre kommerzielle Bestimmung. Dort standen Whisky, Wodka, Flaschen mit Dattel-Arrak und davor ein paar Paletten mit Bier.

Der Verkauf von Hoch- und Niedrigprozentigem machte gut zwei Drittel des Umsatzes aus. „Die restlichen Lebensmittel dienen als Tarnung", verriet der christliche Krämer. Er hatte schon damals Angst vor Anschlägen militanter Islamisten, die sich seit dem Sturz des säkularen Saddam-Regimes so befreit fühlten, dass sie mit handfesten Methoden ein Alkoholverbot durchzusetzen suchten. Meist zündeten sie die Alkoholläden nachts an, gelegentlich kamen sie aber auch tagsüber, warfen eine Handgranate oder feuerten mit einer Panzerfaust in den Laden.

Inzwischen, ein paar Jahre später, haben es die schiitischen Mahdi-Milizen und sunnitischen Al-Kaida-Ableger geschafft: Alle Alkoholläden Bagdads sind dicht gemacht und der Stoff wird nur noch unter der Hand privat verkauft. Was den Christen Abu Sumer schon immer besonders ärgerte, war die Heuchelei in der irakischen Gesellschaft: „Wenn es im ganzen Land 500 Christen gibt, die Alkohol verkaufen, dann gibt es eine Million Muslime, die ihn trinken." 95 Prozent seiner Kunden seien jedenfalls islamischen Glaubens, insistierte er.

„Der Satan will durch Alkohol und Losspiel nur Feindschaft und Hass zwischen euch aufkommen lassen und euch vom Gedenken Gottes und vom Gebet abhalten. Wollt ihr denn nicht damit aufhören?", heißt es im Koran. Aber selbst in den arabischen Ländern, in denen Alkohol offiziell verboten ist, klaffen Rechtslage und Wirklichkeit oft weit auseinander. In Saudi-Arabien etwa sind die Produktion und der Konsum von Alkohol strikt untersagt. Wer von den staatlichen Sittenwärtern erwischt wird, dem kann gar die Auspeitschung drohen. Jene Saudis, die nicht vom Alkohol lassen können und keine Risiken eingehen möchten, flüchten sich zu Kurzbesuchen über die „Alkoholbrücke" in den benachbarten Inselstaat Bahrain. Andere pflegen gute Kontakte zu ausländischen Botschaften und deren Beständen.

Ansonst ist das Hobbybrauen an manchen Orten ein heimlich ausgeübter Sport. Besonders begehrt im Wüstenkönigreich sind die Schiffsladungen mit dickflüssigen ausländischen Fruchtsäften, die sich ganz besonders gut zur Heimgärung eignen. Oft werden sie direkt vom Kai weggekauft, bevor sie im Supermarkt landen.

Kreativität im Aufspüren von Hochprozentigem ist auch im Jemen gefragt, einem Land, das per Gesetz alkoholisch trockengelegt ist. Hier ist es einfacher, an der nächsten Ecke eine Kalaschnikow zu kaufen als eine Büchse Bier zu erstehen. Aber dazu später.

Abu Sumers versteckte hintere Ladenzeile in Bagdad, seine treue Stammkundschaft und die heiligen Krieger, die ihm auf den Fersen waren: Hier wird er ausgefochten, der Kampf zwischen Anspruch und Wirklichkeit. Wenn schon gegenüber dem Westen militärisch, technologisch und wirtschaftlich schwächer, dann wollen die arabischen Gesellschaften doch wenigstens moralisch die Oberhand gewinnen. Also stellen sie sich gerne als Hochburgen der außerehelichen Keuschheit dar, weit entfernt von den Verlockungen des Westens, dem Teufel Alkohol, der Prostitution und den Drogen aller Art. Sicherlich, viele sind ernsthaft und wollen ehrlich ihre religiösen und traditionellen Ideale leben, aber auch das arabisch-islamische Fleisch zeigt allzu menschliche Schwächen. Der Graben zwischen tugendhaftem Ehrgeiz und Lebenswirklichkeit ist tief, was häufig zu einer absurden kollektiven Heuchelei führt, die den arabischen Gesellschaften zwei Gesichter verleiht.

Jenseits vom Alkohol findet sich das Verbot von Drogen, von Haschisch bis Heroin, in allen arabischen Strafgesetzbüchern wieder. Dennoch wird damit, wie im Rest der Welt, ein reger Handel betrieben. Vor den Drogenopfern schließt man staatlicherseits lieber die Augen. Drogenabhängige bleiben auf sich gestellt. Das Gesundheitskomitee des ägyptischen Parlaments schätzt, dass jährlich drei Milliarden Dollar im Land am Nil für Drogen ausgegeben werden, und spricht wohl eher konservativ von geschätzt 20 000 drogenabhängigen, meist jungen Ägyptern. Eine andere regierungsnahe Studie schätzt, dass 15 Prozent der Studenten an ägyptischen Universitäten Drogen zu sich nehmen. Das Budget für staatliche Entzugsprogramme beträgt demgegenüber jährlich weniger als 5000 (fünftausend!) Dollar.

Es löst die Zunge, aber benebelt nicht den Verstand

(Sana'a, den 30. September 1993)

Arabia felix, das glückliche Arabien, wie der Jemen, an der Südspitze der arabischen Halbinsel, genannt wird, ist alkoholisch eine Wüste, eine andere Volksdroge, das Qat, gedeiht dort umso prächtiger.

Die *maqiyal* – die nachmittäglichen Qat-Sitzungen, in denen das Leben draußen auf den Straßen für wenige Stunden die Luft anhält, sind aus dem Leben der meisten Jemeniten wohl kaum wegzudenken. Doch es ist nicht die Droge, die im Mittelpunkt steht, es sind nicht die grünen Zweige der Qat-Pflanze, die stundenlang gekaut werden. Was der Kaffee fürs Kaffeekränzchen, das ist der Qat im *maqiyal.* Am Ende zählt eben doch nur das Happening.

Während einer Qat-Sitzung werden Meinungen ausgetauscht, gebildet, verändert oder erhärtet. Die Literatursalons des alten Europa sind wohl eher ein schwacher Vergleich für eine solche Institution. Wäre Montesquieu Jemenit gewesen, hätte er sicherlich von den vier Gewalten gesprochen, die es zu teilen gilt: Der ausführenden, der gesetzgebenden, der rechtsprechenden und eben der Gewalt des *maqiyal.*

Montags lädt der kuwaitische Botschafter zum Kau. Dienstags treffen sich die wichtigsten Vertreter der Parteien, um ihre neuesten Vorschläge für die jemenitische Verfassung auszukochen: lange bevor sie sie im Parlament diskutieren. Mittwochs mümmelt man mit dem neuen Kulturminister, um die rechtliche Stellung der Frauen im neuen Familiengesetz zu erörtern. Sonntags wird im Menschenrechtsverein der Islamisten kauenderweise versucht, einen Streit um ein Stück Land außerhalb des Gerichts zu schlichten. Es wird so gut wie alles besprochen, verhandelt und ausgeklüngelt. Das Narkotikum bleibt Nebensache. Es ist die Kunst des Palaverns, der Vortrag, die Formulierung und das überzeugende Argument, das Tag für Tag in diesen Sitzungen geübt wird.

Gegner des Qat sprechen von der schädigenden Auswirkung des Grünzeugs auf die jemenitische Wirtschaft. Zuviel fruchtbarer Boden würde mit dessen Anbau verschwendet, zuviel unproduktive Zeit auf solchen Sitzungen verbracht. Schon seit Jahrhunderten herrscht Streit darüber, ob Qat zu den im Koran verbotenen Drogen gehört. Der islamische Rechtsgelehrte Ibn Hadschar al Haythami ordnete bereits vor fast 500 Jahren den Qat den so genannten *schubahat,* also den Dingen zu, die in den islamischen Quellen nicht zustimmend oder ablehnend behandelt werden. Er riet den Bewohnern von Sana'a, sich von der Droge fernzuhalten, auch wenn sie nicht ausdrücklich im Koran verboten ist. Doch bis heute hat sich diese Lehrmeinung nicht durchgesetzt.

Auf einer Reihe von Sitzkissen, jeweils mit einem Polster zwischen den Nachbarn zum Aufstützen des Armes, wird Platz genommen. In der Mitte des *mafrasch*, wie der Salon genannt wird, stapelt sich der Qat, der die stimulierende Wirkung einer überdimensionalen Portion Kaffee hat. Zweig für Zweig wird das Pflänzchen auseinandergepflückt. Die zarten rot-grünen Spitzen enden in den jeweils linken Backen. Besonders Geübte schaffen es, dort eine tennisballgroße Kugel zu speichern. Zwischendrin wird mit etwas Wasser aus der Plastikflasche nachgespült. Qat-Sitzungen können ohne Übertreibung als die Basis der politischen Kultur des Landes beschrieben werden. Ähnlich wie bayerische Politiker in Bierzelten unter weißblauem Himmel gerne publikumswirksam anzapfen, werben Jemens Politiker bei den Wahlen zum Abgeordnetenhaus in rauschenden Qat-Sitzungen für ihr Programm. Statt an Biertischen gedrängt hocken Jemens potenzielle Wähler auf Sitzkissen gebettet.

Bei den ersten Parlamentswahlen im vereinigten Jemen durfte ich selbst einmal an dieser weltweit einzigartigen Art von Wahlkampfveranstaltung teilnehmen. Die Luft stand vom Rauch der Zigaretten und Wasserpfeifen. Um einen Berg der berauschenden grünen Qat-Blätter, ein Dutzend Spucknäpfe und etliche Wasserflaschen saß eine Gruppe von 50 Männern, unter ihnen der Kandidat der Regierungspartei, und debattierten sich die Köpfe heiß. Der Kandidat Ali Muhammad Usrub, im Wahlkreis Nummer 14 der Hauptstadt Sana'a, brachte in seinem Wahlkampf 52 solcher Qat-Sitzungen hinter sich. Drei bis vier schaffte er am Tag, das sah man schon seinen professionellen Kaubewegungen an. Zur Debatte stand so ziemlich alles, von der nationalen Einheit bis zu Beschwerden über die ständigen Stromausfälle im Viertel. Zwischendrin pries ein örtlicher Parteipoet in einem Gedicht die Errungenschaften der Regierungspartei, nicht ohne sich im leidenschaftlichen Rezitieren am Qat zu verschlucken. Das war der richtige Zeitpunkt für den Wahlhelfer, der flugs noch einmal den Wahlzettel hochhielt. Die Sache ist äußerst einfach: „Macht euer Kreuzchen beim Pferd", rief er, und damit auch gar nichts schiefgehen kann, deutete er am Ende noch einmal auf das Symbol des Kandidaten. Der eilte anschließend sofort zur nächsten pflanzlichen Wahlkampf-Sitzung.

Wie besorgt man sich im trockenen Jemen einen Drink?

(Mokka, den 27. April 1997)

Mafrag, „die Kreuzung", nennen die Jemeniten schlicht den Ort des Verderbens. Ein paar Steinhütten, eine Straßengabelung und ein paar junge Männer und Kinder am Straßenrand, nichts Außergewöhnliches. Erst der zum Mund geführte Daumen eines der Männer und die schlichte Frage: „Suchen Sie etwas zu trinken?" machen stutzig.

Und dann wird es konspirativ. Ein Wink, hinter die Hütte zu kommen, und ein kurzer Blick, der sicherstellt, dass die Luft auch tatsächlich rein ist, lassen erahnen, dass es sich hier nicht um eine einfache Einladung zum Tee handelt. Was hier bci einem kurzen Stelldichein zwischen Hütte und staubigen Dornenbüschen angeboten wird, ist im Jemen, in dem offiziell die islamische Prohibition herrscht, strikt verboten.

Und wird gut verborgen! Leicht sandig und fast kochendheiß werden die Bierdosen ausgegraben. Wie lange sie schon eingegraben waren oder in der Sonne lagen, will der stolze Verkäufer nicht verraten. Stattdessen entschließt er sich zu einem weiteren Schritt. Nach fünfminütiger Fahrt über eine Steinpiste kommt die Hütte der Familie in Sicht: ein Feldbett, ein paar Plastikmatten auf dem Boden und – kistenweise Whisky, Wodka und Gin. Das ist der „Mualim", der Meister, erklärt das alte Familienoberhaupt und zieht eine bekannte schottische Marke aus dem Karton.

Er kennt sich aus. Seit zwanzig Jahren ist er im Schmuggelgeschäft. Einmal im Monat bekommt er von einem jemenitischen Zwischenhändler neue Ladung übers Meer von der afrikanischen Küste aus Dschibuti. Viel dürfte für ihn dabei finanziell nicht übrig bleiben. „Ich kann mit meiner zehnköpfigen Familie gerade so davon leben", sagt er und deutet auf die schlichte Einrichtung seiner Hütte.

Ironischerweise war diese Gegend einst berühmt für ein Genussmittel ganz anderer Art. Die Rotmeer-Hafenstadt Mokka liegt nur eine gute halbe Autostunde entfernt. Von hier aus wurde, wie der Name schon andeutet, bis zum 17. Jahrhundert der gesamte weltweite Kaffeehandel abgewickelt. Doch es waren die Holländer, denen es schließlich gelang, das Monopol zu brechen, ein paar der wertvollen Kaffeepflanzen aus dem Land zu schmuggeln und dann wesentlich billiger in Java und Ceylon anzubauen. Damit waren die Tage Mokkas gezählt. Schon längst haben der Sand und das Salz die einst blühenden Handelskontore und die Paläste der Kaffee-Paschas bis auf die Grundmauern zerstört. Unbarmherzig bläst heute der heiße Wind den Sand durch die von ärmlichen Steinhütten umsäumten Gassen.

Gerüchte besagen, dass die mokkanischen Alkoholhändler draußen vor dem Ort regelmäßig die nahe gelegene Kaserne beliefern. Die Offiziere drücken dafür beide Augen zu. So kann alles unbeschadet seinen weiteren Lauf nehmen. Nur vor den Islamisten haben die Händler berechtigte Angst. Schon im Bürgerkrieg, als der konservative Norden mit dem etwas weltoffeneren Süden vereinigt wurde, hatten sie den Sündenpfuhl Aden ausgetrocknet. Die islamistischen Milizen waren als Nachhut in die Stadt eingerückt, nachdem sie von den regulären Truppen des Nordens erobert worden war. Noch tagelang soll es in den Hafengassen nach ausgeschüttetem Wodka gerochen haben.

Brauen unter Bierverächtern

(Kairo, den 11. Dezember 1998)

Wahre Retter der Menschheit sind rar. Den meisten fällt da die Arche mit dem Steuermann Noah ein oder die Entdeckung des Penicillins durch den Bakteriologen Alexander Fleming, aber kaum einer denkt daran, wie das Bier einst die Menschheit vor ihrer Vernichtung bewahrt hat.

Nach einem Mythos der alten Ägypter kam es einst der Göttin Hathor in den Sinn auszuziehen, um dem Menschengeschlecht den Garaus zu machen. Fast wäre es ihr gelungen, wenn nicht der Gott Ra in letzter Sekunde eingegriffen hätte: Er ließ nachts die Felder, auf denen Hathor ihr Zerstörungswerk begonnen hatte, mit einer Mischung aus Bier, Menschenblut und einem Zauberfruchtsaft fluten. Als Hathor am nächsten Morgen ihr grausames Werk fortsetzen wollte, nahm sie einen großen Schluck des Gebräus. Daraufhin, so die Sage, war sie so betrunken, dass sie die Menschen nicht mehr erkannte.

So hatten die alten Ägypter also schon von der Kunst des Bierbrauens gehört. Bier war ein wichtiger Bestandteil pharaonischer Diätplanung. Das Getränk war so beliebt, dass man auf Grabreliefs fröhlich betrunkene Pharaonen abbildete. Das zeitgenössische Brauen ging auf recht eigenartige Weise vor sich: Alte Abbildungen zeigen getrocknete Gerstenkuchen, die auf einem Sieb über einen Bottich gelegt und mit Wasser übergossen wurden, bis sie sich aufgelöst hatten. Die so entstandene Masse ließ man dann gären und würzte das frische Bier mit Datteln.

Sechstausend Jahre später erfreut sich der Gerstensaft in der Wiege der Pharaonen nicht mehr der gleichen Beliebtheit, was religiöse Gründe hat. „Gott hat alkoholische Getränke verflucht und all jene, die sie zubereiten, probieren, transportieren, ebenso wie jene, denen sie geliefert werden, jene, die sie verkaufen, kaufen, servieren und denen sie serviert werden“, heißt es in einer Überlieferung des Propheten Muhammad.

In Ägyptens Brauerei, der Al-Ahram Beverages Company (ABC), zeigt man sich indes trotz dieser gesellschaftlichen Tabuisierung ihres Hauptproduktes zuversichtlich. ABC's Stella Bier ist bereits seit über hundert Jahren eine feste Institution im Lande. „Wir machen enormen Profit mit jedem unserer Produkte“, erklärt der Sprecher der Firma offen. „Sicherlich, wir sind ein islamisches Land, aber trotzdem verkaufen wir eine halbe Million Hektoliter Bier im Jahr“, berichtet Imam Muharram, der in der Brauerei den Produktionsprozess überwacht.

Um sich gegen einen wachsenden konservativ-religiösen Trend abzusichern, hat man die Produktpalette vergrößert.

Nicht nur Limonade und Cola gehören jetzt zum Sortiment, sondern auch alkoholfreies Bier, für das man Abnehmer in der arabischen Nachbarschaft gefunden hat. Mit der Guinness-Brauerei wurde ein Abkommen über die Produktion und den Export alkoholfreien Bieres in den nahöstlichen Markt geschlossen. Ein wachsender Markt, da er alle religiösen Bedenken zum Bierkonsum entkräftet.

Für die nächsten Jahre wird in diesem Bereich ein enormes Wachstum erwartet. Die heißen Sommer, etwa in Saudi-Arabiens Wüste, werden das religiös unverfängliche Bier fast automatisch zum Renner machen. Allein dort wird der Markt auf hundert Millionen Dollar jährlich geschätzt, mit Wachstumsraten von 30 Prozent und mehr.

Mag sein, dass daran auch gewisse hartnäckige Gerüchte nicht unschuldig sind. Denn hinter vorgehaltener Hand ist zu hören, dass sich alkoholfreies Bier leicht in alkoholisches verwandeln lässt. Ägyptische Arbeiter in Libyen, wo der Konsum von Alkohol strikt untersagt ist, sollen das dort erhältliche alkoholfreie Bier mit Hilfe italienischer Nudeln zum Gären gebracht haben.

Trotz des Erfolges des antialkoholischen Gerstengetränkes gibt es für ABC auf dem ägyptischen Markt noch viel zu tun, vor allem für ihr alkoholhaltiges Produkt gibt es „religiöse und bürokratische Schwierigkeiten", räumt ein Firmensprecher ein, und das, obwohl nach dem Gesetz jedes ägyptische Produkt überall im Land verkauft werden darf.

Im südlichen Oberägypten hat Alkohol einen sehr wichtigen Stellenwert, nicht nur wegen des relativ hohen Anteils christlicher Kopten an der Bevölkerung. Auch einige traditionelle Hochzeiten der Muslime werden dort im Bierrausch gefeiert. Fatalerweise ist gerade Oberägypten auch als Hochburg der militanten Islamisten bekannt.

Um Ärger zu vermeiden, haben mehrere Provinzverwaltungen den Verkauf von Alkohol völlig verboten. Zum Leid der Brauer: „Oberägypten ist eigentlich eine Goldgrube – ein unangezapfter Markt", trauert Fateen Mustafa, Chefin von ABC's

Marketingabteilung, den ungenutzten Verkaufschancen nach. „Jetzt schmuggeln wir eben das Zeug, als sei es Haschisch", beschreibt ein Mitarbeiter die Situation.

Kein Wunder also, dass sich der Bierkonsum an den Ufern des Nils in Grenzen hält. Im Schnitt trinkt jeder Ägypter nicht mehr als 0,6 Liter alkoholisches Bier im Jahr. Zum Vergleich: In Tunesien sind es acht, in der Türkei zwölf und in Deutschland 140 Liter. Vor zehn Jahren lag der ägyptische Durchschnittsverbrauch noch bei 1,6 Litern.

Ein zunehmend konservatives Klima im Land wollen die Brauer für diese Absatzeinbrüche nicht verantwortlich machen. Die Brauer sagen, der Rückgang liege daran, dass die bis vor kurzem in Staatsbesitz befindliche Brauerei den Ruf des Bieres völlig ruiniert hat. Fast schon sprichwörtlich war die schlechte Qualität des staatlichen Stella-Bieres.

In der Ausländergemeinde wurden über diese Biersorte Witze gerissen: „Es war einmal ein Amerikaner, der brachte eine Flasche Stella zu einer Laboruntersuchung in seine Heimat. ‚Ich habe eine schlechte Nachricht', sagte der Laborant nach Untersuchung der Probe mit betretener Miene: ‚Ihr Kamel ist zuckerkrank.'"

Die Pointe wäre jetzt beleidigend: Seit die Brauerei 1997 privatisiert wurde, ist die Qual der Wahl zwischen schlechtem lokal produziertem Bier und importiertem Bier mit dreihundertprozentigem Zollaufschlag vorbei. Die Qualität des einheimischen Bieres hat sich merklich verbessert. Das Bier kann man sich auch nach Hause liefern lassen. Dezent abgedeckt, versteht sich. Denn eine alte ägyptische Volksweisheit lautet: „Wer Alkohol trinkt, dem kann man auch ansonsten nicht über den Weg trauen." Da hält man den Bierkonsum vor den Nachbarn lieber geheim.

In Hada'iq Al-Qubba, einem von Kairos Wohnvierteln der verarmenden Mittelschicht, befindet sich die Frontlinie des Bierkampfes im arabischen Feindesland. Hier geben meterhoch aufgestapelte Bierkisten der lokalen ABC-Filiale das Flair einer Kreuzritterburg. Der Alkohol in diesem Laden wird legal und mit Lizenz verkauft. Die meisten Kunden sind selber Händler, die sich hier mit Nachschub versorgen, den sie dann – selbstverständlich illegal und ohne Lizenz – weiterverkaufen. Aber auch in Hada'iq Al-Qubba gab es schon bessere Zeiten. Waren es vor sechzehn Jahren noch über sechshundert Händler, die sich hier eingedeckt haben, sind es heute nur noch 57.

So mancher, der den Laden mit größeren Mengen Bier verlassen hat, stieß draußen auf Schwierigkeiten mit der Polizei. Ein paar Flaschen zum eigenen Konsum sind erlaubt. Aber einige Kästen? Kaum. Auch im Laden selbst ist man sich, trotz Lizenz, seiner Sache nie ganz sicher: „Nicht einmal meine Familie weiß, dass ich hier arbeite", sagt einer der Angestellten.

Mit der Nachbarschaft hat man sich arrangiert. Die konservativen Betgänger einer benachbarten Moschee haben dem sündhaften Treiben wenigstens am Freitag ein Ende gesetzt. Dem Leiter des Ladens wurde freundlich nahegelegt, wenigstens am geheiligten Feiertag die Tore geschlossen zu halten. „Selbstverständlich sind wir dem nachgekommen", erklärt der, ohne darauf einzugehen, welche Folgen es gehabt hätte, wenn er sich nicht kooperativ gezeigt hätte. Wie alle Mitarbeiter im Laden ist auch er Muslim. Ob er seine Arbeit mit seiner Religion vereinbaren kann? Seine Antwort ist pragmatisch: „Was kann ich tun? Es ist alles festgeschrieben. Gott hat mir eben meinen Platz hier zugewiesen."

Nachtrag: Das Geschäft mit dem ägyptischen Gerstensaft scheint sich zu lohnen. Inzwischen hat Heineken die ABC-Brauerei für 1,3 Milliarden ägyptische Pfund, umgerechnet 200 Millionen Euro, aufgekauft.

„No smoking" im Pharaonenland

(Kairo, den 20. April 1994)

„Bitte", hüstelt eine Sitzreihe vor mir im ägyptischen Überlandbus die verzweifelte Amerikanerin, „Sie sprechen doch

Arabisch. Können Sie den Schaffner nicht auffordern, das Rauchverbot im Bus durchzusetzen?“ Sie deutet auf das „no smoking“-Schild, das gerade noch hinter den Rauchschwaden zu erahnen ist. Stolz und beständig ziert es den oberen Teil der Windschutzscheibe. Ein Blick auf den Schaffner, der dem Fahrer gerade kollegial eine Zigarette anbietet, zeigt: Die Schlacht ist bereits verloren. „Nein“, schüttle ich den Kopf, „das ist hier alles ein bisschen anders als in New York.“ Das Schild wird wahrscheinlich gleich von der Firma mitgeliefert, die den Bus irgendwo in Europa zusammengeschraubt hat. Das gehört sozusagen zur Serienlieferung. Hier werden derartige Verbotsschilder getrost ignoriert.

Das Land der Pharaonen ist ein wahres Raucherparadies. Laut einer Studie der Weltgesundheitsorganisation WHO rangiert es hinter Griechenland auf Platz zwei im Blauer-Dunst-Ausstoß. Satte 140 Milliarden Zigaretten lösen sich links und rechts des Nils jährlich in Rauch auf – Wasserpfeifen nicht eingeschlossen.

Wenn es nach Wunsch einer kleinen Gruppe passionierter Nichtraucher geht, ist es mit dem „Qualmen ohne Grenzen“ demnächst vorbei. Hussein Schahata ist einer von ihnen. Er marschiert mit seinem Köfferchen durch die Kairoer Innenstadt. Im Köfferchen wartet die Demonstrationspuppe Johnny auf den Einsatz. Wenn Johnny raucht, färbt sich der weiße Baumwollstoff seiner Kleidung blitzschnell teerschwarz. So wie auch die Lungen des überraschten Rauchers aussehen, den Schahata eifrig an irgendeiner Straßenkreuzung aufgegriffen hat und nun mit der bitteren Wahrheit konfrontiert. Tausende, so Schahata, sollen nach einem solch anschaulichen Gespräch mit ihrer mörderischen Gewohnheit gebrochen haben.

Schahata ist kein Einzelkämpfer. Wer in Kairo über das Rauchen redet, der redet auch über Salah Montasser, den ehemaligen Chefredakteur der renommierten Zeitschrift *Oktober*. In regelmäßigen Kolumnen behandelt er Themen rund um – oder besser gesagt: gegen – die Kippen. Seine erste Zigarette habe er mit 16 Jahren an einem der ägyptischen Mittelmeerstrände angezündet. Aus Schüchternheit. Eigentlich wollte er damals nur dem „Mädchen seiner Träume" imponieren. „Ich und die Zigarette – zu zweit schienen wir stärker zu sein", schreibt er heute. Die junge Frau ging unbeeindruckt ihres Weges, der Kolumnist den seinen. 18 Jahre lang war er danach Kettenraucher. Ja, ja, so schnell kann's gehen. Jetzt organisiert der mittlerweile suchtfreie Pensionär Anti-Raucher-Demonstrationen in einem Nobel-Sportklub auf einer Kairoer Nilinsel. Schade nur, dass der paffende Busschaffner sich den Eintritt zu derartig exklusiven Veranstaltungen nicht leisten kann. Womöglich ist er nicht einmal in der Lage, die leidenschaftlichen Anti-Raucher-Kolumnen lesen.

Doch auch die Kairoer Stadtverwaltung ist mittlerweile auf den Nichtraucher-Trip gekommen. In den städtischen Bussen ist der Glimmstängel inzwischen tatsächlich verboten worden. Das hat sich bei den meisten Fahrgästen jedoch längst noch nicht herumgesprochen. Warum sollten nun die vorher bedeutungslosen „Rauchen verboten"-Schilder auf einmal befolgt werden? Um ihrer Forderung Nachdruck zu verschaffen, arbeitet die Verkehrsverwaltung deshalb eng mit der Polizei zusammen. Zehn „schnelle Eingreifeinheiten" versuchen, das Problem in den Griff zu kriegen. Jeweils ein Offizier und drei „normale" Polizisten machen sich täglich auf die Suche nach den Unverbesserlichen, die immer noch in den Bussen der Idee von „Freiheit und Abenteuer" nachhängen. Mit zehn Pfund Strafe – für manchen ein guter Tageslohn – ist jeder Rauchsünder dabei. Doch Yussuf Mahmud, der Chef des öffentlichen Kairoer Verkehrsverbundes, gibt zu, dass sich das Unternehmen schwierig gestaltet. Bei 4700 Bussen, 49 Trambahnen, 41 Nilfähren und 181 Busstationen ist das wohl auch kein Wunder.

Bleibt die Hoffnung, dass demnächst irgendjemand eine durchschlagende Anti-Auto-Kampagne startet. Neulich erzählte jemand von einer Statistik der dreckigsten Stadtlüfte der Welt: Luftverschmutzung gemessen in Zigarettenschachteln. Einen Tag tief durchatmen in der Kairoer Innenstadt entsprach demnach dem Konsum eines Päckchens Zigaretten.

Nachtrag: Ägypten ist ein Raucherparadies geblieben. Ende 2007 wurde zwar ein Gesetz erlassen, das nach amerikanischem und europäischem Muster auch in Ägypten das Rauchen in öffentlichen Gebäuden untersagt. Aber Gesetze beeindrucken Ägypter in der Regel wenig, wenn sie nicht auch durchgesetzt werden. Bisher werden die Raucher nur verfolgt, wenn sie in den Untergrund gehen. In der Kairoer U-Bahn wird das Rauchen mit einer Geldstrafe von umgerechnet etwas mehr als einem Euro geahndet. Ein System, das mit einem Polizisten an jeder zweiten Bahnhofssäule prächtig funktioniert: Auf dem Bahnsteigboden in Kairos U-Bahn-Wunderland findet sich kein einziger Zigarettenstummel.
Doch ansonsten qualmt es an den Ufern des Nils weiter, wie die nationale Raucherstatistik beweist. Danach greifen 12 Millionen Ägypter zur Zigarette oder zur Wasserpfeife, davon sind zehn Prozent Teenager. Eine halbe Million der ägyptischen Raucher ist unter 12 Jahre alt. Tendenz steigend: Die jährliche Zunahme der Raucher übersteigt das Bevölkerungswachstum um ein Dreifaches, und das will etwas heißen. Und auch jene Berufsstände, die den Ägyptern die ungesunde Angewohnheit eigentlich ausreden sollten, greifen gerne zum Glimmstängel. Etwas weniger als die Hälfte der Ärzte raucht, dagegen sind es unter Lehrern mit 56 Prozent etwas mehr als die Hälfte. Und selbst zwei von zehn Sportlehrern können in den Pausen nicht vom Laster des blauen Dunstes lassen.

Ägyptens Männer lechzen nach Viagra

(Kairo, den 14. Mai 1998)

Seit einer Woche ist sie in Kairo in aller Munde – zumindest im übertragenen Sinne. Sechs von zehn Apothekenbesuchern fragen angeblich nach ihr: Al-Haba Al-Zarqa, die blaue Pille, vom Volksmund auch getauft: die Glücksehen-Kapsel. „Viagra", die neue US-Pharma-Therapie für den impotenten Mann, erobert Ägypten.

Über zwei Millionen Ägypter, so berichtete unlängst die halbamtliche Tageszeitung *Al-Ahram*, sollen verzweifelt nach der Wunderpille lechzen. Was soll's, wollte man meinen, wäre da nicht das ägyptische Gesundheitsministerium. Das weigert sich bisher strikt, den neuen Potenzsteigerer zuzulassen. Erst müssten die Nebenwirkungen erforscht werden, heißt es bei der entsprechenden Zulassungsbehörde. Immerhin liegen drei Männer, die die Pille eingenommen haben, bereits auf der Intensivstation – darunter ein bekannter, aber namentlich nicht genannter 70-jähriger Schauspieler. Nun spekuliert die ganze Stadt über seine Identität.

So bleibt das erektionsfördernde Wunderding vorläufig auf dem ägyptischen Index. Aber was sind schon bürokratische Dämme angesichts der maskulinen Verzagtheit. Zahlreiche Kairoer Apotheken haben schon längst begonnen, das Zeug unter dem Ladentisch an den Mann zu bringen. Trotz des für ägyptische Verhältnisse horrenden Preises scheint die Nachfrage ungebrochen. „Ich verkaufe nur noch an meine Freunde und die Kunden, die ich gut kenne. Ich kann nicht jeden zufrieden stellen", erzählt ein Apotheker.

Von oben versucht man jetzt, die Sache zu bremsen. Der Flughafenzoll wurde angewiesen, auf die vor allem aus den USA mehrmals täglich einfliegenden Pillenbomber ein besonderes Augenmerk zu richten. Gegen mehrere Apotheker läuft bereits ein Verfahren. Waren die Zeitungen zunächst voll von ausschweifenden Berichten über das neue Heilmittel, erschienen die blauen Pillen später nur noch auf den lokalen Mord-und-Totschlag-Seiten der Tagespresse.

Die Polizei vermeldet erste Erfolge durch den Einsatz von Undercover-Einkäufern. Über fünftausend Kapseln wurden allein in einer einzigen Apotheke in Kairo beschlagnahmt. Der Karikaturist der Tageszeitung *Al-Akhbar* scheint nicht vollends von den hehren Absichten der staatlichen Sicherstellung überzeugt. Sein neuestes Werk zeigt einen hochrangigen Beamten, der seinem Kollegen erfreut berichtet: „Gestern haben wir wieder eine große Menge Viagra beschlagnahmt." „Und", forscht der andere nach, „wie hat's gewirkt?"

Legal oder illegal – weniger gut positionierten Beamten

oder dem überwiegend in Armut lebenden Volk bleibt sowieso nichts anderes übrig, als weiter auf die seit Jahrhunderten bewährten Hausmittel zurückzugreifen. Viele Ägypter schwören auf Rucola-Salat. „Wenn die Frau von der Wirkung des Rucola wüsste, würde sie ihn unter ihrem Bett anpflanzen", lautet ein ägyptisches Sprichwort. Das Geheimnis des als besonders ausdauernd und zäh geltenden südägyptischen Bauern ist dagegen seine morgendliche Portion Sesam-Paste mit einem Löffel Bienenhonig. Daran wird auch die Firma Pfizer in naher Zukunft wenig ändern.

Schluss mit der geschmuggelten männlichen Potenz

(Kairo, den 30. Juni 2002)

Schwer zu beschaffende Dinge werden in Ägypten oft nur mit Farben bezeichnet. Da akute Devisenknappheit herrscht, gibt es bei den Banken kaum noch Dollars. Stattdessen fragt man auf dem Schwarzmarkt unauffällig nach den begehrten „Grünen". Auch bei der unschuldigen Anfrage nach „den Blauen" wartet der Kairoer Apotheker zunächst, bis die anderen Kunden den Laden verlassen haben, bevor er verstohlen eine Packung ins Land geschmuggelter potenzfördernder Viagra-Pillen aus der Schublade zieht.

Bald darf der ägyptische Mann das Kind allerdings offen beim Namen nennen. Nach einem jahrelangen Importverbot hat das ägyptische Gesundheitsministerium verkündet, die lokale Produktion der begehrten blauen Pille zulassen zu wollen. Der anschließende Enthusiasmus in den Medien kannte kaum Grenzen: „Viagra hat gewonnen – Pillen des ehelichen Glückes demnächst auch auf dem ägyptischen Markt", titelte eine Zeitung.

Glaubt man einer Studie der Kairoer Universitätsklinik, fällt fast ein Viertel aller verheirateten ägyptischen Männer unter die Kategorie „impotent". Kein Wunder, dass eine andere Studie zum Schluss kommt, dass bisher die Ausgaben für geschmuggeltes Viagra in den Haushalten gleich nach dem Posten der von allen beklagten teuren privaten schulischen Nachhilfestunden kommt. Auch das wird sich ändern. Etwa sechsmal niedriger soll der Preis des legal in Ägypten produzierten Medikamentes gegenüber seinem geschmuggelten Pendant sein. Das bisherige Schmuggelvolumen wird jährlich auf sage und schreibe eine Viertel Milliarde Euro geschätzt.

Neben dem Austrocknen des Schmuggelsumpfes werden mit der jetzt angekündigten lokalen Produktion auch Arbeitsplätze geschaffen. Außerdem werden kostbare Devisen künftig nicht mehr für die Steigerung der männlichen Potenz verschwendet. Warum, so fragt sich der Beobachter, hat das Gesundheitsministerium ein solches Allheilmittel nach dessen Erfindung 1998 auf den Index gesetzt? Argumentiert wurde damals stets mit dem Gesundheitsrisiko aufgrund der Nebenwirkungen und gelegentlich mit dem Bevölkerungswachstum.

In Wirklichkeit ging es wohl eher ums große Geschäft und um die Frage, welcher ägyptische Pharmabetrieb dem Ministerium am meisten Schmiergelder abdrückt, um von Pfizer Inc. USA die Lizenz zu erhalten. Dies hat offensichtlich sechs Jahre gedauert. Mit der jetzigen freudigen Botschaft sind die Aktien einiger ägyptischer Pharmakonzerne gleich sprunghaft angestiegen. Wen wundert's, dass die Lobbyisten für das Medikament nicht nur im Apothekerverband, sondern auch in den Reihen der Regierungspartei zu finden waren, deren korrupte Mitglieder sich jetzt finanziellen oder möglicherweise auch anderen Eigennutz erhoffen. Bis Ende des Jahres soll es so weit sein. „Wir sind bereit, billigeres und potenteres Viagra mit weniger Nebeneffekten zu produzieren", verkündet der Chef der Nile Pharmaceutical Company.

Angesichts der ägyptischen Skepsis gegenüber der Effektivität heimischer Produkte taucht in den Zeitungen allerdings schon die eine oder andere kritische Karikatur auf, beispielsweise in der Oppositionszeitung *Al-Wafd.* Dort hält eine muskulöse Matrone ihren abgemagerten, versagenden Ehemann am

Schlafittchen, während der Bedauernswerte nur noch keucht: „Ich habe gleich gesagt, wir sollen die importierten nehmen, aber du wolltest ja unbedingt die ägyptischen.“

Nachtrag: Inzwischen findet sich eine ganze Reihe Viagra-Generika auf dem ägyptischen Markt. Die billigsten Sorten sind bereits für etwas mehr als einen Euro pro Packung zu haben und enthalten den gleichen Wirkstoff wie das Originalprodukt. Die einheimischen Blauen sind auch ein beliebtes Mitbringsel für so machen Ägyptenreisenden.
Abgerissen sind auch nicht die zahlreichen ägyptischen Witze um das sagenumwobene Mittel. Wie so oft im ägyptischen Humor müssen auch hier die Saidis – die Oberägypter aus dem Süden des Landes – herhalten. Als der Vater eines Saidis stirbt, läuft der sofort in die Apotheke und besorgt sich Viagra. Nachbarn und Freunde fragen ihn verwundert, warum er ausgerechnet nach dem Tod seines Vaters an nichts anderes denkt. Der Saidi antwortet verschmitzt: „Wer sonst würde nach dem Tod meines Vaters an meiner Seite stehen.“

Sextourismus in Kairo: Kühle Brise und heiße Nächte

(Kairo, den 15. August 1995)

Sie sieht nicht so aus, wie man sich landläufig eine Zuhälterin vorstellt. Etwa fünfzig Jahre alt, lebt Hagga in einer einfachen Wohnung im Kairoer Nobelviertel Muhandseen. Ihr schwarzer Überwurf und ihr Kopftuch zeugen von einem eher traditionellen Blick auf die Welt. Auch ihre Sprache ist geschmückt mit allerlei religiösen Floskeln. „Morgen können Sie zwei Mädchen haben, Inscha Allah – so Gott will. Für die möblierte Wohnung zahlen Sie extra. Möge Gott es uns einfach machen.“

Besonders in den Sommermonaten läuft in der ägyptischen Hauptstadt das Geschäft mit den möblierten Wohnungen mit dazugehöriger Haushaltshilfe in jedem Alter und mit jeder Figur zu jeder Tages- und Nachtzeit auf vollen Touren. Das ist die Zeit, wenn die Chalidschiyn – die Araber aus den Golfstaaten – nach Kairo kommen, auf der Suche nach einer kühleren Brise und heißer Unterhaltung.

Fast eine Million arabischer Touristen, meistens Saudis, haben die Nil-Metropole letztes Jahr besucht. Sie machen inzwischen ein gutes Drittel aller Besucher Ägyptens aus, Tendenz steigend. Fast 100 000 Kuwaitis wollten sich die Sommerparty ebenfalls nicht entgehen lassen.

Einer von Kairos glitzerndsten Boulevards – die „Straße der Arabischen Liga" – wird inzwischen im Volksmund nach Kuwait-Citys berühmter Einkaufsstraße „Salmiya-Straße" genannt. Jeden Sommer füllen sich die Vergnügungsstätten der Stadt mit Chalidschiyn. Gerade einmal einen Steinwurf von der Straße der Arabischen Liga entfernt, versammeln sich in den teureren ersten Reihen des ägyptischen Nationalzirkus die Großfamilien aus dem Golf. In den Vergnügungsparks der Stadt rammen verschleierte, kichernde Golf-Mädchen die Autoscooter ihrer männlichen Gegenparts. Die Golf-Jugendlichen, denen der Sinn nach arabischer Discomusik steht, zahlen viel Geld für einen Tisch direkt vor der Bühne, auf der eines der ägyptischen Popidole für ihre Unterhaltung sorgt.

In den Nachtclubs an der Pyramidenstraße versuchen Männer aus den Golfstaaten die Zeit totzuschlagen, indem sie die ägyptischen Bauchtänzerinnen mit Geldscheinen bewerfen. Offensichtlich ein lukratives Geschäft für die Tänzerinnen, die sich inzwischen zunehmend darüber beschweren, dass ihnen die eingereiste Konkurrenz russischer Bauchtänzerinnen das Leben schwer macht.

Doch einigen Golf-Männern ist das nicht genug an Unterhaltung. Jedes Jahr beleben sie das Prostitutionsgeschäft der Stadt. Obwohl es offiziell illegal ist, scheinen die ägyptischen Behörden beide Augen zuzudrücken. „Aufgrund möglicher politischer Verwicklungen", wie ein ägyptischer Politologe glaubt. Nicht zuletzt geht es dabei schließlich auch um harte Währung.

Unnötig zu erwähnen, dass die so erzielten Profite nicht ihren Weg in irgendeine offizielle Statistik finden.

Selbst ägyptische Männer, die aussehen, als könnten sie selbst aus den Golfstaaten stammen, werden inzwischen offen auf der Qasr-Al-Nil-Straße im Zentrum Kairos angesprochen. Einige der luxuriösen Restaurants mit Blick auf den Nil wechseln ihre Kundschaft nach Mitternacht. Dann kommen nicht mehr ganze Familien zum Dinieren, sondern Gruppen von Golfarabern und ungewohnt provokativ gekleidete Frauen, die sich rund um die Bar versammeln. Gelegentlich werden die Golfaraber mit ihren weißen Dischdaschas, den traditionellen arabischen Männergewändern, auch schon mal am Flughafen direkt mit Angeboten für „möblierte Wohnungen" angelockt.

Ein Netz verschiedenster Menschen, die in das Prostitutionsgewerbe involviert sind, macht das verbotene Geschäft fast zu einem öffentlichen Ereignis. Im Selbstversuch mache ich mich mit einem ägyptischen Kollegen auf den Weg. Er gibt sich als Golfaraber, ich mich als Mitarbeiter einer amerikanischen Ölfirma aus. Abu Muhammad, der Pförtner und Hausmeister eines Gebäudes auf der Nilinsel Zamalek, braucht nicht lange, um die Frage zu verstehen: „Eine Wohnung für 24 Stunden, um sich einmal so richtig auszuspannen, ganz besonders nachts." Der Makler ist schnell informiert und ruft direkt den Wohnungsbesitzer an. Über die Miete ist man sich bald einig. Der Makler bekommt seine Kommission, und der Pförtner, der für die weitere Logistik sorgt, erhält sein Schweigegeld.

In einem dunklen Zweizimmerapartment bereitet die Haushaltshilfe Fatima das Eis für den Whisky vor. Sie ist verantwortlich für das Wohlbefinden des Gastes, bis das „richtige Mädchen" vorbeischaut. „Für ein paar Pfund bin ich auch bereit", bietet sich die 40-Jährige an, als sie die Klimaanlage einschaltet. Fatima ist eine jener Frauen aus den Slumvierteln Kairos, die ihren Überlebenskampf aufgenommen haben, indem sie sich in den reicheren Vierteln als Putzfrauen oder Köchinnen verdingen.

Um die Zeit totzuschlagen, erzählt Fatima stolz von ihren vier Kindern, deren Ausbildung sie nun aus eigener Tasche bezahlen kann. Sie arbeitet hier, seit ihr Mann vor zwei Jahren gestorben ist. Manchmal werden die Wohnungen an Familien vermietet, die in Kairo Urlaub machen wollen, meist quartieren sich aber Männer aus dem Golf ein. Sie bevorzugt ersteres, aber „was kann ich machen", fügt sie hinzu, „Geschäft ist Geschäft."

Fatima kennt sich aus im Geschäft. Die Nachricht von den vermieteten möblierten Wohnungen breitet sich unter den Zuhältern aus, „und dann kommen die Prostituierten wie die Ameisen", beschreibt sie. Einzelne Prostituierte gehen tagsüber von Tür zu Tür. Manchmal kommen die ersten Anfragen schon um fünf Uhr morgens, weiß Fatima zu berichten. Die Prostituierten machen ihre Runde bis zum späten Nachmittag, um dann von einer an noch härteres Arbeiten gewöhnten Nachtschicht abgelöst zu werden.

Die zwanzigjährige Aisha kommt von der anderen Seite der Brücke aus dem Armenviertel Imbaba. Mit ihrer aufgetakelten Frisur, einer dicken Lage Make-up und einer Wolke von Parfüm stolpert sie mit ihren Stöckelschuhen zur Haustur herein. Anders als die Haushaltshilfe Fatima, die weder lesen noch schreiben kann, besitzt Aisha ein Handelsabitur. Eine ihrer Schulfreundinnen hatte sie vor wenigen Monaten ins verbotene Geschäft eingewiesen. Sie sieht sich gerade nach anderer Arbeit um, sagt sie. Sehr verlockend dürfte der Arbeitsmarkt allerdings nicht auf sie wirken. Als Prostituierte verdient sie in ein paar Tagen so viel wie ein staatlicher Buchhalter in einem ganzen Monat.

Der soziale Hintergrund der Frauen ist sehr unterschiedlich. Einige Schlussfolgerungen können aus Studien gezogen werden, die über Frauen gemacht wurden, die wegen so genannter „Sexualdelikte" verhaftet wurden. „Anders als bei anderen Delikten variiert der soziale und wirtschaftliche Hintergrund dieser Frauen erheblich", berichtet eine Forscherin vom Nationalen Zentrum für Soziologische und Kriminologische Studien.

„Es ist erstaunlich, wie gut ausgebildet manche von ihnen sind", sagt sie.

Unterdessen sprechen Ärzte privat von einem Ansteigen der Aids-Fälle nicht zuletzt auch aufgrund der Prostitution. Aisha jedenfalls bricht auf die Frage, ob die Golfaraber Kondome benutzen, nur in Lachen aus. Sie selbst denkt auch nicht weiter über die Risiken nach, sagt sie.

Um der Prostitution einen islamischen Deckmantel zu geben, unterzeichnen manche der Frauen geheime Eheverträge mit ihren Sommergästen. Diese in Ägypten unter dem Namen „Zawag Al-Urfi" bekannten Eheverträge werden ohne Zeugen geschlossen und enden meist gegen Ende des Sommers in Scheidung. Die meisten islamischen Rechtsgelehrten verurteilen die Zawag-Al-Urfi-Methode als einen Versuch, Prostitution zu legalisieren. Von Staats wegen gibt es allerdings keine Einwände gegen diese umstrittene Eheform.

Neben der Suche nach Sommerbekanntschaften kommt so mancher Mann aus dem Golf auch nach Ägypten, um nach einer richtigen Braut Ausschau zu halten. Diese Art von Braut-Tourismus boomt vor allem in den Dörfern rund um die Nildelta-Stadt Mansura. Ihr eilt der Ruf voraus, die „attraktivsten Bräute" hervorzubringen. Es geht die Mär, dass Napoleons Soldaten sich bei ihrer kurzen Expedition nach Ägypten vor fast zwei Jahrhunderten mit der örtlichen Bevölkerung vermischten. Bis heute finden sich dort deren Nachfahren, Traumfrauen nach arabischem Geschmack, mit heller Haut und feinem, glattem Haar.

Ein Ruf, der bis an die andere Seite des Roten Meeres reichte – und schon rochen die ersten informellen Heiratsvermittler den lukrativen Braten. Einige ältere Frauen stürzten sich ins Geschäft. Auf Anfrage präsentieren sie ihren männlichen Kunden eine Reihe von Fotografien heiratsfähiger Frauen. Ist die Wahl getroffen, kommt eine Einladung für ein Gespräch unter vier Augen, und wenn die Braut für gut befunden wird, machen sie und ihr künftiger Ehemann sich auf dem schnellsten Weg in dessen Heimat.

Auch in Giza, der Nachbarprovinz Kairos, gibt es einige Dörfer, die bekannt dafür sind, dass sie ihre Töchter in den Golf verheiraten. Das Dorf Hawamdiya lebt in dem Ruf, besonders kecke Töchter hervorzubringen. „Ihr Töchter von Hawamdiya, mit euren bunten Schals und euren kohlschwarz geschminkten Augen – die Hengste liegen euch zu Füßen, wenn ihr wiegend vor ihnen stolziert." Ägyptische Verse wie dieser finden auch auf der arabischen Halbinsel aufgeschlossene Zuhörer.

Für manche verarmte Bauern rund um Mansura oder Hawamdiya ist die Heiratsvermittlung das Geschäft ihres Lebens. Zehntausende von Dollars können als Brautgeld den Besitzer wechseln. Die Heiratsmaklerin selbst bekommt zehn Prozent als kleine Aufmerksamkeit für ihre Mühen.

Neue Häuser aus Zement, ein neuer Kühlschrank, ein Videogerät, vielleicht ein Job für den neuen Schwiegersohn – unbegrenzt sind die Möglichkeiten, die sich da auftun. Einige der Dörfer haben sich zu Zwei-Klassen-Gesellschaften entwickelt: diejenigen, die es zu neuem Besitz gebracht haben, indem sie ihre Töchter an den Golf verheiratet haben, und die Habenichtse, die es nicht geschafft haben oder die sich weigern, an dem Spiel teilzunehmen.

Nachtrag: Der innerarabische Tourismus hat seit den Anschlägen des 11. September enorm zugenommen. Statt der bisherigen Sommerfrische in den Schweizer Bergen, in London oder New York sind bei den Golfarabern jetzt arabische Reiseziele wie Kairo, Beirut oder Damaskus besonders in. Die Golftouristen wollen den Belästigungen in Europa und den USA ausweichen, als potenzielle Terroristen betrachtet zu werden. Seit dem 11. September wurden für sie die Visumbedingungen im Westen verschärft. Auf ein US-Visum warten auch unbescholtene Araber bis zu 45 Tage. „Die Golfaraber wollen sich nicht dem Risiko aussetzen, im Rahmen der Antiterrorbekämpfung aus Versehen in einem westlichen Gefängnis zu landen", erklärt ein ägyptischer Reisebürobesitzer den Trend. Mit der Zunahme der Reisenden aus dem Golf ist auch fast automatisch der Sextourismus gestiegen. In Kairo findet dieser weiterhin nach altem Muster statt.

In Damaskus sind es dagegen oft irakische Flüchtlingsfrauen, die versuchen, sich auf diese Weise durchzuschlagen.
Gelegentlich wird der Sextourismus auch durch Frauenhandel in die andere Richtung ersetzt. Letztes Jahr wurden in den ägyptischen Medien Anzeigen für Jobs als Stewardessen und Kellnerinnen in den Golfstaaten geschaltet. Einmal dort angekommen, wurden die jungen Frauen Schritt für Schritt in die Prostitution gezwungen. Das lukrative Geschäft flog auf, nachdem einige Frauen wieder zurückgekehrt waren und die ägyptische Polizei und die Medien über Details des Netzwerkes informierten.

In Ägypten ist der Teufel los: Satanskult am Nil

(Kairo, den 10. Februar 1997)

Seit Wochen gibt es in der ägyptischen Presse nur noch ein Thema: Weil sie angeblich den leibhaftigen Satan anbeten, steht derzeit eine kleine Gruppe jugendlicher Heavy-Metal-Fans am öffentlichen Pranger.

Nun lockt Derartiges im Westen, der an Grufties und Teenie-Okkultismus gewöhnt ist, kaum mehr jemanden wirklich hinter dem Ofen hervor – außer einige streng katholische Pfarrer und Sektenbeauftragte vielleicht. In der tief religiösen ägyptischen Gesellschaft lösen derartige Geschichten jedoch noch immer regelrechte Schockwellen aus. Für so manchen gläubigen Muslim steht der totale moralische Verfall der Jugend des Landes bevor.

Es ist also kein Wunder, dass die ägyptischen „Ubud Al-Scheitan"– die „Teufelsanbeter" – schnell zu den Buhmännern und -frauen der ägyptischen Nation gemacht wurden.

Dabei begann die Geschichte äußerst harmlos mit einer Handvoll gelangweilter Jungen und Mädchen aus der ägyptischen Oberschicht. Deren neuester Hit waren Musikkassetten und Videos mit Heavy-Metal-Musik, immer leicht über der Audio-Schmerzgrenze. Der in Ägypten über Satellit zu empfangende Musikfernsehsender MTV tat ein Übriges. Dem folgten ein Dutzend öffentlicher und privater Konzerte in Kairo, gesponsert von multinationalen Konzernen wie McDonald's.

Eine kleine Szene von ein paar hundert Leuten entstand, die ihre Nische bei regelmäßigen Treffen vor den Filialen der Fastfood-Kette kultivierte und ansonsten über das Internet mit Gleichgesinnten in Großbritannien, Schweden und – zugunsten so mancher jetzt verbreiteter Verschwörungstheorie – auch in Israel in regelmäßiger Verbindung stand.

Einigen aufmerksamen Bürgern waren die unüberhörbaren Partys und Konzerte schnell suspekt – und so heftete sich auch der lokale Geheimdienst bald an diese blasphemische Spur. Als es den Spitzeln gelang, eines der Konzerte auf Video zu bannen, war es um die betroffenen Jugendlichen geschehen.

Denn welch schockierende Bilder musste man da in der Geheimdienstzentrale analysieren. Langhaarige junge Männer, auffallend stark geschminkte junge Frauen, merkwürdige rituelle Tänze, viele Tätowierungen und lange Nägel, Symbole wie umgedrehte Kreuze und selbst einige Tierschlachtungen: kurzum, das Grauen schlechthin.

Schnell berieten sich die für Teufelsanbeter zuständigen Sicherheitsbehörden mit den religiösen Autoritäten des Landes – und man wurde sich bald einig: Dieser skurrilen Modeerscheinung musste sofort ein Riegel vorgeschoben werden. Denn inzwischen war auch die Presse auf das Thema aufmerksam geworden. Zeit zum Handeln. Ein paar Wochen später war es dann so weit. Fast 80 Jugendliche wurden von der Polizei abgeholt und dem Staatsanwalt vorgeführt. Ihre Wohnungen wurden auf den Kopf gestellt. Pornovideos, Teufelsposter und T-Shirts, Kassetten mit Heavy-Metal-Musik und englische Gedichte der Teufelsanbetung wurden von den Behörden als vorgebliche Beweismittel beschlagnahmt.

Wer sich vor dem Staatsanwalt als ausschließlich harmloser Musikfan entpuppte, konnte schon bald gegen Kaution nach Hause gehen. Die besonders harten Fälle wurden aber in zunächst 15-tägiger Untersuchungshaft behalten. In der Presse war eine gewisse Häme über die Betroffenen und ihre Angehörigen nicht zu überhören.

So manches Kind bekannter Musiker, Schauspieler und auch Fernsehansagerinnen war mit von der Partie. Selbst der Sohn eines Provinzgouverneurs soll festgenommen worden sein.

Als wäre das alles nicht ausreichend und die 16- bis 20-Jährigen nicht schon längst genug bestraft durch die Verhöre des Geheimdienstes und die öffentliche Zurschaustellung durch journalistische Schreibtischtäter, traten nun auch die religiösen Autoritäten des Landes auf den Plan.

Das Oberhaupt der koptischen Christen, Papst Schenuda, klagte die höchstmögliche Strafe für die angeblichen Teufelsanbeter ein. Es könne in dem Fall nicht von Rede- und Meinungsfreiheit gesprochen werden, denn Freiheit bedeute, den Menschen von seinen Fehlern zu befreien, ließ er durch einen Sprecher verlauten.

Der muslimische Großmufti Nasser Farid Muhammad Wassel trug ebenfalls sein Scherflein bei. Er erklärte die Jugendlichen schlicht zu Apostaten – zu vom Islam Abtrünnigen – und forderte Reue. Sie müssten ihren „maroden und verdorbenen Gedanken abschwören", ansonsten drohe ihnen die gerechte Strafe der Scharia, des Islamischen Rechts. Bei Apostasie lautet diese: Todesstrafe.

Nach diesen Äußerungen war zumindest für einen Teil der ägyptischen Presse das erste Mal der Zeitpunkt für ein wenig Besinnung gekommen. Auflagensteigerung war nicht mehr das alleinige Ziel. Ibrahim Issa, Chefredakteur der Wochenzeitung *Ad-Dustour* (Die Verfassung), war „entsetzt über den ehrenwerten Mufti, der die Jugendlichen für die Todesstrafe freigeben will, weil er sie zu Apostaten erklärt, und über diejenigen, die jene Jugendlichen, die fast noch Kinder sind, vor ein Militärgericht stellen lassen wollen".

Die Jugendlichen selbst gaben bei ihren Verhören höchst Unterschiedliches zu Protokoll. Den einen gefiel die „Sex-and-Drugs-and-Rock'n'Roll-Atmosphäre" der Konzerte. So mancher wollte einfach mal so richtig die Gesellschaft schocken.

Das Ganze sei einfach „die provokativste Form des Protestes“ in einer Gesellschaft, die von Religion bestimmt sei, beschrieb ein Erstsemester des Ingenieurwesens seine Motivation.

Dass alle festgenommenen Jugendlichen aus gutem Hause stammen, mag am Ende – trotz aller Scharfmacherei – dazu beitragen, dass das ganze Drama um die jugendlichen Teufelsanbeter sein tatsächlich angemessenes Ende bekommt: ein paar hundert heftige Streitereien zwischen Jung und Alt in den Häusern der Fernsehansagerinnen, Gouverneure und anderer Prominenz.

Nachtrag: Und genauso ist es ausgegangen …

Überlebensporträts: Leben mit einem Euro am Tag

Mega-Hartz-IV am Nil

Die politische Lage in der arabischen Welt war bislang recht simpel. Auf der einen Seite ein autokratisches Regime, gerne auch vom Westen unterstützt. Auf der anderen eine islamistische Oppositionsbewegung. So hatten die Ägypter stets zwei politische Optionen: den Diktator oder die Moschee. Die meisten übten sich daher in politischer Gleichmütigkeit und widmeten sich dem täglichen Überlebenskampf.

Doch die weltweiten Preissteigerungen für Grundnahrungsmittel haben diesen Kampf verschärft. Im Schnitt sind die Lebensmittel in Ägypten innerhalb nur eines Jahres bis zum Frühjahr 2008 um fast ein Viertel angestiegen. Mehl und Reis haben sich um die Hälfte verteuert, Speiseöl gar um das Doppelte. Und das in einem Land, in dem vier von zehn Ägyptern mit etwas mehr als einem Euro am Tag auskommen müssen. So klafft die Schere zwischen Billiglohnen und Lebensmittelpreisen in der Mega-Hartz-IV-Gesellschaft am Nil immer mehr auseinander.

Doch die Leute beginnen sich zu wehren. Mehrere Tage in Folge stand im Frühjahr 2008 die Textilindustriestadt Mahalla im Nildelta, 120 km nördlich von Kairo, Kopf. Dort ist das ausgebrochen, was von der Regierung in Kairo schon lange befürchtet worden war: ein ökonomischer Aufstand.

Die Szenen in Mahalla erinnerten an den Sturz der Saddam-Statue in Bagdad. Eine Gruppe von Jugendlichen riss eine überdimensionale, beleuchtete Plakatwand mit dem Bild des ägyptischen Präsidenten nieder und trampelte Hosni Mubarak in einem kollektiven Tanz auf dem Gesicht herum. Kurz darauf stürmte eine Gruppe der ägyptischen Bereitschaftspolizei herbei. Die anschließende Straßenschlacht erinnerte eher an den Gazastreifen als an die, wie sonst üblich, friedlichen Straßen in Ägypten. Die Jugendlichen warfen

Steine in die Reihen der Polizei, die mit Schlagstöcken und Tränengas versuchte, die Proteste unter Kontrolle zu bringen. Mindestens drei Menschen starben. Auf beiden Seiten wurden Verletzte weggetragen.

Der Kampf ums Brot war in den Monaten zuvor immer mehr eskaliert. Allein 2007 fanden landesweit mindestens 600 lokale Streiks statt, in einem Land, in dem jeder Arbeitskampf eigentlich illegal ist und in dem es nur staatliche Gewerkschaftsverbände gibt, die der Regierung als verlängerter Arm dienen. Nicht nur die Textilarbeiter weigerten sich, für Hungerlöhne die Baumwolle zu spinnen und zu weben. Selbst Steuerbeamte und Universitätsprofessoren legten die Arbeit nieder. Warum sie streike? Hanan Ali, die es gewagt hatte, ihre Arbeit in einer staatlichen Baumwollweberei trotz Streikverbotes niederzulegen, hat eine überzeugende Antwort: Sie verdiene 240 ägyptische Pfund, ungefähr 30 Euro, im Monat, habe zwei Kinder, ihr Mann sei vor sieben Jahren gestorben und sie zahle 200 Pfund Miete. „Das Leben", sagt sie, „ist einfach unmöglich geworden."

Die gute Nachricht: In Ägypten hat sich eine Streikbewegung entwickelt, die weder von Mubarak noch von islamistischen Moralaposteln etwas hören will – die Leute verlangen nach Brot statt nach Kopftuchdebatten. Und haben sich die islamistischen Muslimbrüder sonst gerne an die Spitze jeder Protestbewegung des Landes gestellt, sind sie bei den neuen Streikwellen vollkommen außen vor geblieben. Es gebe in der islamischen Geschichte kein Beispiel, dass die Menschen die Arbeit verweigert hätten, um gegen Preissteigerungen zu protestieren, erklärt der islamistische Prediger Yussuf Al-Badri. Sein Gegenvorschlag für die Ägypter: Hebt die Hände gegen den Himmel und betet zu Gott, dass er diese Krise lösen möge.

Die schlechte Nachricht: Das Regime hat in den letzten Jahren jede Opposition konsequent unterdrückt – mit Ausnahme der Muslimbrüder, die sich gegenüber dem Westen wie zu Hause als Schreckensgespenst einsetzen lassen, nach dem Motto: Wenn ihr die Islamisten nicht haben wollt, dann müsst ihr mit uns vorliebnehmen. Nun regt sich eine dritte politische Kraft. Allerdings gibt

es keine Organisation, die den Unmut politisch kanalisieren und die Streiks koordinieren kann. Das macht es für das Regime einfacher, solche Streiks mit Polizeigewalt zu unterdrücken. Aber es macht die Revolte der leeren Mägen auch vollkommen unberechenbar.
Bisher war alltäglich härter werdende Armut ein Thema, das die internationale Öffentlichkeit nur am Rande interessiert hatte. Im Fokus standen eine mögliche Machtübernahme der Islamisten, der Streit ums Kopftuch und Ben Ladens heilige Krieger.
Wie der Kampf ums tägliche Überleben aussieht, zeigt der Alltag von fünf Ägyptern und Ägypterinnen und ihr Versuch, ihn zu bestehen: der Arbeiter Abu Aschraf, die Straßenhändlerinnen Umm Hassan und Umm Abdu kommen gerade so zurecht, Sana', die „Chefin der Gasse", ist stark genug, um den anderen zu helfen, und die Bäuerin Amal und ihre Hühner kommen dabei um.

Der Arbeiter Abu Aschraf: Warten auf Gottes Lohn im irdischen Leben – eine ägyptische Durchhaltegeschichte

Alle Jahre wieder durchlebt Abu Aschraf seinen ganz persönlichen Alptraum. Dann nämlich, wenn sich der erste Schultag nähert und der Vater von zwei schulpflichtigen Kindern immer noch nicht weiß, wo er das Geld für die Bücher und für neue Klamotten für seine Kinder auftreiben soll. Als Metallarbeiter in einem staatlichen Elektrobetrieb in Kairo verdient Abu Aschraf gerade einmal 35 Euro im Monat. Und das, obwohl der 36-Jährige schon seit seinem Kindesalter in der gleichen Fabrik tätig ist. Es sind über 15 Euro für die Schulbücher, noch einmal die gleiche Summe für neue Schuhe und 20 Euro für neue Kleidung, rechnet er zusammen. Obwohl er die ganzen Ferien über in einen mit seinen Nachbarn gegründeten Sparclub eingezahlt hat, reicht es auch diesmal nicht. Die Raten für die Schultasche seiner Tochter muss er in den nächsten Monaten abstottern.

Abu Aschraf möchte seinen Kindern eine halbwegs vernünftige Ausbildung ermöglichen. „Wenn ich abends nach Hause komme, und sie verlangen von mir ein neues Schulheft, dann laufe ich los und kaufe zwei." Er selber hat nur drei Jahre die Schule besucht und später in einem Abendkurs neben der Arbeit mühevoll erreicht, zu der Hälfte der ägyptischen Bevölkerung zu zählen, die lesen und schreiben kann. Vor allem in seine Tochter Basma, die gerade die zweite Klasse besucht, setzt er große Hoffnungen. „Sie ist viel pfiffiger als meine beiden Söhne. Vielleicht wird sie einmal eine große Ärztin."

Unterdessen rackert sich Abu Aschraf in seiner Fabrik ab. Er gehört nicht zu jenen schätzungsweise fünf Millionen Ägyptern, die jeden Tag in der Verwaltung öffentlicher Betriebe unmotiviert ihre Tage absitzen, Tee trinken, Zeitung lesen und am Ende ihr bescheidenes Gehalt einstreichen. Das Heer dieser Staatangestellten müsste eigentlich zu der geschätzten Arbeitslosenzahl von rund 20 Prozent als versteckte Arbeitslose hinzugezählt werden.

Trotz fehlender Anreize ist Abu Aschraf in seiner Firma als harter Arbeiter bekannt. „Irgendwann werde ich dafür von Gott belohnt werden. Ich bin einfach nicht der Typ, der nur herumsitzt", erklärt er eigensinnig. Oft wird der erfahrene Metallarbeiter im ganzen Land herumgeschickt. Er lässt seine Familie tagelang allein und versucht, seine Arbeit als Schweißer in irgendeiner kleinen Provinzstadt verantwortungsvoll durchzuführen. Dann sucht er sich mit seinem Tagegeld von umgerechnet einem halben Euro einen Platz zum Schlafen und etwas zu essen.

Nach Feierabend oder am Wochenende versucht Abu Aschraf, mit Gelegenheitsarbeiten für in Kairo lebende Ausländer das Familienbudget aufzubessern. Dabei erweist er sich als Allround-Genie: Er organisiert Umzüge, putzt Fenster, repariert tropfende Abflussrohre, verdingt sich als Gärtner oder Tischler. Stolz verweist er auf sein bisher ausgefallenstes Schreinerwerk, einen hölzernen Kleiderständer, der mit eingebautem Licht gleichzeitig als Stehlampe dient.

Wie Millionen anderer Ägypter im Großraum Kairo lebt Abu Aschraf mit seiner Frau und drei Kindern in einem der über hundert ausgewiesenen Slumviertel der Stadt. Die staubigen und ungepflasterten Gassen sind hier willkürlich angelegt und so eng, dass die Nachbarn sich über die Balkone praktisch die Hände reichen können. Hier, im Stadtteil Imbaba, hat die Familie seit acht Jahren im dritten Stock eines Hauses eine Wohnung gemietet. Während der dreijährige Sohn durch unentwegtes Rennen von einem zum anderen Ende der 50-Quadratmeter-Wohnung versucht, einen kleinen Papierdrachen zum Steigen zu bringen, und die Tochter davon unbeeindruckt ihre Hausaufgaben zu Ende bringt, macht Ehefrau Fatima den Tee für den Gast. Eine Küche gibt es in der Wohnung nicht. Stattdessen wurde im Eingangskorridor ein kleiner Ofen mit Gasflasche aufgebaut – versteckt hinter einer kleinen Holzwand. „Wenigstens die Leute an der Eingangstür sollen nicht sehen, wie wir hier improvisieren müssen."

Die meisten Möbel sind selbstgebaut. Der Deckenventilator wurde auf Raten gekauft, ebenso wie der kleine Schwarzweißfernseher, der, nachdem er endlich abgestottert war, von einem der Kinder beim Spielen demoliert wurde. Die Reparatur erwies sich als zu teuer, und so schleppte Abu Aschraf das gute Stück unverrichteter Dinge wieder nach Hause. Statt acht Programmen gibt es seitdem nur noch zwei, und selbst die nur hinter einer gesprenkelten Nebelwand.

Dort, wo normalerweise seine Gäste Platz nehmen, zeugt eine Bildtapete von Aschrafs alpiner Vorliebe: zwei mal fünf Meter Alpensee. „Das Wasser, der Schnee und das viele Grün beruhigen meine Nerven", erklärt Aschraf, der derartige Exotik nur aus dem Fernsehen kennt. Gegenüber hängen das obligatorische zehn Jahre alte Hochzeitsbild und zwei Fotos des Hausherrn aus unverheirateten Tagen im rotweißen Trikot des firmeneigenen Fußballclubs.

Ansonsten ist die Wohnung ein Sammelsurium von allerlei Gegenständen, die Abu Aschraf im Lauf der Jahre bei seinen Gelegenheitsjobs von Ausländern geschenkt bekommen hat. Das größte Kuriosum: ein alter Tennisschläger, der gleich neben dem Fernseher an die Wand genagelt ist und der dem

Gästezimmer wohl einen westlich sportlichen Anschein geben soll.

Imbaba wurde Mitte der 90er Jahre als Hochburg einer der militanten islamistischen Gruppen Ägyptens bekannt. Über die Moscheen und durch unzählige soziale Dienstleistungen hatten die Islamisten das Viertel mobilisiert. Als selbst die ausländischen Medien begannen, vom islamistischen Staat im Staate zu sprechen, war für die Regierung der Zeitpunkt zum Handeln gekommen. Tausende Polizisten riegelten den Stadtteil eine Woche lang hermetisch ab und verfuhren nach dem Motto „Verhaften Sie die üblichen Verdächtigen". In Großrazzien wurden Hunderte Einwohner des Viertels festgenommen.

Abu Aschraf erinnert sich nur ungern an diese Zeit. Er selbst hat mit Politik oder gar der islamistischen Opposition wenig am Hut. An den Slogan, dass der Islam die Lösung sei, hat der praktizierende Muslim noch nie geglaubt. Außer konservativen Moralvorstellungen und ein wenig Wohltätigkeitsarbeit haben die Islamisten für Abu Aschraf und die Seinen wenig zu bieten. Auch die antichristliche Propaganda so mancher radikaler Islamisten ist Abu Aschraf ein Gräuel. Am liebsten, erzählt er freimütig, gehe er jedes Jahr mit seinen koptisch-christlichen Freunden auf das Straßenfest zu Ehren des heiligen Sankt Georg.

Nachts, wenn der Vater neben seiner kleinen Tochter Basma in der improvisierten Küche auf einer Matratze liegt und nicht sofort einschlafen kann, dann zweifelt er gelegentlich daran, ob ihn Gottes Lohn noch in diesem irdischen Leben erreicht. Dann träumt er davon, dem Kampf ums tägliche Überleben endlich zu entfliehen und wieder in sein kleines Dorf zwei Autostunden südlich von Kairo zurückzukehren. Zwar gibt es auch auf dem Land keine Arbeit, aber wenigstens besitzt seine Familie dort aus alten Tagen noch ein kleines Haus. „Vielleicht können wir ja dann von dem leben, was wir im Garten anpflanzen", phantasiert er. Nur von einem Busch, auf dem Schulbücher und Schulhefte wachsen, hat Abu Aschraf bisher noch nie geträumt.

Die Straßenhändlerinnen Umm Abdu und Umm Hassan: „Das Wasser fließt nun einmal nicht nach oben"

Modern – das ist das Image, das die Kairoer Stadtverwaltung ihrem stinkenden, hupenden, wuselnden Chaos am Nil geben möchte. In ihrem Kreuzzug für das saubere und ordentliche Stadtbild hat sie jetzt auch unsere Straße entdeckt und den unzähligen Straßenhändlern den offenen Krieg erklärt.

Ihre Gegner sind Umm Abdu („die Mutter Abdus"), die, auf einer Zeitung sitzend, in ihrer schwarzen Abaya, der Tracht der Bäuerinnen, ihre Salatköpfe, frischen Spinat, Petersilie und Koriander anbietet. Und der alte Hagg Aschraf, auf dessen bunter Holzkarre sich vom Schneebesen bis zur Toilettenbürste so ziemlich alle gebräuchlichen Haushaltswaren finden. Und die Alte eine Straßenecke weiter, die jeden Morgen liebevoll ihre Orangen zu einer kleinen Pyramide aufstapelt. Ihnen allen ist eines gemeinsam: Sie kämpfen ums tägliche Überleben und haben keine offizielle Lizenz dafür.

Bereits mehrmals kamen die Ordnungshüter bei der Gemüsehändlerin Umm Hassan, am Beginn der Straße unweit der Nilbrücke, vorbei. Ihre siebenköpfige Familie lebt hier seit 40 Jahren in einem kleinen Holzverschlag. „Sie haben alles Gemüse weggenommen", erzählt die Tochter aufgeregt. Einmal hätten sie sogar den Lagerraum der Familie entdeckt und einschließlich der Kinderklamotten alles konfisziert.

Was die Stadtverwaltung unter einer neuzeitlichen Metropole versteht, das zeigt sich einen Kilometer weiter am unteren Ende der Straße. Hier liegt die Ezba, der ehemalige Dorfkern, um das im Laufe der Zeit die Stadt gewachsen ist. Erst in den letzten 30 Jahren wurde dieses Dorf von der Mittelschicht und ihren Konditoreien und Boutiquen eingekreist. Hier leben Dienstmädchen, Putzfrauen und Tagelöhner.

Nun wurde ein Markt aus dem Boden gestampft, ganz nach den Träumen der Stadtverwaltung. Jeder der gekachelten Läden ist gleich groß. Alles hat seine Ordnung. Niemand verstellt den

Weg. Doch so ungewöhnlich sauber der Markt ist, so leer ist er auch, ohne jegliche Kundschaft.

Hierher wollten sie nun auch Umm Hassan verpflanzen. Doch die 250 Euro Anzahlung für den Laden und die anschließende Miete inklusive Strom- und Wasserrechnungen sind eindeutig mehr, als ihre mageren Einkünfte hergeben. So verliert Umm Hassan ihren Standort, auf dem sie in den letzten 40 Jahren schon zu einem Stück Gemüsegeschichte im Viertel geworden ist. Und mein Nachbar, dessen Familie mit einer lausigen Rente von der Hand in den Mund lebt, verliert seine billige Grünzeug-Quelle.

Aber Umm Abdu und Umm Hassan kämpfen ja nicht nur ums eigene Überleben, sondern auch um ein Stück Markt- und Stadtkultur. Und die ist nicht so leicht totzukriegen. Seit einigen Tagen stolpert man über halb abgedeckte Gemüsekisten ohne erkennbaren Besitzer. Interessiert man sich etwas näher für den Inhalt, kommt Umm Hassan auch schon geschwind um die Ecke, um gleich über Menge und Preis des jeweiligen Produkts zu verhandeln. „Was sollen wir sonst tun", sagt ihre Tochter. „Das Wasser fließt nun einmal nicht nach oben." Was meint sie bloß damit? Ihren Kampf, weiterhin eine Straßenhändlerin sein zu dürfen, oder den ungebrochenen Modernisierungswillen der Kairoer Stadtverwaltung?

Die Schneiderin Sana':
Eine Frau, die hundert Männer in die Tasche steckt

Gelassen zieht Sana' an ihrer Wasserpfeife und lässt ihren Blick zufrieden über die heutigen Besucher schweifen. Im Vorzimmer ihrer Schneiderei ist rund um ihren Schreibtisch ein Kreis von Stühlen und Sesseln aufgestellt. Ein Raum – wie geschaffen für Audienzen. Die Aufwartung ihrer Nachbarn kommt nicht von ungefähr. Sana' gilt als lokale Friedensrichterin und Sozialarbeiterin in einem – die Scheicha Al-Hara– die Scheichin der Gasse, wie diese Funktion auf Arabisch heißt. Eine angesehene

Position, die normalerweise ausschließlich Männern vorbehalten bleibt. Aber Sana' wird von den Menschen hier als eine „Sitt bi-miat ragil" angesehen, eine Frau, die hundert Männern gleichkommt.

Ihre unumstrittene Einflusssphäre erstreckt sich über mehrere unasphaltierte staubige Gassen im Kairoer Armenviertel Al-Waraaq am westlichen Nilufer, dort, wo sich endlose Kilometer ungeplanter wilder Bauten langsam in die wenigen verbliebenen landwirtschaftlichen Felder rund um die Stadt hineinfressen. Seit 20 Jahren mischen sich hier Zuwanderer aus den ländlichen Gebieten des ganzen Landes. Bekannt ist das Viertel für seine Stuhlfabrik und seine zahllosen kleinen Autowerkstätten, Schreinereien und Klempnereien.

Al-Waraaq ist typisch für derartige ärmliche Wohngegenden in der und rund um die Stadt, die inzwischen 40 Prozent der gesamten Stadtfläche ausmachen. Vor allem in den letzten Jahren hatten diese Armenviertel Hochkonjunktur. In den 80er Jahren wurden mehr als drei Viertel aller Neubauten Kairos ohne weitere Planung „illegal" in solchen Nachbarschaften errichtet. In Giza, dem Teil Kairos auf der westlichen Nilseite, wo auch Al-Waraaq liegt, lebt inzwischen fast die Hälfte der Bevölkerung unter der Armutsgrenze.

Die Menschen dort sind beschäftigt mit ihrem Überleben, und mitunter geht es auch untereinander recht rau zu, bis hin zu den täglichen lautstarken, manchmal sogar handgreiflichen Auseinandersetzungen auf offener Straße. Wenn es überhaupt nicht mehr weitergeht, dann enden die Dinge in Al-Waraaq oft in Sana's kleiner Schneiderei. Die verwandelt sich dann, je nach Lage der Dinge, schnell in einen lokalen, informellen Gerichtssaal oder ein Sozialamt.

Sana' ist die Frau vor Ort für alle Fälle. Wenn ein Paar sich scheiden lassen will, wenn ein Ehemann seine Frau schlägt, wenn es darum geht, jemanden aus der lokalen Polizeistation herauszuholen oder wenn ein Nachbar für seine Krebsoperation dringend Geld benötigt – Sana' ist stets zur Stelle. Geduldig hört sie den Geschichten über die Höhen und Tiefen des

Ehelebens zu und bietet gute Ratschläge. Stur beharrt sie darauf, dass die Klage, die gerade auf der Polizeiwache eingereicht wurde, wieder zurückgezogen wird. Ohne Zögern und voller Energie initiiert sie eine Geldsammlung, um die Krankenhausrechnung zu begleichen.

Jemand wie Sana' ist nicht oft im verarmten Großstadtdschungel Kairos zu finden. Viele soziale Netze aus der Zeit, als die heutigen Viertel noch kleine Dörfer waren, existierten nicht mehr. Der konstante Fluss von Neuankömmlingen aus ganz Ägypten, die sich nicht gegenseitig kennen, hat aus den ehemaligen Dörfern häufig anonyme Viertel werden lassen, in denen die einzige Unterstützung aus den Reihen der eigenen Familie kommt. Sana' ist eine Ausnahmeerscheinung, das gilt umso mehr angesichts ihres Alters und ihres Geschlechts.

Die Menschen begegnen der nur 35-Jährigen mit Respekt – selbst jene von der harten Sorte. Zu diesen Hartgesottenen gehört die kräftige Hosna. Ihr Körperbau, dem eines amerikanischen Kühlschranks nicht unähnlich, lässt stets angstvolle Bewunderung aufkommen. Jeder, der eine Rechnung offen hat, kann sie kurzerhand anheuern, damit sie es dem Opponenten auf der Straße vor allen Leuten einmal so richtig zeigt. Ihr gelingt es problemlos, an drei verschiedenen Stellen gleichzeitig einen Volksauflauf zu produzieren. „Hosna kann drei Straßen gleichzeitig sperren", sagen die Leute dazu. Noch immer macht die Geschichte die Runde, als vor Monaten ein junger Mann versuchte, mit ihr zu konkurrieren. Hosna schlitzte sein Bein auf, das anschließend mit nicht weniger als 14 Stichen wieder zusammengeflickt werden musste.

Damals gerieten die Dinge etwas außer Kontrolle und Sana' musste eingreifen, um Hosna vor einem Leben hinter Gittern zu bewahren. Seitdem geht die Schlägerin zwar immer noch ihren Geschäften nach, aber aus den größeren Geschichten hat sie sich in den letzten zwei Jahren herausgehalten. Stattdessen wurde sie zum regelmäßigen Gast in der Schneiderei, bei Sana', der Bewährungshelferin.

„Ich bin in diese Position hineingewachsen, weil die Leute

mit meinen Urteilen und Entscheidungen zufrieden waren", erklärt sie. Nicht nur ihre sieben Geschwister schwärmen, auch ihre Nachbarschaft spricht von ihren „Ain Al-Qubul" – ihren Augen, die man einfach akzeptieren muss – oder anders gesagt, von ihrer Überzeugungskraft. Aber ihre „magischen" Augen und ihre unerschöpfliche Energie dürften nicht die einzigen Gründe sein, warum sich die Nachbarschaft ihr zuwendet. Es liegt wohl auch an ihrer Unabhängigkeit: Seit zehn Jahren geschieden und ohne Kinder, hat sie es im Vergleich zu ihrer Umgebung zu bescheidenem Wohlstand gebracht.

Während ihr Großvater sich noch als Lastenschiffer auf dem Nil verdingte, kam ihr Vater aus dem südägyptischen Assiut in die Hauptstadt und zog dort ein einfaches Bauunternehmen auf. Seinen Gewinn investierte er in kleine Stücke billigen Bodens in der damals ländlichen Umgebung Kairos, als der Quadratmeterpreis nicht über ein paar Groschen hinausging. Das dreistöckige Haus, das heute Sana's Schneiderei beherbergt, gehört zum Familienbesitz.

Sana's erstes eigenes Projekt lief ganz passabel. Sie eröffnete ein Reisebüro, das sich auf Fahrten für Arbeitsemigranten in die reichen Golfstaaten spezialisiert hatte. Mit dem Beginn ihrer Ehe gab sie das kleine Geschäft allerdings auf und kaufte sich von dem Erlös ein paar Parzellen Land. Sana' kam kaum über die Flitterwochen hinaus. Bereits nach einem Jahr reichte das Paar die Scheidung ein. Sana' eröffnete ihre Schneiderei. Das war vor zehn Jahren. Inzwischen hält sie die Fäden verschiedenster kleinerer Geschäfte in der Hand.

Oft sind es nicht Streitigkeiten zwischen den Nachbarn, die es zu lösen gilt. Die Zuverlässigkeit staatlicher Dienstleistungen wie Wasserzufuhr, Abwasserentsorgung oder die Müllabfuhr sind in den „illegalen" Vierteln wie Al-Waraaq bis heute noch eines der Hauptprobleme. Sana' organisiert kleinere Kampagnen, in denen sich die Nachbarschaft etwa über eine geplatzte Abwasserleitung oder die sporadisch vorbeigeschickte Müllabfuhr bei offiziellen Stellen beschwert. „Es ist ja bekannt, wo solche Beschwerden zunächst enden. Zuerst im Papierkorb und dann in der Schublade. Also will Derartiges gut organisiert sein", beschreibt sie ihr Beharrlichkeits-Rezept. Sicher ist auch, dass ihre guten familiären Kontakte zu den lokalen staatlichen Autoritäten gelegentlich die Dinge beschleunigen.

Ihre besondere Aufmerksamkeit schenkt Sana' den Mädchen und jungen Frauen in ihrem Viertel. Sie gehören zu den Stammgästen in ihrer Schneiderei. „Ich habe um die dreißig Kinder, wenngleich nicht meine leiblichen", witzelt sie und deutet auf mehrere Frauen, die schon den ganzen Nachmittag einen Großteil der Szene in der Schneiderei beherrschen. Manchmal finanziert Sana' die Ausbildung der jungen Frauen oder hilft ihnen, eine billige Wohnung zu finden, um heiraten zu können. Kein einfaches Unterfangen in Kairo, wo die immerwährende Wohnungsnot zu astronomischen Immobilienpreisen geführt hat. In einem Fall streckte Sana' die Kaution vor und kaufte eine Schlafzimmergarnitur für ein junges, heiratswilliges Paar. „Sie sind immer noch glücklich verheiratet", lächelt die Kupplerin Sana'.

Aber ihre Position als „Sitt Al-Kull", als „Frau für alles", wurde nicht immer von allen Seiten anerkannt. Den Islamisten vor Ort, wie etwa den „Gama'at Al-Islamiya", den radikalen „Islamischen Gruppen", war eine Frau wie sie von Anfang an suspekt. Es war schwer, aus dieser Frau schlau zu werden, die „züchtig" mit einem Kopftuch gekleidet die Straße hinunterschreitet, aber in ihrem Büro – Gott vergebe – vor allen Augen blasphemisch die den Männern vorbehaltene Wasserpfeife schmaucht. „Ich hatte mit ihnen einige religiöse Diskussionen, in denen ich beweisen konnte, dass ich von Religion genauso viel verstehe wie sie", erinnert sich Sana'. Und was das orientalische Rauchgerät angeht: „Ich bin nicht ihnen, sondern Gott gegenüber Rechenschaft schuldig." Man scheint in gegenseitigem Respekt auseinander gegangen zu sein.

Sana' beschreibt sich selbst als tief gläubig, doch mit dem sich verbreitenden religiösen Konservativismus kann sie wenig anfangen. „Wenn ich in Alexandria am Strand bin, gehe ich im Badeanzug ins Wasser, wenn ich hier über die Straße gehe, trage ich alles verdeckende Kleider, gerade wie es mir gefällt." Ihr Glaube scheint eine Mischung aus Volksislam und einer guten Portion Schicksalsgläubigkeit zu sein. „Dein Herz ist voller Traurigkeit", analysiert sie den Kaffeesatz einer Besucherin tiefsinnig. Manchmal legt sie auch Karten oder präsentiert ihr fundiertes Wissen über Sternzeichen. Ihre Religiosität bleibt wichtigstes Motiv für ihre Sozialarbeit. Aktivitäten, die, so glaubt sie, „eines Tages von Gott belohnt werden".

Und wie steht es heute mit Männern in ihrem Leben? Sie winkt ab, als wolle sie diesen Gedanken schnell wegwischen. „Ich habe keine Zeit für Romantik. Ich habe Wichtigeres zu tun", gibt sie preis. Überhaupt – Sana' lacht: „Die meisten von ihnen können mir ohnehin nicht das Wasser reichen."

Die Bäuerin Amal: Trotz Vogelgrippe heimlich Hühner unterm Bett

7000 Jahre Erfahrung haben die Ägypter gelehrt, den Autoritäten grundsätzlich zu misstrauen. Der Umgang mit der Vogelgrippe bildet da keine Ausnahme. Noch bevor das Virus im Land am Nil erstmals auftauchte, machte eine Karikatur die Runde: Zwei lebende Hühner stehen vor einem Haufen toter Artgenossen. „Vogelgrippe?", fragt das eine Federvieh. „Nein, nein", entgegnet das andere, „ein geistig gestörtes Küken hat zuerst seine Familie und dann sich selbst umgebracht. Kein Grund zur Aufregung." Eine Anspielung auf Anschläge, bei denen die Polizei anfangs behauptete, die Täter seien nicht militante Islamisten, sondern geistig gestörte Einzeltäter.

Inzwischen hält Ägypten den Rekord als das Land außerhalb Asiens mit den meisten registrierten Todesfällen in Folge des Virus. Es ist die Mischung aus Armut und überforderten Behörden, die verhindert, dass die Lage unter Kontrolle gebracht werden kann. „Solange das Haus brennt, ist es schwer, den Schaden einzuschätzen", sagt Talib Murad Ali von der FAO, der UN-Behörde für Ernährung und Landwirtschaft.

Sicher ist: Alle bisherigen Opfer lebten in armen ländlichen Gebieten. Etwa im Dorf Nawa im Nildelta, aus dem die 30-jährige Amal stammte, die erste Tote. Im Krankenhaus stritt sie Kontakt mit Geflügel ab. So stellten die Ärzte eine falsche Diagnose. Erst auf dem Sterbebett gab Amal zu, dass sie ihre Hühner heimlich unterm Bett hielt. Sie hatte Angst vor den gut 1000 Euro Strafe, die bei illegaler Hühnerhaltung drohen.

„Für viele Arme ist das Halten von Geflügel das einzige Einkommen. Von ihnen zu verlangen, die Hühner, Gänse und Enten aufzugeben, ist, wie wenn man von uns verlangt, unseren Job aufzugeben“, vergleicht Murad Ali. Wochen nach Amals Tod gab auch ihre Nachbarin Umm Ahmad gegenüber einer lokalen Reporterin zu, ihre Hühner im Schrank versteckt zu haben.

Die hygienischen Verhältnisse auf dem Land sind katastrophal. Niqbad, ein Dorf im Nildelta, eine halbe Autostunde nördlich von Kairo entfernt, ist ein klassisches Beispiel. Ein Junge wurde von dort mit Verdacht auf Vogelgrippe ins Krankenhaus eingeliefert. Auf dem Müllhaufen am Rand des Dorfes fanden sich auch Tage darauf noch verendete Tiere. Dazwischen spielten die Kinder. Sogar im Bewässerungskanal trieben vereinzelte Geflügelkadaver. „Wenn die Straße voll mit Kadavern ist und du das bei den Behörden anzeigst, werden sie dich entweder ignorieren oder dir eine Strafe aufbrummen, weil sie dann behaupten, du hättest die Hühner dort hingeworfen“, erklärte eine Anwohnerin ihre Tatenlosigkeit.

Neben dem Erkrankungsrisiko zahlen die Armen einen weiteren Preis: „Es ist eine Frage der Nahrungssicherung“, erläutert Murad Ali. „In Europa machte Geflügel vor der Vogelgrippe nur rund 20 Prozent des konsumierten Fleisches aus. In Ägypten bestand die Hälfte der Fleischnahrung aus billigem Geflügel.“ Bisher nahmen die Ägypter pro Kopf rund 19 Gramm Eiweiß zu sich. Murad Ali schätzt, dass dieser Wert seit der Vogelgrippe um gut ein Drittel gesunken ist. Wenn die Menschen in Europa Angst vor Geflügelfleisch haben, dann kaufen sie stattdessen ein Stück Rind oder Schwein. In Ägypten bleiben die Fleischtöpfe dagegen leer.

„Wenn es Fleisch bei uns gab, dann Huhn. Für zehn Pfund habe ich meinen Kindern eines nach Hause gebracht. Ein Kilo Rindfleisch kostet das Vierfache. Das können wir uns einfach nicht leisten", erzählt Muhammad auf einem der Kairoer Geflügelmärkte, auf denen früher Lebendgeflügel verkauft wurde und dessen Käfige heute leer sind. Traditionell misstrauen die Ägypter nicht nur dem Staat, sondern jedem gefrorenen Fleisch. Sie pflegten die Hühner lebend im Laden zu begutachten, bevor das Federvieh dort vor ihren Augen geschlachtet und gerupft wurde. Geflügel aus der Tiefkühltruhe meiden sie.

So bleiben für die Armen Ägyptens nur zwei Optionen. Ganz auf Fleisch zu verzichten. Oder doch noch so manches Huhn vor den Augen der Autoritäten zu verstecken und so zu tun, als ob sie die Vogelgrippe einfach nichts anginge.

Die kleine Geschichte des jungen ägyptischen Journalisten Usama aus Kairo ist da symptomatisch. Als er seine Großmutter in einem Dorf im östlichen Nildelta besuchte, war er überrascht, dass sie immer noch Hühner hält. Er versuchte ihr einen Vortrag über die Gefahren der Vogelgrippe zu halten und erklärte, dass er weder die Hühner noch die Eier anfassen werde. Die 77-jährige Bahia lachte und winkte ab: „Was redest du da für Quatsch vom Hühneranfassen, meine flattern gesund herum, geh in den Stall und versuch nur eines davon zu fangen."

Kafkaeske Arabesken: Arabische Bürokratie und der Umgang mit der Macht

Gefühlte Ohnmacht

Es gibt Dinge in der Geschichte der Menschheit, die ändern sich nie. Auf den Reliefs von 4000 Jahre alten ägyptischen Baudenkmälern sind bereits lange Schlangen von Bittstellern zu finden, die versuchen, den Beamten des Pharaos ihre Anliegen vorzutragen.
Die Bürokratie war der Schlüssel der 7000 Jahre alten ägyptischen Zivilisation. Mit ihrer Hilfe konnte ein Staatswesen entstehen, in dem die lebenswichtige Nilbewässerung für die Felder zentral organisiert wurde. An der Spitze stand der Pharao. Alle königlichen Dekrete gingen durch seine Hand, bevor sie von einem Heer von Schreibern, heute würde man sagen Beamten, nach unten weitervermittelt wurden. Der oberste Schreiber war der Wesir, der Premierminister, darunter folgten die Steuereintreiber, bis hin zu jenen kleinen Schreibern, die die Befehle bis ins kleinste Dorf weitertrugen. Es gab eine Hackordnung und ein Beförderungssystem. Und natürlich umgab sich der Pharao in den hohen Schreiberpositionen mit loyalen Freunden. Für den gesamten Schreiberapparat galt: Gehorche dem Schreiber über dir und stelle niemals die Entscheidungen von oben in ihrer vollkommenen Weisheit in Frage.
Ägypten ist bis heute die Mutter aller Bürokratien geblieben, und bis heute beherrscht das Land ein Pharao, der sich nun nur mit dem Titel „Präsident der Republik Ägypten" tarnt. Geblieben ist auch die täglich empfundene Ohnmacht, gegenüber dem Pharao im Großen und gegenüber seinen Beamten im Kleinen. Denn bis heute ist der Mann an der Spitze des Staates seinem Volk genauso wenig Rechenschaft schuldig wie sein Beamtenapparat. Berüchtigt sind die alle sechs Jahre wiederkehrenden Präsidentschaftsreferenden, die inzwischen, demokratisch modern, zu Wahlen mit unbedeutenden Gegenkandidaten weiterentwickelt wurden. „Wenn wir eine

Meinungsumfrage über unseren Gott durchführen würden, hätte er nicht das gleiche Ergebnis erlangt", lautete eine satirische Anmerkung der Ägypter, als deren Präsident Anwar Al-Sadat sich ehemals gar mit einer Kommastelle jenseits der 99-Prozent-Marke wiederwählen ließ. Dabei gilt für alle arabischen Regime: Es gibt nur biologische oder gewalttätige Veränderungen, entweder der Präsident stirbt oder er wird ermordet. Und selbst dann greifen die Regime gerne auf die Sprösslinge der Präsidenten zurück. Kein einziger arabischer Staatenlenker ist jemals abgetreten oder gar abgewählt worden. Ein arabischer Bürger, oder vielleicht besser „Untertan", hat bei den großen Entscheidungsprozessen, die sein Land betreffen, nichts mitzubestimmen.

Mit der politischen Impotenz im Großen geht die Machtlosigkeit im Kleinen einher und die Kultur des Bakschisch – des Bestechungsgeldes. Immer wieder schaffen es spektakuläre ägyptische Häuserzusammenstürze selbst bis in internationale Schlagzeilen. Etwa der Kollaps eines 12-stöckigen Wohnblocks in Alexandria kurz nach Weihnachten 2007. Über 20 Leichen wurden aus den Trümmern geborgen. Der Grund des Einsturzes: Die Hausbesitzerin hatte das Haus um fünf illegale Etagen aufstocken lassen, bis das Fundament schließlich nachgab. Warum die Baubehörde nicht eingegriffen hat, weiß jedes ägyptische Kind. Gegen ein wenig Bares schauten die ägyptischen Bürokraten wie so oft in die andere Richtung.

Alexandrias Bürgermeister Adel Labib sprach nach dem Desaster davon, dass es in der Stadt sage und schreibe 31 000 Verletzungen des Baurechts gebe, die den Behörden bekannt seien. Oft, klagte der Stadtvater, lebten einflussreiche Persönlichkeiten in den Gebäuden und „schützten" diese vor Abrissanordnungen, gab er freimütig in der Tageszeitung *Al-Ahram* zu.

Genau in der Woche, als das Gebäude in Alexandria zusammenbrach, stellte mein Nachbar, ein hoher Beamter im Umweltministerium, gerade sein illegales zehntes Stockwerk in Kairo fertig. Der Nachbarschaft blieb nicht viel mehr, als zähneknirschend bei den Bauarbeiten zuzusehen. Denn sicherlich hat auch hier unter der Hand Geld den Besitzer gewechselt.

Eine Umfrage in fünf arabischen Ländern für den jährlichen UN-Entwicklungsbericht kam vor ein paar Jahren zu dem Ergebnis, dass 90 Prozent der Befragten politische und wirtschaftliche Korruption als das größte Übel in ihren Ländern empfinden. Geradezu komödienhaft wird es dann, wenn arabische Justizminister bei ihren Treffen in der Arabischen Liga regelmäßig geloben, die Korruption bekämpfen zu wollen. „Das ist ungefähr so, wie gegen die freie Marktwirtschaft in Amerika oder gegen den Katholizismus im Vatikan ankämpfen zu wollen", meint die überregionale arabische Tageszeitung Al-Hayat dazu. „Unter den gegenwärtigen arabischen Umständen ist es unmöglich, die Korruption zu bekämpfen oder gar zu eliminieren, denn sie stellt das Fundament der Regime dar und dient als wichtigstes Instrument für deren Überleben", lautet das vernichtende Urteil der Zeitung, die schlussfolgert: „Wenn die Regime tatsächlich die Korruption bekämpfen würden, müsste die gesamte politische Elite zunächst sich selbst vor Gericht stellen, bevor sie im Gefängnis landet."

Doch die Korruption zieht Kreise, die weit über die politische Elite hinausgehen. Ein Teil des Problems ist die vollkommen unterbezahlte Beamtenschaft, die fast gezwungen ist, durch kleinere Geldgeschenke ihr mageres Gehalt aufzubessern. Darüber gibt es in ägyptischen Zeitungen ganze Karikaturserien. In einer der Zeichnungen ist der Beamte als Skelett gezeichnet, das versucht, sich an Medizinstudenten zu verkaufen.

Auch der arabische Film nimmt das Thema auf, dass selbst hochgebildete staatliche Mitarbeiter abends heimlich einer zweiten Arbeit nachgehen müssen. In dem syrischen Film „Der Bericht" steigt der syrische Komiker Duraid Laham in ein Taxi und stellt überrascht fest, dass dessen Fahrer morgens als Professor an der Universität Damaskus tätig ist, als das Fahrzeug während des Gespräches ein anderes Taxi rammt. „Weiß du überhaupt, mit wem du sprichst, das ist ein Universitätsprofessor", versucht der Fahrgast Laham den Fahrer des anderen Taxis in die Schranken zu weisen, als dieser einen lautstarken Streit mit seinem Fahrer vom Zaun bricht. „Na und", antwortet dieser, „ich bin der Präsident der Universität Damaskus."

Auch der inzwischen verstorbene ägyptische Literaturnobelpreisträger Nagib Machfus hat in seinem Buch „Ein ehrenwerter Herr" die Nöte des Antihelden und ehrgeizigen Bürokraten Osman Bajumi beschrieben, dessen einziges Lebensziel darin besteht, sich zum Generaldirektor seiner Behörde hochzuarbeiten. Sah denn niemand, dass der in der dritten Gehaltstufe als Stellvertreter des Stellvertreters stecken gebliebene Romanheld ein hoch versierter Staatsdiener war? Dessen Erfahrung wurde so nutzlos verschleudert „wie eine Fünfhundert-Watt-Birne auf dem Klo einer Dorfmoschee". Am Ende erreicht die ersehnte Beförderung Bajumi auf dem Sterbebett.

Übrigens haben im Winter 2007 Ägyptens Beamte erstmals in ihrer mehrere Jahrtausende alten Geschichte die Arbeit niedergelegt. Über 20 000 Mitarbeiter der Immobiliensteuerbehörde gingen für höhere Löhne auf die Barrikaden. Symbolisch hatten deren Verwaltungschefs aus allen ägyptischen Provinzen ihrem Sprecher in Kairo die Schlüssel ihrer zugesperrten Büros übergeben. Das Regime zitterte: Wenn die Schreiber streiken, stürzt der Pharao. Den Forderungen der Beamten wurde stattgegeben.

Doch bei alledem sollten nicht die wirklich Leidtragenden vergessen werden, jene ägyptischen Helden, die täglich geduldig versuchen, in der kafkaesken Bürokratie nicht den Verstand zu verlieren. Stellvertretend hierfür nur eine kleine Anekdote vom Büro der Kairoer „Verkehrsstaatsanwaltschaft", bei der man zur jährlichen Erneuerung des Fahrzeugbriefes die in diesem Jahr angesammelten Strafzettel zu bezahlen hat. Dort entspannte sich ein absurder Streit zwischen dem Beamten hinter der Glasscheibe und einem Autofahrer, der endgültig auszuflippen drohte. Der Fahrer fragte lautstark nach, wie er einen Strafzettel für das Überfahren einer roten Ampel bekommen könne, in einer Straße, in der es keine Ampel gibt. Ob es dort eine Ampel gebe oder nicht, interessiere ihn nicht die Bohne, antwortete der Beamte stoisch. Für ihn gelte allein, was auf dem Strafzettel stehe. Hilfe suchend blickte sich der Fahrer im überfüllten Wartezimmer um, erntete aber nur resigniertes Achselzucken. Am Ende kapitulierte die Logik vor dem System und der Mann zückte zähneknirschend seine Brieftasche.

Die Macht im Kleinen …

Ägyptische Odyssee rund um das Auto

(Kairo, den 30. Juli 1997)

Gut gelaunt machte ich mich auf den Weg zur Ummeldung eines Gebrauchtwagens, den ich gerade gekauft hatte, und erwartete nichts Böses. Schließlich geht es nur darum, den Verkauf des Autos zu bestätigen und das Fahrzeug auf meinen Namen umzuschreiben. Mit dem Kaufvertrag in der Hand musste lediglich eine kleine bürokratische Hürde überwunden werden: das Kairoer Kraftverkehrsamt, arabisch „Al-Murur" genannt.

Das sei gar nicht schwer, ermunterte mich eine freundliche Dame hinter dem Fenster. „Da Sie bisher nur eine Vollmacht besitzen, die Sie berechtigt, das Auto, das Sie eben erstanden haben, weiterzuverkaufen, müssen Sie das Auto zunächst an sich selbst verkaufen." Ich ließ sie den Satz mehrmals wiederholen, zunächst an meinem Arabisch zweifelnd und dann immer wieder hoffend, dass sich mir vielleicht doch noch der tiefere Sinn erschließen könnte. Die Logik der ganzen Operation wurde dann aber im nächsten Schritt überdeutlich, als beim Verkauf des Autos an mich selbst eine gehörige Portion Steuern und Bearbeitungsgebühren fällig wurde.

Selbstverständlich wird diese Summe nicht im Verkehrsamt bezahlt, sondern an einer Extrakasse, eine Viertelstunde entfernt. Erst dann kann der ganze Kauf im Al-Murur notarisch registriert werden. Drei Antragsteller stehen vor dem Schalter, sechs Beamte dahinter versprechen eine schnelle Bearbeitung. Als nach einer Stunde immer noch nichts passiert ist, offenbart ein Blick hinter den Schalter die ganze Misere der 7000 Jahre alten ägyptischen Bürokratie. Zwei Beamte lesen Zeitung, eine Frau schiebt sich ein übergroßes Sandwich mit braunen Bohnen in den Mund. Es bleiben zwei Staatsdiener, die arbeiten. Doch auch der Mann am Schalter starrt abwesend auf sein Teeglas und ist selbst auf wiederholte Anfrage nicht ansprechbar. Es sollte noch eine gute, langsam verstreichende halbe Stunde bis zum erfolgreichen Abschluss der Prozedur vergehen.

Damit war die Sache aber noch nicht erledigt. Die Versicherungspolizze für Personenschäden des Vorgängers muss im Archiv besorgt werden, sowie ein Zeugnis, dass alle Strafmandate bezahlt wurden, und eine schriftliche Bestätigung, einen Feuerlöscher im Auto zu haben, die man gegen ein paar Steuermarken ohne Blick ins Auto erhält.

Am Rande meiner Geduld, aber siegessicher, halte ich dem Beamten, der die Fahrzeugpapiere ausstellt, nach mühsamen vier Stunden die Mappe mit den vollständigen Papieren entgegen. Der grinst nur überlegen: „Es ist alles da. Aber Sie befinden sich im falschen Amt. Sie müssen Ihr Auto in Ihrem Wohnsitz in Kairo Nord anmelden."

Kein Problem, sagt der Beamte wenige Tage darauf in Kairo Nord. „Sie müssen jetzt nur noch die TÜV-Untersuchung bescheinigen." Im Hof wartet der Basch Muhandis – der Herr Ingenieur, wie der Mechaniker genannt wird. Sich seiner grenzenlosen Macht nur allzu bewusst, blickt er von weitem auf das Auto und zählt im Handumdrehen die zu behebenden Mängel auf. Nur eine freundliche finanzielle Geste meinerseits kann ihn vom Gegenteil überzeugen. Mit der fertigen Mappe im Anschlag geht es erneut ins Gefecht mit dem Fahrzeugschein-Aussteller. „Falscher Wohnsitz", meint der nur trocken, „für Sie ist Kairo Nord II zuständig. Wenn Sie sich beeilen, können Sie es noch heute schaffen."

Um es kurz zu machen: Kairo Nord II hat selbstverständlich seinen eigenen Basch Muhandis, der eine Motivationszulage braucht, seine eigenen Formulare, und es vergehen zwei weitere Stunden, bis die notwendigen Papiere schließlich an dem Schalter landen, wo der computerausgedruckte Fahrzeugschein ausgehändigt wird. Viele Anträge – wenig Computer: Nach einer weiteren zähen Wartestunde erhalte ich das Papier, um zum krönenden Abschluss ein paar rostige durchlöcherte Nummernschilder ausgehändigt zu bekommen. „Sie haben Glück", sagt der sympathische alte Mann hinter dem entsprechenden

Schalter. „Manchmal haben wir überhaupt keine Schilder mehr."

Aber auch für dieses Problem gibt es eine typisch ägyptische Lösung. Auf dem Parkplatz bietet uns ein Mann mit einem Eimer voll schwarzer Lackfarbe und einem Pinsel in der Hand an, die Nummern auf dem Schild nachzupinseln. „Mit solch alten, unlesbaren Nummernschildern zahlen Sie Strafe, wenn Sie von einer Verkehrskontrolle angehalten werden, mein Herr", so sein einleuchtendes Argument. Die wäre dann wieder in Kairo Nord II zu entrichten.

Ägyptens Paschas werden abgeschafft

(Kairo, den 8. Februar 1998)

„Guten Tag, mein Pascha." „Aber natürlich, mein Bey." „Wird sofort erledigt, Herr Doktor." Sei es der Metzger, Gemüsehändler, Taxifahrer oder Briefträger – in Ägypten sind alle Weltmeister darin, ihrem halbwegs gebildeten, europäisch gekleideten Gegenüber den linguistischen roten Teppich auszulegen.

Ehrentitel gibt es viele in einem Land, in dem selbst in einem Café der Ober mit den Worten „Herr Präsident" herbeigerufen wird. Da wird der kleine Straßenpolizist, der verzweifelt versucht, den chaotischen Kairoer Verkehr in geregelte Bahnen zu lenken, schnell zum „Captain", der ölverschmierte Automechaniker zum „Herrn Ingenieur" oder jeder, der lesen und schreiben kann, zum „Herrn Professor".

Gerade die alten, feudalen türkischen Bezeichnungen Bey und Pascha wurden in der neueren ägyptischen Geschichte schon oft zum Politikum. Zu Zeiten der arabischen sozialistischen Gleichheit in den 50ern und 60ern waren sie vom Volk verpönt und von den revolutionären jungen Offizieren zum Tabu erklärt worden. Die Monarchie war abgeschafft und statt der Beys, der Paschas und der restlichen Untertanen sollte es fortan nur noch Bürger einer Ägyptischen Republik geben.

Doch mit der wirtschaftlichen Liberalisierung der 70er,

der Weltbank-Strukturanpassung der 80er und den Privatisierungen der 90er Jahre brach erneut die Zeit der standesgemäßen Unterschiede an. Die wahren Beys und Paschas von heute sind im Importgeschäft tätig, fahren Mercedes und tragen Samsonite-Koffer, in denen das Handy piepst. Dem wollten die hohen Herren in den zahlreichen Ministerien und die Offiziere des Sicherheitsapparats selbstverständlich nicht nachstehen. Sie lassen sich nun wieder vorzugsweise mit den alten türkischen Ehrentiteln ansprechen.

Doch wenn es nach dem Willen des neuen Innenministers geht, dann soll mit diesem postkolonialen Spuk in den Rängen der Polizei Schluss sein. Laut seinem Erlass sollen die Paschas jetzt wieder zu ordinären Generälen werden, während die Beys zu Majoren und Hauptmännern degradiert werden.

Das Außenministerium zeigte sich begeistert von der Idee, die alten Ideale der Republik Ägypten erneut hochzuhalten, und schloss sich prompt an. Aus offiziellen Schreiben des Ministeriums sind die Anreden Pascha und Bey nun verbannt. Und überhaupt, so der Minister, sollen seine Beamten im diplomatischen Dienst endlich aufhören, Attachés in den Anreden zu Botschaftern hochzureden, während die Botschafter als Unterstaatssekretäre betitelt werden.

Die erste Reaktion der Bediensteten auf den Beschluss ihres vorgesetzten Ministers fiel positiv aus: „Keine Beys und Paschas mehr! Selbstverständlich – ganz wie Sie es wünschen, wird sofort erledigt – mein Pascha."

Volkszähler mit bösem Blick

(Kairo, den 18. August 1996)

Vater Staat zählt seine Schäfchen. Schon im hausnummerierten, computerregistrierten und amtshörigen Europa kein einfaches Unterfangen. Was aber tun in einem Land wie Ägypten, in dem die Postadresse mitunter lautet: „Zweite Tür hinter der Apotheke in der Straße gegenüber der Soundso-Moschee"?

In den letzten Jahren haben sich zahllose ungeplante Viertel in die Wüste oder in das fruchtbare Ackerland rund um die Hauptstadt Kairo gefressen. Wer aller in diesem Wirrwarr aus illegalen Behausungen zu Dutzenden auf kleinstem Wohnraum lebt und arbeitet, weiß keiner so genau, am wenigsten der Staat. Mit diesem peinlichen behördlichen Unwissen soll nun Schluss sein. Der zwölfte ägyptische Zensus steht an. Alle zehn Jahre versucht der Staat erneut, seine Unwissenheit zu beheben.

Gott sei mit dir – o du Volkszähler. Hunderttausende deiner Art haben sich bereits an ihre undankbare Arbeit gemacht. Im letzten Monat begann das Heer der Aufzeichner auszuschwärmen. In einer ersten Phase sollten sie zunächst das wild wuchernde Straßennetz erkunden. Nun streifen sie in einer zweiten Phase durchs Land. Vom einfachen Haus, Bürogebäude, Flüchtlingslager bis hin zu den inoffiziellen Behausungen oder gar den bewohnten Grabstätten der alten Friedhöfe, nichts soll ihren registrierenden Augen entgehen.

Am 17. November wird dann die Klimax erreicht – Volkszähler werden vermeintlich an jede Tür klopfen … „Friede sei mit dir, ich bin der örtliche Volkszähler, darf ich Ihnen einige Fragen stellen …?“

Selbstredend kamen das erste Mal die nördlichen Kolonialherren auf die Idee, das Volk am Nil in Zahlen zu fassen. „Moderne heißt genaueres Wissen über seine Untertanen“, dachten schon die Beamten, die Napoleon bei seiner Ägyptenexpedition Ende des 18. Jahrhunderts begleiteten. Der französische General Menôu trug dem „Rat der Scheichs“ in Kairo den Befehl von General Bonaparte vor, laut dem fortan alle Geburten und Todesfälle genau aufgezeichnet werden mussten.

Es sollte noch weitere hundert Jahre dauern, bis diesmal die Engländer zur ersten umfassenden Volkszählung ausholten. Dabei hatten sie es allerdings zumindest quantitativ einfacher als ihre heutigen Kollegen. Im Jahre 1897 kamen sie auf ganze 2,5 Millionen Ägypter. Heute leben allein in Kairo schätzungsweise 14 Millionen. Nur 5,5 Prozent des weitgehend unfruchtbaren Wüstenlandes sind bewohnbar. Das entspricht etwa

55 000 Quadratkilometern. Auf dieser Fläche, etwas größer als Niedersachsen, aber schon kleiner als Bayern, drängen sich heute schätzungsweise 60 Millionen Menschen.

Die werden sich nicht ohne Widrigkeiten registrieren lassen. Sicherlich wird es am Nil keine Bewegung zum Volkszählungsboykott zwecks Datenschutz geben. Doch Schwierigkeiten mit der Korrektheit der Angaben schließt Mustafa Gaafar von der zuständigen „Zentralagentur für Mobilisierung der Öffentlichkeit und Statistik" nicht aus. Da ist zum Beispiel die Angst vor dem bösen Blick. Viele gesunde Kinder bedeuten Wohlstand und könnten den Neid des Volkszählers und damit den bösen Blick auf eine Familie ziehen. Da ist es dann doch besser, etwas moderatere Familienzahlen anzugeben.

Möglich ist auch das Gegenteil: dass sich eine Familie von einer überhöht angegebenen Kinderzahl mehr Subventionen erhofft. Wer kann das in diesem großen Durcheinander jemals überprüfen? Bleibt die Hoffnung, dass sich die Fehler am Ende doch noch ausgleichen werden. Auch die profane Angst vor Steuern mag für zusätzliche Zurückhaltung sorgen. Zwar hat der Staat garantiert, dass die Daten geheim bleiben, aber wer traut dem schon. Datenschutz ist bisher am Nil eher ein Fremdwort geblieben.

Und was wird an Veränderungen seit dem letzten Zensus vor einem Jahrzehnt erwartet? Zwölf Millionen mehr Ägypterinnen, aber eine geringere Bevölkerungszuwachsrate als vor zehn Jahren, ein leichter Rückgang der Analphabetenrate, weniger langfristige Arbeitsstellen und mehr Arbeitslose.

Aber Abschließendes werden wir erst in zwei Jahren erfahren. So lange dauert es nämlich, bis die Zählung abgeschlossen, ausgewertet, abgesegnet und veröffentlicht sein wird. Wir werden dann – so Gott will – berichten.

Nachtrag: Die Bevölkerungszahlen variieren, da dieses Buch Beiträge aus mehr als 15 Jahren beinhaltet. Nach dem letzten Statistischen Jahrbuch 2007 umfasst die ägyptische Bevölkerung über 74 Millionen Menschen, fast zwei Millionen mehr als im Vorjahr.

Der Kairoer Schildbürgerstreich

(Kairo, den 27. Mai 2002)

In ihrem unermüdlichen Drang nach urbaner Verschönerung hat die Verwaltung der Megamillionenstadt Kairo jetzt einen schönen Schildbürgerstreich ausgeheckt. Denn um Schilder geht es in der neuesten städtischen Kampagne mit dem Ziel, „der ägyptischen Hauptstadt einen zivilisierten Look zu verpassen", wie es ein Offizieller aus dem Bürgermeisteramt beschreibt. Zu bekämpfen gilt es die Unart ägyptischer Arztpraxen, Anwaltskanzleien und anderer Büros, ihre Dienstleistungen auf allen Stockwerken an Balkons und Fenstern auf überdimensionalen Schildern aus Messing, Plastik oder Holz anzupreisen. Zu Tausenden prangen diese meist von einer zarten Schicht Wüstenstaub überzogenen Tafeln an den Häuserzeilen. Manche Jugendstil-Gebäudefassade ist durch den Schilderwald sichtlich entstellt.

Nun besteht ein entsprechendes Schilderverbots-Dekret bereits seit vier Jahren. Wie im Rest der Welt sollten danach Kairoer Büros fortan nur noch an der Eingangspforte auf ihre Existenz hinweisen. Doch wurde dem Ganzen zunächst durch allgemeine Nichtbeachtung das übliche ägyptische Verordnungsschicksal zuteil. Bis, ja, bis Kairos Stadtväter in einer vor kurzem abgehaltenen Sitzung beschlossen, dem Ganzen etwas mehr Nachdruck zu verleihen. Schließlich, so General Said Mikhail, Chef des Kairoer Norddistriktes, müsse dieser „visuellen Verschmutzung" endlich ein administratives Ende bereitet werden. Wer jetzt nicht auf die per Post verschickten Mahnungen reagiert, die Schilder abzumontieren, dessen Tafeln werden inzwischen in manchen Vierteln von Beamten der Stadtverwaltung zwangsabgeschraubt.

Fügten sich nach Angaben der Verwaltung 80 Prozent aller derartig angegangenen Bürobesitzer ihrem Schicksal, schrie der Rest auf, angesichts dieses, wie es der Chef des Ärzteverbandes beschrieb, „barbarischen Vorgehens". Offen wurde gerade in Kreisen der medizinischen Zunft gemeutert, ob die Stadtverwaltung nicht dringlicheren Aufgaben nachkommen sollte, etwa die allerorten in der Stadt sicht- und riechbaren Abfallhaufen zu beseitigen.

Der kleine Schildermacher Samir im Zentrum der Stadt versteht die ganze Aufregung nicht. Seit über 35 Jahren produziert er die besagten Fenster- und Balkonschilder aus Messing: Am Ende, glaubt er, werde das Dekret kaum Auswirkungen haben. Geht es nach ihm, dann ist die weitere Schilderproduktion genauso wenig in Frage gestellt wie das stetige Fließen des Nils. Erst in der vergangenen Woche hat er, Verordnungen hin oder her, 18 neue Tafeln angebracht. Schließlich könnten die städtischen Beamten gegen ein geringes Entgelt dazu gebracht werden, ein Auge zuzudrücken. Ein Leben ohne Schilder kann er sich gar nicht vorstellen. Wie sonst solle man mit einem geschulten Blick auf die Häuserfassade feststellen, in welchem Stock der Zahnarzt bohrt oder die Anwältin Recht verdreht.

Apropos Recht: Inzwischen muss sich auch das Verwaltungsgericht mit der ersten Klage Ahmad Qudas auseinander setzen. Der prominente Anwalt argumentiert, dass die ägyptische Verfassung schließlich Privateigentum schütze und dass die neue Verordnung ganze Berufsstände schädige. Wehret den Anfängen, sagt der empörte Anwalt, sonst „wird die Kairoer Stadtverwaltung den Leuten auch noch verbieten, auf ihren Balkons zu sitzen und sich zu unterhalten".

Die beliebtesten Methoden des Freizeitausgleichs in ägyptischen Dienststellen

(Kairo, den 4. Januar 2004)

Wie lange dauert ein Gebet? Wie oft habe ich mich das schon gefragt, wenn ich in Kairo in irgendeiner staubigen Amtsstube ungeduldig darauf wartete, dass mein Fall endlich bearbeitet oder endlich der heiß ersehnte Stempel mit Ägyptens Staatsadler unter mein Dokument gesetzt wird. Denn wenn man einen ägyptischen Beamten braucht, erhält man vom unschuldig dreinschauenden Sachbearbeiter am Nachbarschreibtisch meist die gleiche Standardantwort: „Ma'alesh – sorry, Herr M. weilt gerade beim Gebet. Haben Sie noch ein wenig Geduld?" Will heißen: Vergiss es für heute – fuut bukra – komm morgen wieder.

Fünfmal am Tag soll sich der gläubige Muslim in Richtung Mekka verneigen, so steht es geschrieben. Das Gebet gilt als heilige Pflicht, wie das Glaubensbekenntnis, die Pilgerfahrt nach Mekka, das Entrichten der Zakatsteuer und das Fasten im Ramadan. Und mit derartigen religiösen Pflichten nehmen es Ägyptens Beamte besonders genau – oder auch nicht? In manchen Ämtern bekommt man schnell den Eindruck, die gesamte Belegschaft befinde sich beim ganztägigen Kollektivgebet. Oder einzelne kleine Verwalter üben sich in ihrer Andacht im Viertelstundentakt. Stets nagt in mir der Verdacht, ich würde Herrn M. auch nicht ausfindig machen, sollte ich in einem Anfall von Verzweiflung tatsächlich auf die Idee kommen, in der amtseigenen Gebetsecke nach ihm zu forschen. Seit pharaonischen Zeiten haben sich in Ägyptens Amtsstuben ganz eigene Methoden des Freizeitausgleichs eingeschlichen. Früher gab man wohl den Besuch des Tempels vor, um einem der ägyptischen Götter zu huldigen, heute wird das System zum unabdinglichen Gang in die Moschee ausgefeilt.

Ja, ja, wir haben es seit je gewusst, dass es mit der ägyptischen Arbeitsmoral nicht immer zum Besten steht. Aber mal Hand aufs Herz: Hat nicht jede Verwaltungsnation ihre eigene Methode der Freizeiterschleichung?

Versuchen Sie mal, selbst unter Berücksichtigung der Zeitverschiebung, von Ägypten aus mittags bei einer deutschen Behörde anzurufen. Diese Woche versuchte ich bei der Honorarabteilung eines öffentlich-rechtlichen Rundfunksenders am frühen Nachmittag telefonisch eine Auskunft zu erhalten. Bei der ersten Direktnummer meldete sich niemand. Also ließ ich mich über die Zentrale zur Abteilung durchstellen.

Am anderen Ende meldete sich eine vollkommen entgeisterte Stimme. „Wie können Sie es wagen?", dachte die Dame wohl und brachte nur ein empörtes „Es ist Tischzeit!" heraus. Ehrfürchtig legte ich auf. Frau E. ist zu Tisch, und ich werde vorläufig nicht erfahren, was mit der letzten Honorarzahlung geschehen ist. Tischzeiten sind in deutschen Dienststellen genauso heilig wie Gebete in ägyptischen Büros. Gottes Gedenken und Essen sind beide in der Bürokratie sakrosankt. Fazit: Was dem ägyptischen Beamten die Moschee, ist dem deutschen Verwaltungsangestellten seine Kantine. „Allahu Akbar – Gott ist groß" – oder vielleicht doch nur „Mahlzeit"?

Die Macht im Großen …

Telegrafische Beleidigung des Pharao

(Kairo, den 14. März 1999)

Ein unschuldiger Gang ins ägyptische Telegrafenamt kann leicht in der Gefängniszelle enden. Zumindest wenn man, wie im Falle Mahmud Taifurs, ein Telegramm an „Sayed Al-Ra'is" – „Eure Exzellenz der Präsident" Hosni Mubarak richtet, und das nicht gerade diplomatischen Inhalts. „Oh Mubarak – die Gerechtigkeit ist unter deiner Herrschaft verschwunden – es gibt keine Sicherheit mehr – sagt nein zu Mubarak", hieß es in dem Kabel.

Es war das Schicksal seines Vaters, das Mahmud zu einem derartigen, in Ägypten äußerst ungewöhnlichen Telegrammstil an die oberste Obrigkeit getrieben hatte. Sein Vater, ein kleiner Pächter unweit der Nildelta-Stadt Damanhur im Norden Ägyptens, war von dem Landbesitzer ohne weitere Angaben von seinem Boden vertrieben worden. Der Vater setzte sich zur Wehr und schickte mehrere Protesttelegramme an örtliche Offizielle. Diese blieben allerdings allesamt unbeantwortet. „Lediglich die falsche Adresse", dachte sein Sohn und nahm die Angelegenheit selbst in die Hand.

Doch das fatale Kabel an den Präsidenten fand erst gar nicht den Weg in die Hauptstadt Kairo. Ein pflichtversessener Telegrafenbeamter nahm stattdessen den Telefonhörer zur Hand und meldete der örtlichen Polizei den ungeheuerlichen Inhalt der Depesche. Die lokalen Sicherheitskräfte handelten unverzüglich und holten Mahmud ohne jeglichen Haftbefehl in die Polizeistation. Zunächst sollte er dort vier Tage verbringen, bis die Untersuchungen im Fall der „Beleidigung des Präsidenten der Republik" abgeschlossen waren.

Dank des seit 18 Jahren geltenden Notstandsgesetzes kam es nie zu einem Gerichtsprozess. Stattdessen wurde Mahmud noch einmal 15 Tage in Verwahrungshaft genommen. Nach Ablauf dieser Frist bekam er gleich noch einmal 15 Tage aufgebrummt. Schließlich kann man in Ägypten nicht so ohne Weiteres ungestraft „Nein zum Präsidenten" sagen.

Wahrscheinlich wäre Mahmud auf der Polizeistation langsam verrottet, wäre seine Familie nicht auf den Plan getreten. Um keine Missverständnisse aufkommen zu lassen, sandte sie gleich ein Telegramm zur Unterstützung von Mubaraks vierter Amtsperiode, die im Oktober per Referendum beschlossen werden wird. Dem folgten Briefe an den obersten Staatsanwalt, den Parlamentssprecher, die Menschenrechtsorganisation und die Oppositionszeitungen. Eine von ihnen, die täglich erscheinende Zeitung *Al Wafd*, nahm sich des Falles genüsslich an und berichtete fast täglich über den Hungerstreik, in den die Taifurs getreten waren.

Schließlich erreichte der Fall das offene Ohr des Präsidenten. Der pfiff seinen übereifrigen Sicherheitsapparat zurück und verfügte persönlich die Freilassung des Bauernsohnes und eine Neubefassung mit dem Fall seines Vaters und dessen feudalen Gegenspielers.

Mahmuds Heimkehr wurde vom ganzen Dorf gefeiert. Die Nachbarn machten ihm bis zum nächsten Morgen die Aufwartung. Der Hungerstreik fand mit einem bäuerlichen Festmahl sein glückliches Ende. Er habe nur seinem Vater helfen wollen und nie die Absicht gehabt, irgendeinen Verantwortlichen zu beleidigen, ließ Mahmud noch einmal verlauten. Er konnte sich kaum der Küsse und Umarmungen erwehren, und die Dorfbewohner stimmten einen Lobgesang an: „Gott ist groß – lang lebe Mubarak, der stets den Unterdrückten beisteht.“

Der Obelisk des modernen Pharao

(Kairo, den 7. November 1999)

Ursprünglich dienten die Obelisken den alten Ägyptern als Kultobjekte zur Anbetung des Sonnengottes. Sie pflegten sie so aufzustellen, dass die ersten morgendlichen Sonnenstrahlen genau auf die mit einer Gold-Silber-Legierung überzogene Spitze fielen. Die Pharaonen nutzten die Obelisken als eine Art Litfaßsäule, um für ihre historische Größe zu werben, und ließen sie mit allerlei Reliefs und Hieroglyphen schmücken. Schließlich sollte auch die Nachwelt über die Errungenschaften der jeweiligen Regentschaft nicht im Ungewissen bleiben.

Gute Idee, dachte sich Maher Al-Guindi, der Gouverneur von Giza-Stadt, besser gesagt: der Ex-Gouverneur. Passend zum Beginn der vierten Amtszeit des ägyptischen Präsidenten Hosni Mubarak ließ er feierlich auf einem der Plätze seiner Stadt einen fünf Meter hohen, 1,5 Tonnen schweren Obelisken aufstellen. Das moderne Kunstwerk sollte in alter Tradition von den Errungenschaften des heutigen Ägypten künden, oder besser gesagt von denen des Präsidenten Mubarak, dessen übergroßes Bild das Objekt zierte. Kurzum: ein Monument der Huldigung für den gegenwärtigen Pharao. Mit besten Grüßen des Gouverneurs von Giza.

Nun sind die Ägypter ja gerade seit dem letzten Präsidentschaftsreferendum, in dem Mubarak mit 94 Prozent der abgegebenen Stimmen erneut für sechs Jahre im Amt bestätigt wurde, einiges an staatlich verordnetem Mubarak-Kitsch gewöhnt. Der Obelisk des Gouverneurs von Giza scheint allerdings der Halm gewesen zu sein, unter dem das Kamel dann endgültig zusammengebrochen ist. Die sprichwörtliche Geduld der Untertanen war ein Quäntchen zu sehr strapaziert worden.

In der Presse tauchten erste Kolumnen auf, die die Regierung beschworen, ein nationales „Komitee für guten Geschmack“ zu gründen. Der Unterschied zwischen dem Obelisken des Gouverneurs von Giza und denen der alten Ägypter sei wie der Unterschied zwischen einem Eselskarren und einem Rolls Royce, hieß es bissig.

Natürlich ging es in der Kontroverse nur um den Geschmack, über den sich bekanntermaßen streiten lässt. Das Prinzip der präsidialen Anbetung konnte ja wohl kaum in Frage gestellt werden. Am weitesten wagte sich der Kolumnist der ägyptischen Tageszeitung *Al-Akhbar* vor, als er fragte: „Was sollen wir den Touristen sagen, wenn sie fragen, welcher Pharao diesen Obelisken hat bauen lassen?“

Und siehe da, der erste nationale Aufschrei gegen pharaonische Monumente der Gegenwart zeigte Wirkung. Ohne beim Gouverneur von Giza anzufragen, verordnete der Kulturminister die sofortige Entfernung des kontroversen Stückes. Allerdings wohl kaum, ohne vorher bei seinem Chef nachgefragt zu haben, ob das auch tatsächlich in Ordnung gehe.

Der Kran kam des Nachts und hob das für die Ewigkeit gedachte Monument in nur einer Viertelstunde vom Sockel. Inzwischen rottet das entehrte Stück unter einer der zahlreichen Nilbrücken vor sich hin. Und wie es der Zufall so will: Als Mubarak vor wenigen Tagen die Liste der neuen Gouverneure veröffentlichen ließ, da fehlte Maher Al-Guindis Name. Er war zusammen mit seinem Obelisken gestürzt. Nun muss sich der neue Gouverneur darüber Gedanken machen, was er auf den übrig gebliebenen Sockel stellt. Warum nicht eine Sphinx mit dem Körper eines Löwen und dem Kopf Mubaraks?

Aber vielleicht ist das doch keine so gute Idee.

Sport: Heiße islamische Reifen und tödliche Fußballspiele

Die Wiege der Leibesübung

Im Land am Nil nahm auch sie ihren Ausgang, die „spielerische Selbstentfaltung und am Leistungsstreben orientierte Form menschlicher Betätigung, die der körperlichen Beweglichkeit dient", wie der Sport im Lexikon beschrieben wird. Schon die alten Ägypter kannten den Sport: Ob Boxen, Ringen, Gewichtheben, Hochsprung, Schwimmen, Rudern, Jagen, Gymnastik oder Ballspiele – an Disziplinen mangelte es nicht.
Boxszenen sind auf mehreren Grabreliefs nachgewiesen. Etwa im Totentempel Ptahhoteps innerhalb des Stufenpyramiden-Komplexes von Sakkara unweit von Kairo, wo die Wandreliefs in einer Präzision gearbeitet sind, die fast der von Wandteppichen gleicht. Einer der Kontrahenten setzt zum Schlag an, während der andere gekonnt die Schläge abwehrt und sein Gesicht in Deckung bringt. Am Ende reißt der Schiedsrichter, wie heute, dem Sieger die Arme hoch.
Auch Gewichtheben war pharaonisch angesagt. Schwere Säcke mit Sand ersetzten damals die Gewichte und Hanteln heutiger Gewichtheber. Die Säcke mussten mit einer Hand hochgehoben werden. Jeder Versuch, bei dem es gelang, den Sack für kurze Zeit oben zu halten, zählte als erfolgreich. „Höher, weiter, schneller" war schon vor 5000 Jahren das leichtathletische Ziel. Etwa im Hochsprung: Zwei Spieler bildeten eine Hürde, über die ein dritter springen musste, ohne sie zu berühren. Bei jedem erfolgreichen Sprung erhöhte sich die menschliche Latte. Auch Ballspiele sind in der Gräberanlage von Sakkara abgebildet. Dass der Ball rund ist, wussten schon die Pharaonen. Hergestellt war dieser damals meist aus einer Haut, die mit Stroh gefüllt war. Bälle aus Papyrus, dem Material, das die Ägypter üblicherweise zu einer Art Papier verarbeiteten, waren ebenfalls in Gebrauch. Ein System, das an die heutigen Fußballmatches ägyptischer Straßenkinder erinnert, wenn zwei Teams in den engen

Gassen der Altstadt Kairos leidenschaftlich einem gefüllten Socken hinterherlaufen.
Doping-Skandale in dem Ausmaß, wie sie bei heutigen sportlichen Wettbewerben vorkommen, scheinen damals kein Thema gewesen zu sein. Dafür war aber vielleicht ein wenig Magie im Spiel, um das sportliche Ziel auf Umwegen zu erreichen. Einige der alten Mixturen sind überliefert: „Schneide den Kopf und die Flügel eines großen Skarabäus-Käfers ab, koche den Rest und lege ihn dann aus. Nimm dann den Kopf und die Flügel, tauche diese in Schlangenfett, koche anschließend das Ganze zusammen und trinke es." Prost!
Sportlich ging es auch später in den Wüsten Arabiens zu. „Bringe deinen Söhnen die Kunst des Schwimmens, Scharfschießens und Reitens bei", riet der Khalif Omar, der zweite Nachfolger des Propheten Muhammad im 7. Jahrhundert. Im arabischen Mittelalter wurden vor allem Pferdereiten, Bogenschießen und die Falknerei als Sportarten gepflegt. Doch auch wenn die Arabische Liga bereits 1953 ihre ersten panarabischen Spiele in Alexandria ausrichtete, heute gehören die arabischen Länder nicht unbedingt zu den großen aktiven Sportnationen. Dafür buhlt gleich ein ganzes Dutzend arabischer Sportkanäle über Satellit um die Gunst der Zuschauer auf den arabischen Diwans.
Der Khalif sprach von den Söhnen, was aber mit den Töchtern? Meist sind es arabische Sportlerinnen, die heute internationale Anerkennung finden. Sie räumen mit gleich zwei Vorurteilen auf: Die Athletinnen entsprechen so gar nicht dem westlichen Bild der passiven und zurückgezogenen muslimischen Frau und sie beweisen ihren eigenen Gesellschaften, dass die Zeiten vorbei sind, in denen der Sport eine reine Männersache war. Nicht jeder gibt sich überzeugt.

Frauensport – dem Scheich zu sexy

(Kuwait-City, 30. September 2000)

Der olympische Geist beseelt derzeit auch das kleine Wüstenemirat Kuwait. Zumindest, was den Männersport angeht. Das

Land holte sogar die erste Medaille seiner Geschichte, als der kuwaitische Armee-Offizier Fehaid Al-Deehani im Doppeltrap-Schießen in Sydney Bronze gewann.

Mit dem Frauensport des Landes sieht es dagegen etwas anders aus. Nicht genug damit, dass das Olympiateam des Scheichtums in Australien ganz ohne Sportlerinnen auskommt. Jetzt wurde sogar die Ausstrahlung bestimmter Frauensportarten still und leise aus dem kuwaitischen Fernsehen verbannt. Grund ist der Aufschrei eines prominenten konservativen Islamisten und Parlamentsabgeordneten im Land. Weibliches Beachvolleyball, Turmspringen und Synchron-Schwimmen war Scheich Walid Tabtabai schlichtweg zu sexy und zu unmoralisch. Derartiges könne den kuwaitischen Zuschauern keinesfalls zugemutet werden, argumentierte der Parlamentarier und forderte das kuwaitische Staatsfernsehen auf, derartige indezente Sportarten von der ansonsten sehr ausführlichen Olympiaberichterstattung zu streichen. Es gehe hier mehr um Sex als um Sport, mäkelte der konservative Scheich. „Derartige Disziplinen spiegeln westliche Werte wider, die dem weiblichen Körper nicht die notwendige Ehre und den notwendigen Schutz gewähren, so wie es vom Islam verlangt wird."

Tabtabai steht übrigens stets in der vordersten Front, wenn es darum geht, die kuwaitische Gesellschaft vor dem Schlimmsten zu bewahren. Erfolgreich hat er sein Land vor dem teuflischen Frauenwahlrecht beschützt und dafür gesorgt, dass diese sittenlosen, gemischt besuchten Musikkonzerte endlich verboten werden und der anstößige Valentinstag nicht mehr gefeiert werden darf. Mit engstirnigem Eifer boxte er einen Gesetzesentwurf durch, laut dem an kuwaitischen Hochschulen in Zukunft nur noch nach Geschlechtern getrennt unterrichtet werden darf.

Bei den Mädchen und Frauen im Kuwaiter „Mädchen-Sportverein" erntet Tabtabais neuester Ausfall gegen den Frauensport erwartungsgemäß nur Augenrollen. Kuwaits einziger Sportverein für das weibliche Geschlecht ist so etwas wie die Antithese zu den konservativen Scheichs. Die Schreie der

Taekwondo-Kämpferinnen dringen aus dem Inneren der kleinen Sporthalle, während nebenan die Fechterinnen still und ausdauernd ihre Gleichgewichtsübungen betreiben. Draußen knallen die Tennisbälle durch den ruhigen Abend, die einzige Tageszeit, in der es die Hitze zulässt, auch im unklimatisierten Freien aktiv zu sein.

„Wenn es Tabtabai nicht passt, dann soll er doch einfach den Fernseher ausschalten", erklärt trotzig die Basketballspielerin Nadia Al-Bachit, die auch im Vorstand des Sportvereins sitzt. Die Taekwondo-Lehrerin Iman stimmt ihr zu: „Die Leute sollten sich auf das konzentrieren, was die Frauen nach jahrelangem Training leisten, und nicht auf ihren Körper", sagt die Trägerin des schwarzen Gürtels – und eines gleichfarbigen Kopftuchs.

Besonders ungerecht finden die Taekwondo-Kämpferinnen, von denen einige der Nationalmannschaft angehören, dass ein kuwaitischer männlicher Taekwondo-Kollege sein Land bei den olympischen Spielen in Sydney vertreten durfte, während sie zu Hause bleiben mussten. Die kuwaitischen Taekwondo-Frauen hatten auf internationalen Wettbewerben stets besser abgeschnitten als ihre männlichen Mitkämpfer. Bei einem letztjährigen Wettkampf im Iran errangen sie sogar gleich die ersten drei Plätze.

„Vielleicht sind wir ja wenigstens bei den nächsten olympischen Spielen dabei", hofft Iman. Ihre ebenfalls schwarzbegurtete Kämpferkollegin Rhadia ist da weniger optimistisch. „Wenn wir Glück haben, können unsere Töchter irgendwann einmal in Zukunft mit dabei sein", wirft sie ein. Rhadia, die Tochter eines kuwaitischen Vaters und einer deutschen Mutter, trotzt ihrer frauensportfeindlichen Umgebung. Sie studiert Sport und versucht derzeit neben dem Taekwondo auch eine Ruderfrauschaft aufzubauen. Zu Tabtabai und den Seinen hat sie nur einen kurzen Kommentar: „Die spinnen doch mit ihrer Engstirnigkeit."

Manche Mädchen fürchten, dass sich der konservative Trend im Land durch ein Erstarken der Islamisten auch direkt gegen sie wenden könnte. „Leute wie Tabtabai würden am liebsten unseren Sportverein schließen, wenn sie könnten. Sie wollen, dass wir nur zu Hause bleiben und Kinder kriegen", sagt Sarah Askar, eine junge Tennisspielerin, die bereits an einigen internationalen Turnieren teilgenommen hat. Dass keine kuwaitischen Frauen nach Sydney gereist sind, findet sie beschämend. „So etwas beweist doch nur, wie zivilisiert oder unzivilisiert ein Land ist", sagt sie sichtlich aufgebracht.

Am Strand von Kuwait-City spielen keine Frauen Volleyball. Stattdessen übt sich eine Gruppe Jungs mehr schlecht als recht in dieser Sportart. Nur ein einziger von ihnen findet, dass die Sache mit Tabtabai und dem Frauensport zeigt, wie zurückgeblieben dieses Land sei. Alle anderen Jungs schreien ihn nieder, weibliche Schwimm- und Beachvolleyball-Wettbewerbe seien absolut tabu. Das sei gegen die Landessitten. „Schließlich leben wir hier noch in einer Art Beduinentradition", echauffiert sich einer von ihnen. Die Teenager wollen sich anscheinend selbst vor ihren eigenen Trieben schützen. Schwimmwettbewerbe seien schlecht für männliche pubertierende Jugendliche, argumentiert einer von ihnen.

Da steht sogar der Nationalstolz hinten an. Auf die Frage, wie sie es fänden, wenn eine Kuwaiterin eine olympische Goldmedaille im Schwimmen erlangen würde, packt sie das pure Entsetzen. Das sei eine Frage der Prioritäten, oder wie es einer von ihnen formuliert: „Die Kleidung ist eindeutig wichtiger als die sportliche Leistung." Selbst wenn eine Frau eine Goldmedaille gewinnen könnte. Das Wichtigste ist und bleibt, dass ihr Frauenkörper stets von männlichen Blicken versteckt bleibe.

Nachtrag: Immerhin, selbst im ultrakonservativen Nachbarland Saudi-Arabien gibt es kleine frauensportliche Fortschritte. Dort hat das Jugendministerium Anfang 2008 angekündigt, Zentren für Frauensport gründen zu wollen. Selbstverständlich sollen sie in Übereinstimmung mit der Scharia geführt werden, heißt es. Der Schritt folgt der Warnung des Internationalen Olympischen Komitees IOC, dass alle seine Mitgliedstaaten bis 2010 Frauensportvereine aufbauen sollen, da die Mitgliedschaft ansonsten eingefroren wird. Doch selbst in den konservativsten islamischen Staaten können kämpferische Frauen das Tabu des Frauensports durch ihr persönliches Engagement brechen. Das führt uns zum einzigen kleinen Ausflug in diesem Buch außerhalb der arabischen Welt, in den benachbarten Iran.

Mit Helm und Kopftuch auf die Piste

(Teheran, den 21. Juli 2005)

Wenn sie ihre Trainingseinheiten auf der Piste im Westen Teherans herunterrast, erhitzt nicht nur die Mittagssonne den Asphalt. Laleh Saddigh fährt den heißesten Reifen in der Islamischen Republik Iran. Geschickt und mit quietschenden Pneus nimmt die professionelle Rallyefahrerin die engen Kurven, um danach sofort wieder durchzustarten und mit röhrendem Motor in die Gerade zu brettern. Das Wort „Champion" prangt nicht umsonst auf ihrem orange-weißen malaysischen Proton-Rennwagen, mit dem sie die Geschlechterbarrieren durchbricht.

Ihrem Kosenamen „iranische Schuhmacherin" macht sie alle Ehre. Seit fünf Jahren fährt sie im Iran Rallyes, entlang dem Kaspischen Meer, über Berge und durch Wüsten. Seit einem Jahr darf sie auch in Wettbewerben gegen Männer antreten. Mit Erfolg: Ihre männliche Konkurrenz sieht oft nur noch die hintere Stoßstange ihres Wagens in einer Staubwolke verschwinden. Bereits mehrmals gewann sie den ersten Preis und bekam die Trophäe überreicht.

Nur wenn die 28-Jährige den Wagen stoppt, sich abschnallt und sportlich aus dem Schalensitz schwingt, langsam die Handschuhe abstreift und den Helm abnimmt, verrät das obligatorische Kopftuch, dass sie auf den Pisten im Land der islamischen Revolution ihre Runden dreht. Von den Zehenspitzen, über den engen orange-weißen Rennanzug bis hin zu den Haaren unter dem Kopftuch: Die Frau strotzt vor Selbstbewusstsein. „Es ist schon etwas merkwürdig für die meisten meiner Landsleute, eine Frau bei einem Autorennen zu sehen. Aber ich will ihnen zeigen, dass in jedem Menschen etwas steckt und jeder Mensch seine Ziele erreichen kann", sagt sie. „Die iranischen Frauen sind stolz auf mich und drängen mich, noch besser zu werden. Ich hoffe, ihnen als Beispiel zu dienen, dass Frauen mit einem starken Willen alles erreichen können." Laleh Saddighs Selbstsicherheit scheint grenzenlos.

Seit ihrem dreizehnten Lebensjahr sitzt sie hinter dem Steuer. Ihr Fahrlehrer war ihr Vater, ein Händler für Autoersatzteile, der ihr beibrachte, im richtigen Moment den richtigen Gang einzulegen. „Er ist mein größter Förderer und meine erste große Liebe", schwärmt Laleh Saddigh von ihrem Vater. „Auch meinen Ehrgeiz habe ich eindeutig von ihm", gibt sie zu. Als sie vierzehn war, hatte sie regelmäßig heimlich das Auto des Vaters genommen, um auf Spritztour zu gehen. Dabei hatte sie einmal einen Auffahrunfall. Diskret parkte sie den demolierten Wagen wieder auf der Straße vor dem Haus der Familie und machte den Vater glauben, ein Fremder sei in das geparkte Fahrzeug gefahren und habe Fahrerflucht begangen. Vier Jahre später, als sie endlich ihren Führerschein erhielt, nahm sie den Vater beiseite und beichtete ihm die Wahrheit.

Der Vertreter des iranischen Rallye-Verbandes in der Baracke neben der Rennbahn sieht mit seinem geschorenen Bart aus wie ein typischer Repräsentant des islamischen Regimes in Teheran. Aber er scheint sich mit dem neuen, sehr weiblichen, sehr sturen Renntalent und den anderen dreißig Fahrerinnen des Verbandes abgefunden zu haben. „Natürlich müssen die Frauen den islamischen Sitten entsprechen", erklärt er und antwortet auf die Frage, was das nun genau bedeutet, grinsend: „Solange sie bekleidet sind, ist eigentlich alles in Ordnung."

Vor ihrem Wagen auf der Rennbahn lacht die sympathische Laleh Saddigh kurz darauf laut über die Frage, wie sie sich fühle, wenn sie oben auf dem Podium auf die männlichen Konkurrenten hinunterblicke, und imitiert die Männer, indem sie als Grimasse ein langes Gesicht zieht. „Genau so sehen sie dann aus." Erneut kann sie mit ihrem Lachen nicht an sich halten.

„Ich sage ihnen dann, sie müssen einfach ein bisschen mehr üben, um besser zu werden."

Eine echte Herausforderung und die beste Schule findet Laleh Saddigh im chaotischen, vollkommen unberechenbaren Teheraner Stadtverkehr. Die Fahrerinnen und Fahrer hupen aggressiv, niemand schaut sich um, niemand blinkt. „Wenn du in der Rallye fährst, hast du es mit professionellen Fahrern zu tun. Aber in Teheran gibt es eine Menge Sonntagsfahrer, da muss man besser aufpassen und sich mehr konzentrieren", lautet Laleh Saddighs Rat.

Erst am Abend findet die Management-Studentin im Kreise ihrer Familie in einem Teheraner Restaurant ein wenig Ruhe. Es sind nicht nur PS-starke Wagen, die sie faszinieren – neben ihrer Liebe für schnelle Autos ist sie auch noch passionierte Springreiterin, außerdem kennt sie sich nicht nur mit Motorenöl aus, sondern malt auch Ölbilder. Und noch dazu spielt sie Klavier.

Doch ihre gefährlichste Leidenschaft ist die Rallye. „Laleh ist eine echte Draufgängerin, oft habe ich Angst um sie", berichtet Banafscheh, ihre jüngere Schwester, die heute die Autoersatzteilfirma des Vaters leitet. Dann listet sie die familiäre Unfallstatistik auf, über die ihre Schwester nur ungern spricht. In Lalehs Oberschenkel steckt eine Metallplatte, die von einem Crash herrührt, als sie wenige Monate nach dem Erhalt ihres Führerscheines auf einer kurvigen Strecke zwischen Teheran und dem Kaspischen Meer in einen Baum raste.

Bei einem Unfall vor einem Jahr brach sich die Rallyefahrerin dann gleich zwei Halswirbel. Die Ärzte verschrieben ihr mehrere Monate Bettruhe. Nach ein paar Wochen saß sie bereits wieder am Steuer. „Meine Mutter betet jeden Tag für die Sicherheit ihrer rasenden Tochter und versucht sich damit zu beruhigen, dass sie die sieben Leben einer Katze besitzt", ruft Banafscheh Saddigh quer über den Tisch.

Ihre Stimme wird fast von der persischen Livemusik übertönt, die von den Mullahs neuerdings in einigen Teheraner Restaurants wieder zugelassen ist. Geschickt wirft einer der

Musiker seine Trommel über seinen Kopf, um sie aufzufangen und seinen Wirbel fortzusetzen. Laleh Saddigh klatscht mit. Doch zumindest hier werden ihr erstmals an diesem Tag Grenzen gesetzt. Als der Zopf ihres pechschwarzen Haares unter ihrem geblümten Kopftuch herausfällt, hält sie der Wirt an, ihre Haarpracht wieder „islamisch angemessen" zu verbergen. Es wäre nicht das erste Mal in Teheran, dass ein Lokal nach einer islamischen Sittenkontrolle für einen Monat dichtgemacht wird.

Plötzlich wirkt sie ein wenig abwesend. Vielleicht schweifen ihre Gedanken wieder zur Rennpiste, wo der Helm ihre Freiheit schützt.

Nachtrag: Ein Schritt vor, zwei zurück: Unter dem iranischen Präsidenten Mahmud Ahmadinedschad hat sich das Klima wieder verschärft. Im Oktober 2006 ging Laleh vor einem Rennen auf ihren Wagen zu, als ihr der Weg von Vertretern der Rennleitung in Teherans Azadi-Stadion versperrt wurde. Lalehs Teilnahme wurde untersagt, mit dem Argument, dass Frauen nur gegen Frauen antreten dürfen. Der Vizepräsident des iranischen Rallye-Verbandes, Hussein Schahryari, erklärte anschließend lapidar: „Wenn Frauen die islamischen Regeln beachten würden, dann gäbe es diese Probleme nicht." Kurz darauf erhielt Laleh aber doch wieder eine Lizenz, auch außerhalb des Iran an Rennen teilzunehmen. Im Dezember 2007 erfolgte dann der nächste Versuch, sie auszubremsen. Weil sie angeblich gegen die Regeln den Motor ihres Wagens manipuliert haben soll, wurde sie vorläufig gesperrt. Sie selbst stritt die Vorwürfe ab und behauptet, einer Kampagne gegen sie als Fahrerin zum Opfer gefallen zu sein.
Ihr Kampf wird wohl noch lange dauern.

Auch im Gaza-Streifen ist der Ball rund

(Gaza, den 10. Dezember 1993)

Der Fußballplatz auf dem Campus der Islamischen Universität in Gaza entspricht nicht ganz dem internationalen Fifa-Standard. Ein Hauch von Gras lässt sich auf dem Sandboden nur noch erahnen. Umso grüner, in der Farbe des Propheten, leuchten die Trikots der Auswahlspieler der „Islamischen Gesellschaft". Hier zeigen sich die Sympathisanten der islamistischen Hamas-Organisation von ihrer anderen Seite. Dagegen zeigen sich die israelischen Besatzungstruppen in ihrem üblichen Bild. Auf der einen Seite überblickt, hinter Stacheldraht verbarrikadiert, ein riesiges Militärlager die Universität. Die Soldaten kontrollieren von ihrem Wachturm aus den Spielverlauf. Unten am Hügel, wenige Meter entfernt in Richtung Meer, liegt Ansar II, das größte israelische Gefängnis für palästinensische Aufständische im Gaza-Streifen. Außen vor den Mauern ziehen die israelischen Militärjeeps ihre Kreise.

Nach einer Viertelstunde steht es 1:0 für die Islamische Gesellschaft. Ein grober Abwehrfehler machte es der Nummer 9 leicht, den Torwart auf dem falschen Bein zu erwischen. Ismail Nasab, Trainer des in Rückstand geratenen Teams, tobt an der Seitenlinie. „Seit zwei Monaten", erzählt der Fußball-Verantwortliche der Islamischen Gesellschaft, der seinen Namen nicht nennen möchte, „versuchen wir, regelmäßig Fußballspiele aufzuziehen." Am Anfang der Intifada, des palästinensischen Aufstands gegen die Besatzung vor fünf Jahren, habe man damit aufgehört. Niemandem war mehr nach Fußball zumute gewesen.

Doch auch heute ist es noch schwierig, ein normales Leben unter den anormalen Umständen der Besatzung zu führen. Versucht wird es trotzdem. Ein kontinuierlicher Spielbetrieb erweist sich als schier unmöglich. Oft gibt es Streiks, die Spiele mussten ausfallen. Einmal, so der islamistische Fußball-Funktionär, mussten sie ein Spiel abbrechen, weil jemand ganz in der Nähe erschossen worden war.

Fast wäre mit einem satten Schuss aus der zweiten Reihe der Ausgleich erzielt worden. Der Schwarm Krähen, der über dem Campus kreist, zeigt sich unbeeindruckt, sorgt aber mit seinem Gekreische für die richtige Nachmittagsstimmung. „Gebt endlich ab", schreit einer der beiden Jungs, die ihren Wagen unweit der Auslinie geparkt haben und das Spiel à la Autokino konsumieren. Die rund 30 anderen Zuschauer haben es sich auf Stühlen bequem gemacht, die eiligst aus den Klassenräumen hergeschafft wurden.

Erst vor einem Monat hatte man mit 40 Teams den ersten großen Wettbewerb im Gaza-Streifen auf die Beine gestellt – vor 5000 Zuschauern. Die ersten drei Plätze wurden von den Mannschaften belegt, die Hamas nahe stehen. Zurzeit läuft eine Art Gaza-Pokal: Moschee spielt gegen Moschee. Teams, die der PLO und Arafats Fatah-Organisationen zugerechnet werden, messen sich mit den Hamas-Fußballern. Lager tritt gegen Lager an. Besonders stark sind die Teams aus dem Beach-Camp und dem Flüchtlingslager in Rafah.

Heute tragen die Spieler der Islamischen Gesellschaft den Sieg nach Hause. Diejenigen, die nicht in Gaza-City, sondern in einem der Camps außerhalb wohnen, müssen sich beeilen. Ab acht Uhr herrscht Ausgangssperre. Dann wird in Gaza nur noch im Fernsehen Fußball gespielt.

Nachtrag: Viel ist seitdem geschehen und doch hat sich nur wenig geändert. Immerhin, die nächtliche Ausgangssperre existiert nicht mehr. Wenige Monate vor dem beschriebenen Spiel hatte bereits der Oslo-Friedensprozess begonnen. Ein halbes Jahr nach dem Spiel zog Jassir Arafat mit seiner palästinensischen Selbstverwaltungsbehörde in Gaza ein. Im Sommer 2005 wurden dann die israelischen Siedlungen und die Armeestellungen im Gazastreifen aufgelöst. Damit war die direkte Form der israelischen Besatzung in Gaza beendet. Israel kontrolliert aber weiterhin einen Großteil der Zugänge zum Gazastreifen, sammelt Zölle ein und nimmt für sich nicht nur das Recht in Anspruch, jederzeit militärisch innerhalb des Gazastreifens einzugreifen, sondern tut es auch regelmäßig.

So erweist sich Israel weiterhin als dritte Kraft in jedem palästinensischen Fußballspiel. Die Erzählungen des ehemaligen österreichischen Teamchefs Alfred Riedl, der das Training der palästinensischen Nationalmannschaft übernommen hatte, geben einen guten Einblick. Riedl hatte 2004 seinen Einjahresvertrag als Trainer der Palästinenser bereits nach neun Monaten aufgrund „fehlender Perspektiven" aufgelöst. Ein seriöses Arbeiten sei unmöglich gewesen, begründete er seinen Schritt. Nach einem Auswärtsspiel in Kairo brauchten einige Spieler vier Tage für die Heimreise per Bus ins eigentlich nur wenige Autostunden entfernte Gaza. Die letzten Meter über die Grenze nach Gaza mussten sie samt Gepäck auf Eseln zurücklegen. „Einfach unvorstellbar", meinte Riedl in einem Interview. „Einem meiner Spieler zerstörte die israelische Armee mit Granatwerfern das Haus, weil sie unterirdische Tunnel unter dem Gebäude vermutete. Überhaupt muss man sich einmal vorstellen, irgendwo Fußball zu spielen, während zu Hause das Leben von Frau und Kindern ständig bedroht ist", führte er aus. Riedl selbst war nie in Gaza. Trainiert wurde in Ägypten, die Heimspiele fanden in Katar statt.

Wenige Tage nach dem WM-Finale zwischen Frankreich und Italien 2006: Ein paar palästinensische Jungs kicken inspiriert von dem Spiel noch ein wenig auf einem Fußballplatz in Beit Hanoun, im nördlichen Gazastreifen, direkt an der Grenze zu Israel. Wie jeden Tag imitieren sie ihre Stars aus dem Fernsehen. Es ist ein gefährlicher Platz. In der Nachbarschaft feuern militante Palästinenser Qassam-Raketen auf israelisches Gebiet. Die israelische Armee, postiert direkt hinter dem Grenzzaun, antwortet mit ihrer Artillerie. Eine Granate schlägt auf dem Spielfeld ein. Für Mahfouth Farid Nuseir, Ahmad Ghalib Abu Amsha und Ahmad Fathi Shabat war es ihr letztes Match. Alle drei waren 16 Jahre alt.

Abpfiff für den deutschen Trainer in Bagdad

(Bagdad, den 13. Februar 2003)

Er sieht niedergeschlagen aus, wie er so dasitzt in der verschlissenen Sitzecke im Bagdader Sheraton-Hotel. Fünf Monate hat der deutsche Fußballtrainer der irakischen Olympia- und Nationalmannschaft hier gewohnt, doch nun muss Bernd Stange auschecken. Zwangsweise. Die deutsche Botschaft hat ihn, wie alle Deutschen, aufgefordert, aus Sicherheitsgründen das Land sofort zu verlassen. Dass der strömende Regen gegen das Fenster klatscht, passt zur Stimmung. Er sei sehr stolz auf das, was er in so kurzer Zeit geleistet habe, sagt Stange, der Fußball-Lehrer. Seine Mannschaft hat in letzter Zeit überall in der Region Aufsehen erregt. Umso deprimierender sei es nun, all das einfach hinter sich lassen zu müssen.

Dass er irgendwann, „wenn das alles vorbei ist", zurückkommen wird, daran hat der 54-Jährige keinen Zweifel. Sein Vertrag erlaubt es ihm, im Kriegsfall seine Tätigkeit kurzfristig zu unterbrechen, danach aber will er da weitermachen, wo er jetzt schweren Herzens aufhört. Als ihm mitgeteilt wurde, dass er das Land verlassen solle, überkam Stange das Gefühl, aus einer schwierigen Situation einfach so zu flüchten und die Menschen im Stich zu lassen, die er lieb gewonnen und mit denen er so hart trainiert hat. Aber die Spieler und der Verband hätten Verständnis dafür gehabt, dass er nach Deutschland zurückreist, zu seiner Familie in Jena.

Seine Mannschaft hatte sich vor wenigen Wochen bei einem Freundschaftsspiel in Dubai auch für die Familie entschieden. Die Arabischen Emirate hatten im Einvernehmen mit dem irakischen Fußballverband der Mannschaft und dem Trainer angeboten, ihnen in Dubai „ein Trainingslager unter Fünf-Sterne-Bedingungen" zu finanzieren, um so dem drohenden Krieg aus dem Weg gehen zu können. Das Angebot galt bis zum 5. April, jenem Tag, an dem die irakische Fußballmannschaft zur Olympiaqualifikation gegen Vietnam antreten soll. Als Stange die Offerte mit seinen Spielern besprach, lehnten diese ab. Sie wollten in schweren Zeiten in der Nähe ihrer Familien sein, teilten sie dem Trainer mit.

Wann Stange wieder nach Bagdad zurückkehren wird, darüber will er nicht spekulieren. „Ich wünschte mir, ich wäre nur eine Woche weg und es fänden sich die vernünftigen Politiker dieser Welt zusammen, um eine friedliche Lösung des Konflikts zu finden", sagt er. Glauben tut er nicht daran: „Der Krieg ist längst eine ausgemachte Sache."

Nach Deutschland mitnehmen wollte Stange gestern dennoch nur das Nötigste. Seine Bücher, Pläne und die Fußballschuhe wird er in einem Keller in Bagdad lagern. Und da er penibel ist, hat er seinem irakischen Co-Trainer für den nächsten Monat bis ins kleinste Detail einen Trainingsplan zusammengestellt. Denn, so Stange: „Fußball wird auch in schwierigsten Zeiten weiter gespielt." Selbst in Afghanistan habe man bereits unmittelbar nach dem Krieg wieder Punktspiele ausgerichtet. Fußball, daran glaubt Stange ganz fest, sei ein Botschafter des Friedens. Und das gelte auch für den Irak, schließlich sei es besser, wenn seine Jungs mit Bällen anstatt mit Kanonen trainierten.

Bis jetzt läuft alles noch ganz normal, seine Jungs trainieren tatsächlich noch mit Bällen. Aber sie alle sind Reservesoldaten im besten Alter und werden daher wohl bald eingezogen werden. „Vielleicht wird die Hälfte von ihnen auf dem Friedhof liegen, wenn ich zurückkomme", befürchtet der ehemalige Trainer der DDR-Olympiaauswahl.

In den deutschen Medien war Stange seit seinem Amtsantritt in Bagdad letzten Oktober immer wieder dem Vorwurf ausgesetzt, sich vor den Karren Saddam Husseins spannen zu lassen. Aber er sei in all den Monaten von irakischer Seite nie aufgefordert worden, sich politisch zu äußern. Ohnehin, sagt Stange, sei er für die strikte Trennung von Politik und Sport. „Erklären Sie einmal einem Fan auf Schalke oder in Dortmund, dass es Schröders und nicht Völlers Verdienst ist, dass die Deutschen Vizeweltmeister sind", sagt er.

Schon zum zweiten Mal hat die Politik Stanges Fußballträumen ein Ende bereitet. Die DDR-Olympiaauswahl, die sich 1984 für die Spiele in Los Angeles qualifiziert hatte, musste zu Hause bleiben, als der oberste Sowjet, Leonid Breschnew, und der Staatsratsvorsitzende Honecker beschlossen hatten, die Spiele in den USA zu boykottieren. „Zwei Jahre hartes Training waren mit einem Federstrich dahin", erinnert sich Stange. Jetzt kann seine irakische Mannschaft wahrscheinlich die Olympiaqualifikation gegen Vietnam vergessen.

„Dazwischen liegen zwanzig Jahre, in denen die Welt nichts dazugelernt hat", stellt Stange fest. Dann steht er auf und verabschiedet sich freundlich. Er muss los, um seine Mannschaft noch ein letztes Mal beim Mittagessen zu sehen – und um sich zu verabschieden. Er hat für jeden Spieler einen Brief vorbereitet, in dem er dessen Fortschritte anpreist. Am Ende des Briefes heißt es: „Ich bete zu meinem Gott, dass er euch und eure Familien schützt."

Nachtrag: Stange kam nach dem Krieg noch einmal kurz zurück und trainierte seine Mannschaft, während US-Panzer auf dem Rasen standen. Doch die Arbeit wurde zu gefährlich. „Als wir auf der Autobahn nahe Falludscha unterwegs waren, wurden wir von Vermummten gestoppt", erzählt Stange später. „Ich dachte, nun ist alles vorbei. Aber als die mich erkannten, haben sie ‚Stansch! Stansch!' skandiert, weil sie Stange ja nicht aussprechen können, haben gejubelt und die Masken abgenommen. Ich musste meine Trainingsjacke dalassen, aber wir durften weiterfahren." Im Mai 2004 warf Stange endgültig das Handtuch. Im Jahr darauf übernahm er den Erstligisten Apollon Limassol auf Zypern und später die Nationalmannschaft Weißrusslands.
Das irakische Team erlebte nach dem Krieg eine Welle von Erfolgen. Bei den olympischen Spielen im August 2004 erreichte es sogar den vierten Platz. Damals wehrten sich die Spieler aber dagegen, als Team in einem der Wahlspots zur Wiederwahl von US-Präsident George Bush aufgetaucht zu sein. In dem Spot wurden die Flaggen von Irak und Afghanistan gezeigt, und ein Sprecher feierte die „zwei neuen freien Nationen, die bei diesen olympischen Spielen teilneh-

men“. Mittelfeldspieler Ahmed Manadschid warf Bush gar öffentlich vor, ein Kriegsverbrecher zu sein. „Wenn ich nicht Fußball spielen würde, würde ich mit den Aufständischen gegen die US-Truppen kämpfen“, erklärte der damals 22-Jährige aus Falludscha.
Die Fußball-Asienmeisterschaft 2007 wurde dann zum größten Erfolg des Irak, als man im Finale die Mannschaft Saudi-Arabiens mit 1:0 besiegte und damit zum ersten Mal Asienmeister wurde. Aufgrund der instabilen Sicherheitslage muss die Mannschaft ihre Heimspiele an neutralen Austragungsorten, meist in arabischen Nachbarstaaten, austragen. Fast alle Nationalspieler spielen im Ausland. Eine irakweite Liga gibt es nicht mehr.

Ramadan-Geschichten

Der Fastenmonat zwischen Konsum und Spiritualität

„Alle Jahre wieder kommt ..." Nein, nicht nur die Weihnachtszeit. Muslimische Kinder fiebern dem Fastenmonat Ramadan entgegen. Dann wird es bunt auf allen Straßen Kairos. Ramadanlaternen leuchten an jeder Gassenecke in allen Formen und Farben. Die Konditoreien bieten, ähnlich wie Weihnachtsgebäck und Lebkuchen in Europa, spezielle Süßigkeiten an. Es ist die Zeit, in der die Familien und Freunde bei der Abenddämmerung zum Iftar zusammenkommen: dem Ramadan-Frühstück, durch das das Fasten gebrochen wird. In Kairo kündigt traditionell ein Kanonenschuss diesen heiß ersehnten Zeitpunkt an, abgefeuert von einer alten Haubitze auf der Zitadelle Muhammad Alis, auf einem der Hügel der Stadt. Wer weiter davon entfernt wohnt, der wartet, bis der Böllerschuss im Fernsehen übertragen wird. Ansonsten kündet auch der Gebetsruf des Muezzins in einer der Tausenden Moscheen der Stadt davon, dass die Zeit des Fastens zwischen Morgen- und Abenddämmerung vorüber ist. In dieser Zeit sollten sich die Muslime des Essen, Trinkens, Rauchens und jeglicher sexueller Aktivitäten enthalten. Das Fasten im Ramadan gilt als eine der fünf Säulen des Islam. Neben dem Glaubensbekenntnis, dem Gebet, der Pilgerfahrt nach Mekka und dem Geben von Almosen stellt das Fasten für die Muslime eine religiöse Grundpflicht dar. Da sich der Islam nach dem Mondjahr richtet, das kürzer ist als das Sonnenjahr, wandert die Zeit des Ramadan durch alle Jahreszeiten.

Rien ne va plus, heißt es dann. Alle Firmen und Institutionen haben ihre Arbeitszeiten auf ein Minimum reduziert. „Baad Al-Eid" – „nach dem Fest", dem kleinen Bairam, der den Ramadan abschließt, lautet der klassische Satz, der jedem Verwegenen entgegenschlägt, der doch noch meint, etwas in dieser Zeit erledigen zu können. Ramadan, das ist auch der Urlaub der Armen, die sich den Rest des Jahres

ohne Unterlass, mindestens sechs Tage die Woche, in Werkstätten oder den Häusern der Reichen abrackern.
Nichts geht mehr auch im Verkehr, wenn Millionen hungriger und durstiger Kairoer verzweifelt zur gleichen Zeit versuchen den Ort ihres Iftars zu erreichen. Dann kommt der Verkehr nicht nur auf den Nilbrücken zum Stehen. Je näher der Zeitpunkt des Fastenbrechens rückt, desto waghalsiger werden die Manöver und desto größer ist die Gefahr, von einem darbenden Desperado in einen Unfall verwickelt zu werden.
Auch für weniger fromme Menschen ist es eine schwierige Zeit. Kaum jemand kann sich dem kollektiven Druck entziehen und wagt es, auf offener Straße tagsüber zu essen oder sich eine Zigarette anzustecken. Wie viele heimlich hinter geschlossenen Vorhängen zum Kühlschrank schleichen, davon kann nur Gott Zeugnis ablegen. Die Alkoholläden haben ihre Türen zugemacht. Kenner haben sich schon mindestens eine Woche vor Ramadan mit Stoff für einen Monat eingedeckt. Ausgeschenkt wird nur noch in Fünf-Sterne-Hotels, und das auch nur nach Vorzeigen eines ausländischen Passes. So kommt es dort gelegentlich zum absurden Widerspruch zwischen Konfession und Nationalität. Dem ägyptischen Christen wird das Bier verwehrt, während der europäische Muslim seines frisch gezapft auf den Tisch gestellt bekommt. So will es das ägyptische Gesetz. Ägypter sollen trocken bleiben und doch sollen auch im Ramadan Touristen zufrieden gestellt werden.
Ähnlich wie Christen zur Weihnachtszeit in Europa zwischen Kaufhof und Christmette, leben auch Muslime im Ramadan im Spannungsfeld zwischen Konsum und Spiritualität. „Esst von den köstlichen Dingen dessen, was Wir euch beschert haben, aber zeigt nicht darin ein Übermaß an Frevel", heißt es im Koran. Gegessen werden soll eigentlich nur zum Iftar und während des Suhur, einer leichten Mahlzeit kurz vor der Morgendämmerung. Die täglich üblichen drei Mahlzeiten sind also in der Fastenzeit um ein Drittel auf nur zwei reduziert.
Doch ausgerechnet im Fastenmonat werden in Ägypten im Vergleich zum Rest des Jahres 40 Prozent mehr Nahrungsmittel konsu-

miert. Zahlreiche fromme Webseiten monieren denn auch, dass die Menschen im Monat der „physischen und seelischen Entgiftung" sogar an Gewicht zunehmen.
Schon lange hat auch die Werbeindustrie den „Markennamen Ramadan" entdeckt. Schließlich ist das eine Marketing-Etikettierung, die Herz und Seele von weltweit über zwei Milliarden potenziellen muslimischen Käufern anspricht. Dabei wird gerne auch mit den alten Symbolen arabischer Gastfreundschaft in der Wüste gespielt. So ist es in den letzten Jahren in Kairo zur Gewohnheit geworden, dass feine Restaurants ihre Fastenbrech-Kundschaft in immer aufwändigere und größere, speziell für den Ramadan aufgebaute Beduinenzelte zu locken suchen. Die Wüste ruft – die Kasse klingelt.
Doch mit der Kasse ist es auch so ein Problem. In den letzten Jahren ist der Ramadan für viele Ägypter zum Alptraum geworden. Die Haushaltskasse ist leer und die Preise steigen. Ramadanköstlichkeiten sind zu teuer, das Ausführen der ganzen Familie können sich nur noch die wenigsten leisten. Für viele Ägypter ist der Ramadan der Monat der persönlich beschämenden Bankrotterklärung vor der eigenen Familie. Da erweist sich der Gang in die Moschee oft als einziges erschwingliches Ausflugsziel.
Denn mit der zunehmenden religiösen Orientierung der Gesellschaft hat sich ein extremer Gegenpol zum Konsum gebildet. Sichtbarster Ausdruck sind die Tarawih-Gebete. Kurz nach dem Aufruf des Muezzins zum Nachtgebet kommen die Gläubigen zu einem mehrstündigen kollektiven Gebet in der Moschee zusammen und sprechen ihre Tarawih-Gebete. Waren es vor wenigen Jahren nur einige wenige 150-prozentige Moscheegänger, die diese Gebete verrichteten, sind es inzwischen Millionen Ägypter, die kurz nach dem Essen jeden Abend in die nächsten Moschee eilen und dort den ganzen restlichen Abend verbringen.
Die Tradition stammt ursprünglich aus Saudi-Arabien, und Tarawih-Gebete sind auch nicht islamisch vorgeschrieben. Sie gelten aber im Ramadan als freiwillige verdienstvolle Handlung, mit der sich Punkte fürs Paradies sammeln lassen und während derer im Laufe des Fastenmonats einmal der gesamte Koran rezitiert wird. Auf dass

es im nächsten Jahr oder wenigstens im nächsten Leben besser werden möge.

Mac Fastenbrech

(Kairo, Ramadan 1995)

„Wie viele Stunden bis zum Iftar?“ In den Köpfen der Kairoer ist das wohl die im Monat Ramadan meistgestellte heimliche Frage. Sie stellt sich immer drängender und öfter, je länger der Tag andauert, begleitet von einem anschwellenden Grummeln im Magen zum Nachmittag hin. Iftar, das ist das allerlösende allabendliche Brechen des Fastens.

Mitunter nehmen derartige Iftars recht eigenartige Formen an, zumal manch einer hofft, mit dem religiösen Brauchtum seinen Umsatz zu steigern. Die neueste Erfindung auf dem Kairoer Markt: „Mac Iftar“ – zu Deutsch „Mac Fastenbrech“. Unschwer lässt sich erraten, welche weltweit bekannte US-amerikanische Fastfood-Kette sich hinter dieser Idee verbirgt. Seit vier Monaten versucht die Firma mit dem gelben M auf rotem Grund nun auch in Kairo ihren Siegeszug über die traditionsbewussten ägyptischen Mägen anzutreten. Und da man eben kulturell etwas eigen ist in den islamischen Ländern, kam die Idee mit dem Mac Fastenbrech auf.

Nicht, dass die Filiale sich zu sehr von ihren Partnern in Berlin, New York oder Moskau unterscheidet. James Dean wandert eingerahmt über den Broadway und blickt verzückt in Richtung der sich rekelnden Madonna auf dem Nachbarbild. Da mag keine so rechte Ramadan-Atmosphäre aufkommen.

Tagsüber kommt nur wenig, meist ausländische, Kundschaft. Aber die meisten ägyptischen US-Fastfood-Fans warten bis zum Iftar. Die Idee für Mac Iftar erweist sich als relativ einfach. Ein „Amr Eddin“ – ein Aprikosensaft –, das traditionelle Iftargetränk im ökologisch wertvollen Cola-Plastikbecher samt Deckel, dazu eine Nudelsuppe, von einer ebenfalls weltbekannten Suppenwürfelfirma, und dann: das Übliche.

„Sie können auswählen“, hilft uns die betont kundenfreundliche Frau an der Kasse und deutet auf die Tafel hinter sich. Auf Arabisch haben wir die Wahl: „Biig Maak Kumbu“ – der große Doppeldecker mit einer Cola und Pommes. Gleiches als paniertes Federvieh, auch „Maak Tschiiken Kumbu“ genannt, und, für die Zahnlosen, den „Maak Naagit Kumbu“. „Nein“, sagt die freundliche Frau an der Kasse, es sei nicht so einfach, den ganzen Tag zu fasten und den Ausländern bei der Nahrungsaufnahme zuzusehen. Zum Iftar kämen nur wenige. Die meisten Ägypter brechen ihr Fasten lieber zu Hause oder bei Bekannten. Sie selber mache sich nichts aus den ganzen Mac-Kombinationen, gibt sie freimütig zu. Orientalisches Essen schmecke eben doch besser.

„Eigentlich“, erzählt der rastlose Jungmanager, wollten sie noch viel mehr Orientalisches zum Ramadan anbieten. Fuul – braune Bohnen –, das ägyptische Nationalgericht, und Falafel – ausgebackene Kirchererbsenbällchen – standen auf der Vorschlagsliste. Das fanden die US-amerikanischen Food Manager wiederum gar nicht zum Lachen und wiesen die erfindungsreichen Ägypter in ihre weltweit standardisierten Fastfood-Grenzen. Übrig blieb der besagte Mac Iftar.

Auch das Iftar für die fastenden Mitarbeiter will organisiert sein. Diesmal hat der inzwischen müde wirkende Jungmanager bei der Konkurrenz eingekauft. Aber nicht etwa bei der traditionell arabischen! Zum Iftar, gibt er offen preis, gibt es heute für die Kollegen Hähnchenteile von Kentucky Fried Chicken.

Mit der Pille durch den Ramadan

(Kairo, Ramadan 1996)

Nachts glitzert und blinkt es in Kairos Straßen. Überall wird bis in den frühen Morgen gefeiert. Die Tische biegen sich unter den Köstlichkeiten. Tagsüber schleppen sich die Menschen mürrisch und mit leeren Mägen für einige Stunden pro forma zur Arbeit. Kurz: Es ist Ramadan, der islamische Fastenmonat.

Dabei nehmen manche Gepflogenheiten mitunter ziemlich absurde Züge an. Mit steigender Religiosität wuchs in den letzten Jahren auch der Eifer, besonders hingebungsvoll zu fasten. Frauen bilden dabei keine Ausnahme – und das, obwohl sie zeitweise aus dem kollektiven Fastenerlebnis ausgeschlossen bleiben. Laut islamischen Regeln sind sie während der Menstruation von ihren religiösen Pflichten, also auch dem Fasten, freigestellt. In den islamischen Quellen werden sie in dieser Zeit als zu „unrein" betrachtet, um ihre religiösen Obliegenheiten angemessen zu erfüllen – ja selbst einen Koran zu berühren. Die Tage, an denen sie im Ramadan nicht fasten, müssen sie allerdings später nachholen.

Ein religiöser Grundsatz, der nach Meinung ägyptischer Ärzte und Psychologen für einige Frauen zu einer Art Menstruationstrauma führt. Das manifestiert sich oft im Umgang mit der Farbe Rot und in der Tatsache, dass manche Frauen sich vor roten Alltäglichkeiten wie etwa Tomaten ekeln.

Auch beim gemeinschaftlichen Fasten und allabendlichen Fastenbrechen fühlen sich einige der gottesfürchtigen Frauen diskriminiert. Anstatt männliche Interpretationen über das Timing religiöser Pflichten anzuzweifeln, sucht so manche Hilfe bei der Pharmaindustrie. Um es den Männern im einmonatigen Fasten gleichzutun, kamen sie auf Idee mit der Pille. Denn ein, zwei Monate ohne Unterbrechung geschluckt, führt das zur hormonellen Gleichschaltung: Die Periode verschiebt sich auf die Zeit nach dem Ramadan, und damit heißt es: Gleiche religiöse Pflichten für alle. Niemand kann mehr als unfit oder gar unrein betrachtet werden.

„Ich kann nicht drei bis fünf Tage des Fastens verpassen. Das sind 30 einzigartige und heilige Tage im Jahr, an denen ich den Koran lese und bete. Die Pille ist für mich eine große Errungenschaft", erläutert eine Frau gegenüber einer ägyptischen Zeitung freimütig. Andere Frauen sehen darin gar eine Methode, auf medizinische Weise endlich zur religiösen Gleichberechtigung zu gelangen. „Ich arbeite und ich faste den ganzen Ramadan und möchte auf allen Ebenen gleich behandelt werden wie die Männer“, erklärt eine andere Ägypterin selbstbewusst.

Die männlichen Professoren des Fatwa-Komitees der islamischen Al-Azhar-Universität, wie Abdel Motagalli Khalifa, segnen den neuen Trend ab. Antibabypillen seien halal – islamisch erlaubt –, sagt er, solange sich hinter ihrer Einnahme eine gute Absicht verberge. Zumindest da haben die Scheichs dem Papst einiges voraus. Nur einige ägyptische Gynäkologen wollen da nicht mitziehen und warnen vor Gesundheitsschäden.

Eine Erfahrung, die auch eine gute Kairoer Freundin gemacht hat. Letztes Jahr während des Ramadan habe sie unbedingt den Koran rezitieren müssen, um ein Unglück von ihrer Familie abzuwenden, erzählte sie mir. Dazu habe sie auch zu der unkonventionellen Pillenmethode gegriffen. Sie würde es allerdings nie wieder tun. Als sie mit ihren zwei Packungen durch war, hatte sie zwar das Unglück verhindert, dafür aber massive gesundheitliche Probleme in den unheiligen Monaten nach Ramadan.

Streit um die Tische der Gnade

(Kairo, Ramadan 1997)

Während des Ramadan schlägt jeden Tag kurz nach Sonnenuntergang in Kairo die Stunde der Armen: Dann versammeln sich die Habenichtse der Stadt vor einer der zahlreichen Moscheen zum Essenfassen. Damit sich die unteren Millionen wenigstens einen Monat lang von anderen Nahrungsmitteln als braunen Bohnen, Zwiebeln und Brot ernähren können, haben viele islamische Bethäuser eine Armenspeisung eingerichtet. Jedes Jahr lässt sich so an den Tischreihen, die dort auf offener Straße unter freiem Himmel aufgebaut werden, die wachsende Verarmung der Stadt atmosphärisch messen.

In den letzten Jahren haben die von den Moscheen eingerichteten „Tische der Gnade“ allerdings Konkurrenz bekommen. Zu einer Mahlzeit bitten nun immer mehr reiche Geschäftsleute, Politiker, Schauspieler und andere wohl situierte Bürger des Landes. Bisher zum Vorteil der Konsumenten, wetteifern die prominenten Reichen des Landes um die Anzahl der abzuspeisenden Armen. Den Rekord hält eine Gruppe von Geschäftsleuten, die an ihrem Tisch direkt vor dem Kairoer Schützenklub täglich 1500 Esser versorgt.

Der Drang der High Society, im heiligen Monat Gutes zu tun, lässt diese mitunter zu ungewöhnlicher Form auflaufen. Ungeahnte Dienstleistungen werden den Mittellosen zuteil. So hat sich dieses Jahr sogar eine Art Lieferservice für jene Schwachen und Alten eingebürgert, die es nicht aus eigener Kraft bis zur nächsten öffentlichen Gnadentafel schaffen. Schätzungen gehen davon aus, dass inzwischen bis zu 10 000 dieser gütigen Tische landesweit pro Ramadan bis zu sechs Millionen Menschen speisen.

Das Ganze würde zum Wohle aller gereichen. Das Gewissen der Reichen wäre ebenso befriedigt wie die Mägen der Armen – wären da nicht einige konservative Scheichs, denen nicht alle Tafeln genehm beziehungsweise bestimmte Gönner ein Dorn im Auge sind. Im Kern der Überlegungen stand diese Frage: Darf man das von einer Bauchtänzerin gestiftete Essen unbedenklich zu sich nehmen? Der Präsident der Al-Azhar-Universität, Omar Haschem, hat jetzt dazu ein klares Nein geäußert. Muslime sollten das Essen, das ihnen von Bauchtänzerinnen gestiftet wird, ablehnen, ließ der Chef der Islamischen Universität verlauten. Auch die Kost jener, die durch Zinsgeschäfte und Drogenhandel reich geworden sind, müsse in Zukunft verschmäht werden.

Welche Tragik für die Armen, zählt doch gerade der Tisch der bekanntesten ägyptischen Bauchtänzerin, Fifi Abdou, zu den reichhaltigsten. Die 45-Jährige hat sich in den letzten Jahren nicht nur durch ihre akrobatische Bauchgymnastik, sondern auch durch einen hochqualitativen „Gnadentisch" einen guten Namen gemacht. Bis zu einem Viertel eines Lehrergehaltes soll sie pro Mahlzeit mitunter aufbringen.

Mit der Ächtung der freiwilligen Gaben an die Armen

könnten in Zukunft vielleicht auch die offiziellen Abgaben an den Staat in Verruf geraten, falls die Scheichs in Zukunft die Steuern der Bauchtänzerinnen als „haram“ – islamisch: tabu – erklären. Nach einem Bericht des arabischen Magazins *Al-Wasat* zahlen die zwölf Top-Bauchtänzerinnen des Landes jährlich 400 Millionen Pfund an den ägyptischen Fiskus. Damit steht ihre von den Scheichs angegriffene Branche an sechster Stelle der steuerzahlenden Berufszweige. Das und der Hunger der Armen dürften garantieren, dass die konservativen Scheichs mit der Tabuisierung von Bauchtanzeinkünften wohl diesmal den Kürzeren ziehen werden.

Viagra-Datteln zum Ramadan

(Kairo, Ramadan 2002)

Als der alte nubische Pförtner Mukhtar gerade noch zwei Zähne übrig hatte, bekam er ein neues, strahlend weißes Gebiss. Doch gestern Morgen grinste er die Bewohner seines Kairoer Gebäudes wieder mit dem eingefallenen und leeren Mund an. „Ramadan Karim“ und „Kul Sana wa inta Tayyeb“ – „Der Ramadan ist großzügig und es soll dir das ganze Jahr über gut gehen“, murmelt er die Begrüßungsformel des Ramadan. Seine neuen künstlichen Zähne, sagt er, habe er herausgenommen. Schließlich brauche er sie beim Fasten bis zur Abenddämmerung nicht.

Ganz Kairo hat sich schon seit Tagen auf die bevorstehenden Festlichkeiten vorbereitet. Die Verkehrspolizei hat einen besonderen Krisenstab für die berüchtigten Ramadan-Verkehrsstaus eingerichtet. Die größte private Mobilnetzfirma hat in allen Zeitungen große Anzeigen geschaltet, dass ihre Mitarbeiter während des heiligen Monats nur von 10.30 bis 14.30 Uhr zur Verfügung stehen. Ramadan Karim – der Ramadan ist großzügig.

In den engen Gassen leuchten von Kindern aufgehängte Ramadan-Laternen in allen Formen und Farben. Besonderer

Hit dieses Jahr ist die tanzende Laterne, die im Takt der neuesten ägyptischen Schlager mitschwingt. Die Läden sind voll mit Nüssen und getrockneten Früchten. Überall riecht es nach frischem, speziellem Ramadan-Gebäck, für die Zeit, wenn bei Sonnenuntergang das Iftar, also das Fastenbrechen, ansteht.

Doch die Stimmung in der ägyptischen 18-Millionen-Stadt ist dieses Jahr ein wenig gedrückt. Nicht etwa, weil möglicherweise ein Krieg im Irak vor der Tür steht. Bagdad ist weit, der eigene grummelnde Magen meldet sich dagegen unmittelbar. Das Gedeck der Iftar-Tische in der Abenddämmerung wird dieses Mal wohl ein wenig magerer als sonst ausfallen. Der Grund: Die Preise für allerlei Zutaten zum Ramadan-Essen haben in Ägypten enorm angezogen. „Selbst Zucker können wir uns nicht mehr in großen Mengen leisten", beklagt sich eine Kairoer Hausfrau. Zusammen mit Mehl ist der Preis für Zucker im Schnitt zum Vorjahr um 10 bis 15 Prozent gestiegen. Das Hauptproblem ist allerdings das Yameesch, die Mischung getrockneter Früchte – für jeden Ramadan unabdingbar –, hatte doch schon der Prophet Muhammad sein Fasten mit diesen Früchten gebrochen.

Seien es getrocknete Aprikosen, Pflaumen oder Rosinen – bis zu 300 Prozent mehr kosten diese Produkte im Vergleich zum Vorjahr. Es dem Propheten nachzutun, ist zum Luxus geworden. Der Grund: All diese Früchte sind importiert, und das Pfund, die ägyptische Währung, ist immer weniger wert. Wohlweislich haben die Yameesch-Importeure ihre Einfuhren dieses Jahr fast um die Hälfte eingeschränkt.

Die Verzweiflung kennt in manchen Fällen keine Grenzen. Die Feuerwehr wurde diese Woche zu einem Wohnungsbrand gerufen, um nach dem Löschen des Feuers festzustellen, dass der Brand von der Mieterin selbst gelegt worden war. Die Hausfrau wollte damit dagegen protestieren, dass ihr Ehemann dieses Jahr kein Yameesch nach Hause gebracht hatte. Geschätzter Schaden: ca. 6000 Euro oder umgerechnet zwei Tonnen getrocknete Aprikosen.

Unterdessen versuchen die Händler auf dem Dattelmarkt unter einer der Nilbrücken der Stadt mit lautem Rufen ein paar Käufer zu finden. Jedes Jahr wechseln die Namen ihrer Produkte. Dieses Jahr läuft die teuerste Sorte unter dem Markennamen „Viagra-Dattel“. Gleich danach rangiert „Leila Alawi“ auf Rang zwei, benannt nach einer bekannten drallen ägyptischen Schauspielerin, die auch als Sex-Symbol angesehen wird. Gleich daneben findet sich der schrumpelige Ausschuss als „Bush“ oder „Scharon“ im Angebot.

Ein Kilo Viagra-Datteln kostet allerdings gut zehn Prozent eines durchschnittlichen Monatsgehaltes. Der nubische Pförtner Mukhtar wird sich also mit seinem neuen Gebiss höchstwahrscheinlich mit einem trockenen US-Präsidenten oder israelischen Premierminister abmühen müssen. Es sei denn, einen der reicheren Hausbewohner packt die Gnade des Ramadan und er bringt Mukhtar doch ein paar saftige braune Viagras mit.

Spüli-Laternen erhellen die drei Phasen der Fastenzeit

(Kairo, Ramadan 2006)

Fast drei Viertel des islamischen Fastenmonats sind um. Der Ramadan sollte eigentlich ein besinnlicher Monat sein, ähnlich der Weihnachtszeit. Aber im Morgen- wie im Abendland sind es doch menschliche Kreaturen, die die göttliche Bestimmung der spirituellen Zeit auf ihre eigene Art auslegen. Hier wie dort steht die Werbewirtschaft an vorderster heiliger Front. Höhepunkt in Kairo ist dieses Jahr die Pril-Flasche in Form einer Ramadanlaterne, zu haben im Sechserpack, damit es auch den ganzen Monat reicht.

Der Ramadan durchläuft drei sehr verschiedene Phasen, berichten Buchhändler einem Journalisten, der wissen will, welche Literatur gut geht: In der spirituellen Phase der ersten Woche, der Zeit des Gebets und des In-sich-Gehens, werden religiöse Werke verschlungen. In der zweiwöchigen Phase des leiblichen Wohls sind die Bestseller Kochbücher, die Inspirationen für orientalische Köstlichkeiten zum abendlichen Fastenbrechen liefern. In der dritten Phase der Panik wird die Rechnung präsentiert. Gefragt sind Bücher mit spartanischen Diäten, die dem Übergewicht zu Leibe rücken sollen. Rein statistisch konsumieren die Ägypter im Fastenmonat fast doppelt so viel wie in den restlichen Monaten des Jahres. Nach dem Motto: tagsüber nichts, aber abends eine reich gedeckte Tafel.

Die islamischen Rechtsgelehrten wenden sich ihrerseits den für die Fastenzeit relevanteren Fragen zu. Etwa der folgenden Fatwa-Diskussion: Gehört nebst Essen, Trinken und Sex auch das Rauchen zu den Dingen, die von Sonnenauf- bis -untergang tabu sind? Millionen schlecht gelaunter, enthaltsamer muslimischer Raucher würden einiges drum geben, wenn der blaue Dunst in Zukunft nicht mehr ins Fastenprogramm einbezogen würde. Ausgerechnet Gamal Al-Banna, Neffe des Gründers der Muslimbrüder, warf in den Medien diese heikle Frage auf. Zwar heiße es im ägyptischen Dialekt nicht „man raucht eine Zigarette", sondern „man trinkt eine Zigarette", doch das allein könne nicht für ein Rauchverbot ausreichen. Es gebe keinen heiligen Text, der das Rauchen explizit untersage. Kein Wunder: Zu Zeiten des Propheten vor fast 1400 Jahren gab es zwar Kamele, aber noch nicht in Zigarettenpäckchen. Der Rauch sei nur heiße Luft mit Zusätzen, meint Al-Banna, und wenn die Gläubigen Staub einatmen oder versehentlich eine Fliege verschluckten, hätten sie damit sicher nicht ihr Fasten gebrochen. Zudem seien sich die Rechtsgelehrten einig, dass Gerüche, die das Hirn erreichen, auch im Ramadan nichts Verderbliches seien. Und was sei das Rauchen schließlich anderes?

Natürlich blieb diese gewagte Interpretation nicht unwidersprochen. Das Rauchen sei eindeutig ein Verlangen und müsse daher beim Fasten unterbunden werden, hält Ahmed Taha Rayan, Ex-Dekan der islamischen Al-Azhar-Universität, rigoros dagegen. Nebenbei bemerkt dürfen die Fatwa-Kontrahenten davon freigesprochen werden, im Eigeninteresse zu debattieren. Der Verteidiger der heißen Luft, Al-Banna, ist Nichtraucher, während Ex-Dekan Rayan als Kettenraucher weiß, wovon er spricht, wenn er dem zügellosen Verlangen zumindest bei Tageslicht Einhalt gebieten will.

Tagsüber fasten, abends fernsehen

(Kairo, Ramadan 2007)

Es ist eine Vergewaltigungsszene, die im diesjährigen Ramadan in der arabischen Welt für Gesprächsstoff sorgt. In der Ramadan-Fernsehserie „Qadiyat Ra'i A'am – eine öffentliche Angelegenheit – es geht alle an" wird die Universitätsprofessorin Abla Abdel Rahman, die mit zwei Frauen auf dem Weg von der Arbeit nach Hause ist, entführt und vergewaltigt. Gespielt von der ägyptischen Filmdiva Yousra, ist Abla Abdel Rahman die einzige der drei Frauen, die das Verbrechen anzeigt. Die weiteren Folgen beschäftigen sich damit, wie die Vergewaltigungsopfer auf eine Mauer aus Scham stoßen. Von ihren Familien bis hin zu den Behörden, die den Fall aufklären sollen, werden sie wie Aussätzige behandelt.

Im Ramadan wird nicht nur gefastet, es ist auch der Monat, in dem die gesamte arabische Welt vor dem Fernseher sitzt. Tagsüber macht es das Fasten leichter, nachts wird vor der Mattscheibe verdaut. Jedes Jahr wetteifern aufwändige, eigens für den Ramadan produzierte und täglich ausgestrahlte „Musalsalat", arabische Telenovelas, um die Gunst der Zuschauer. Filmemacher und Fernsehstationen wissen, dass sie diesen Kampf nur für sich entscheiden können, wenn sie gesellschaftlich und politisch kontroverse „heiße Eisen" aufgreifen. Über fünfzig Serien loten in diesem Ramadan die gesellschaftlichen und politischen Grenzen aus. Ob Vergewaltigung, Terror und Islam, politische Satiren oder so sensible Themen wie die Vererbung der Herrschermacht vom Vater zum Sohn – die Serien machen vor keinem gesellschaftlichen und politischen Tabu Halt.

Das löst Kontroversen aus, die nicht nur vor und nach jeder Folge in den Medien ausgetragen, sondern zum Teil noch Monate nach Ende des Ramadan und der Ausstrahlung der letzten Folge diskutiert werden. Und auch im Falle der realistisch nachgestellten Vergewaltigungsszene, bei der sich die Schauspielerin Yousra laut Medienberichten tatsächlich verletzt haben soll, blieb die Reaktion nicht aus. In der Presse wird darüber debattiert, ob eine gewalttätige Sexszene dem spirituellen Geist des Ramadan entspricht. „Die Vergewaltigungsszene ruiniert den Ruf Ägyptens und vertreibt Touristen", lautet der Einwand von Ahlam Hanafi, Mitglied des halbstaatlichen ägyptischen „Rates für Kinder- und Frauenrechte". Es sei natürlich, dass die Zuschauer von dem Thema aufgewühlt seien, entgegnet der ägyptische Filmkritiker Tarek El-Schenawy. „Aber auch das amerikanische Kino greift schließlich immer wieder Themen wie Korruption, Drogenmissbrauch und Vergewaltigung auf, ohne dem Tourismus oder dem Image der USA zu schaden", kontert er.

„Bisher begegnet die arabische Gesellschaft dem Verbrechen der Vergewaltigung mit der Vogel-Strauß-Technik – Kopf in den Sand", schreibt die Wochenzeitung *Al-Ahram Weekly* dazu. „Unsere Gesellschaft verwandelt Vergewaltigungsopfer in Prostituierte", erklärt auch Yousra, die Hauptdarstellerin, in zahlreichen Interviews: „Es ist immer die Schuld der Frau, entweder wegen der Art, wie sie angezogen ist, oder weil sie zu spät unterwegs war." Die ägyptische Psychologin Abier Al-Barbary ist voll des Lobes für den Eisbrecher-Effekt der Serie: „Yousra wird als Idol für viele arabische Frauen mit dieser Serie die gesellschaftliche Mauer des Schweigens zum Thema Gewalt gegen Frauen einreißen", hofft sie.

Vielleicht noch klassischer für den arabischen Umgang mit Vergewaltigungsopfern ist die zweite Hauptdarstellerin, die junge Assistenzärztin Hanan, die aus dem ländlichen Oberägypten stammt. Ihre Familie zwingt sie dazu, den ganzen Fall zu verschweigen – aus Angst, ihre Ehre zu verlieren. Ihr Bruder fasst das mit einem „es wäre besser gewesen, sie hätten dich umgebracht“ zusammen. Und auch der Vater resigniert vor dem gesellschaftlichen Ehrbegriff und zitiert ein ägyptisches Sprichwort: „Wenn das Huhn zum Schlachten festgehalten wird, kann es nichts mehr machen.“

Manchmal bringen die Ramadan-Telenovelas gesellschaftliche Verschlusssachen in die öffentliche Diskussion. In anderen Fällen passen sie auffällig gut, um das Volk auf potenzielle Pläne der arabischen Regime vorzubereiten. Die dieses Jahr wohl beliebteste Ramadan-Serie Ägyptens, „König Faruq“, erzählt die Lebensgeschichte des letzten Königs am Nil, der 1952 von den freien Offizieren unter Führung des ersten ägyptischen Präsidenten Gamal Abdel Nasser gestürzt wurde. Bisher war Faruq in der offiziellen republikanischen ägyptischen Geschichtsschreibung immer als fett, dumm und dekadent porträtiert worden. Die Serie zeichnet erstmals ein menschliches und sympathisches Bild von Ägyptens Monarchie. Kein Zufall, glaubt der ägyptische Internetblogger Wael Abbas. „Manchmal werden die Serien produziert, um die öffentliche Meinung zu einem Thema auszuloten“, sagt er. „Das heutige Ägypten erlebt gerade eine Phase, in der die Vererbung der Macht ein durchaus wahrscheinliches Szenario ist, ganz wie zu Zeiten der Monarchie.“ Tatsächlich wird seit Monaten in Kairo heftig darüber debattiert, ob der 79-jährige ägyptische Präsident Hosni Mubarak versuchen wird, sein Amt an seinen Sohn Gamal zu vererben. Damit wäre Ägypten nach Syrien, in dem Baschar Al-Assad seinem Vater Hafiz Al-Assad gefolgt ist, die zweite arabische Republik, die eine präsidiale Familienthronfolge einführt. Nach der Assad- könnte die Mubarak-Dynastie vor der Tür stehen. Da sollte wohl eine royal wohlwollende Serie zur Primetime schon mal den Boden bereiten.

Doch es gibt auch Fälle, in denen die arabischen Autoritäten allzu kontroverse Serien ausbremsen. So geschehen dieses Jahr mit der 30 Folgen umfassenden kuwaitischen Produktion „Sünden haben ihren Preis“. Dort sollte eigentlich so manche heuchlerische Doppelmoral der Gesellschaften am Arabischen Golf, besonders in Kuwait, aufgegriffen werden. Eines der Themen war die in der schiitischen Religion institutionalisierte kontroverse Heiratsform der „Muta'a". Eine Art „Ehe auf Zeit", erlaubt sie dem Paar, für nur einige Stunden bis hin zu einigen Jahren, aber auf jeden Fall begrenzt, den Bund zu schließen. Eine ganze Litanei von Beschwerden kuwaitischer Geistlicher und Parlamentsabgeordneter führte dazu, dass der in Dubai ansässige Satellitensender MBC die Serie nur drei Tage vor Beginn aus dem Programm nahm. „Sie porträtieren unsere Mädchen als Prostituierte", lautete etwa der Vorwurf von Abdul Wahid Khalfan von der „Schiitischen Allianz für Gerechtigkeit und Frieden". Andere warfen ein, dass die Serie zu Zeiten der gegenwärtigen sunnitisch-schiitischen Spannungen noch mehr Öl ins Feuer gieße. „In der Serie geht es um Menschen, die die Religion falsch interpretieren. Es geht nicht um die Institution der Muta'a-Ehe als solche, sondern darum, wie sie ausgenutzt wird", hieß es in einer Erklärung des Senders. Dann verschwand „Sünden haben ihren Preis" in der Versenkung.

Im Irak wollen die Fernsehzuschauer alles andere als Reality-TV. Offensichtlich haben sie genug von den mörderischen sunnitisch-schiitischen Spannungen, die sie jeden Tag auf der Straße erleben. In Bagdad sind Ramadan-Komödien hoch im Kurs, oder besser gesagt politische Satiren. „Anba Al-Watan–Nachrichten aus der Heimat" lautet der Titel von Iraks beliebtester Serie. Die Hauptperson ist der Präsident eines nicht namentlich genannten arabischen Landes, das dem Irak so ähnelt wie der Held dem irakischen Präsidenten Dschalal Talabani. Der Staatschef, bewacht von kokettierenden weiblichen Bodyguards, erlässt ein blödsinniges Dekret nach dem anderen, etwa die Order, dass die Iraker nun Visa benötigen, um ihre Angehörigen ein paar Häuser weiter zu besuchen. Das ist der Realität näher, als es zunächst aussieht. Tatsächlich werden neuerdings schiitische und sunnitische Viertel in Bagdad aus Sicherheitsgründen mit hohen Betonwällen getrennt. Alle, ob Sunniten, Schiiten oder Kurden, bekommen in der Serie gleichermaßen ihr Fett ab. Übrigens wurde der ausstrahlende Sender Al-Scharkija bereits letzten Januar im Irak verboten, nicht zuletzt wegen seines respektlosen Umgangs mit irakischen Autoritäten. Er sendet seitdem per Satellit aus Dubai. Das staatliche irakische Fernsehen hingegen meidet Unterhaltung und besinnt sich auf die eigentlichen Grundsätze des Ramadan. Im Programm: ein tägliches Interview mit einem Arzt über gesundheitliche Vorzüge des Fastens.

Islamische Sinndeutungen

Die Zerreißprobe: Westlicher Minirock oder züchtiger Abaya-Umhang

Das Stadtbild Kairos hat sich in den letzten Jahren stark verändert. Immer weniger sieht man Frauen, die ihr Haar auf der Straße offen tragen, immer häufiger die verschiedenen Formen von Kopftüchern. Selbst die extremste Form der Verhüllung, der Niqab, der Gesicht-Vollschleier, ist immer öfter zu sehen. Früher verbargen fast ausschließlich Frauen in Saudi-Arabien und am Golf ihr Antlitz so radikal. Inzwischen hat die Wüstenkultur der erzkonservativen saudischen Wahabiten auch die weltoffenen urbanen Zentren der arabischen Welt erreicht. Dank Petrodollars, Hunderttausender aus den Golfstaaten zurückgekehrter ägyptischer Arbeiter und Religionstourismus zu den heiligen Stätten in Mekka und Medina: Die westliche Kulturdominanz hat mit der Öl- und Wahabiten-Kultur einen ernsthaften Konkurrenten bekommen. Das führt in den arabischen Gesellschaften zu einer bisher noch nie da gewesenen Zerrissenheit. Die Ägypterinnen müssen sich heute zwischen zwei gegenläufigen dominanten kulturellen Einflüssen entscheiden: dem westlichen Minirock oder der züchtigen saudischen Abaya. Das Zurschaustellen von religiösen Symbolen wird als Rückbesinnung auf die eigenen Werte empfunden. Es gibt auch immer mehr Männer mit Prophetenbart und dreiviertellangen Hosen nach Art Muhammads. Die Zabibas, jene braunen Flecken auf der Stirn, entstanden durch vielfaches Pressen der Stirn auf den Gebetsteppich, werden größer. Das Bedürfnis, öffentlich Zeugnis von der eigenen Frömmigkeit abzulegen, kennt kaum Grenzen

Das gilt auch für meine eigene ägyptische Familie. Meine Tanten sind bis heute ohne Kopftuch und säkular geblieben und erinnern sich an die Zeiten, als sie in den 60er Jahren mit Miniröcken und tiefen Ausschnitten in Alexandria auf Partys gingen, während sich die Onkels gerne den einen oder anderen Whisky, Marke Black

Label, genehmigten. In der nächsten Generation hat eine kleine islamische Familienrevolution stattgefunden. Die Hälfte meiner Cousinen trägt ein Kopftuch, eine weigert sich gar, mir vor lauter islamischer Keuschheit die Hand zu schütteln. Einer meiner Cousins pflegt in allen Lebenslagen einen Scheich um Rat zu fragen, wie er sich islamisch-korrekt verhält. Die Eltern dieser geläuterten Kinder haben dem wenig entgegenzusetzen. Meine Tanten, von denen auch später noch einmal die Rede sein wird, haben Angst, von ihren Söhnen und Töchtern als unislamisch gebrandmarkt zu werden.

Die arabische Zerreißprobe hat viele Gesichter. Da brechen westlicher Konsum, Mega-Shopping-Malls, weltweites Satellitenfernsehen und eigene arabische MTV-Stationen mit leicht bekleideten Sängerinnen über jene herein, die meist mit leeren Taschen vor den Schaufenstern stehen und nicht genug Geld zusammenbringen, um endlich heiraten zu können. Und neben der kulturellen herrscht eine politische und militärische westliche Dominanz, der man glaubt wenig entgegensetzen zu können – außer der eigenen Religion. Wenigstens moralisch will man der bessere Mensch sein. Nach dem Motto: Der Westen hat alles, Technologie, Wissenschaft und stärkere Armeen, wir aber haben Gott und seinen Propheten.

Derweil ist es alles andere als einfach, die eigene spirituelle Identität zu finden und tatsächlich zu leben. Also greifen viele zum „Instant-Islam" – einmal umrühren und fertig. Äußerlichkeiten werden zum Zentrum der eignen Religiosität. Ich beginne ein Kopftuch zu tragen, also bin ich mit einem Handgriff eine gute Muslima. Der Prophetenbart macht mich zwar nicht über Nacht, aber binnen weniger Haarwuchswochen zum guten Muslim. So werden schnell ein Zugehörigkeitsgefühl und eine Identität geschaffen, mit denen es einfacher scheint, der ungerechten Welt entgegenzutreten.

Komplizierter wird es da schon in der Politik. Islamisten, die Staat und Religion nicht voneinander trennen wollen, gibt es schon seit den 20er Jahren des 20. Jahrhunderts, als die ägyptischen Muslimbrüder mit ihrem Slogan „Islam ist die Lösung" antraten. Doch ihre große Stunde schlug erst nach der arabischen Niederlage im 67er-Krieg. In nur sechs Tagen hatte die israelische Armee jedes

Gefühl arabischer Größe zerstört. Statt im arabischen Nationalismus suchten viele im Islam ihr neues politisches Heil. Aber wie ein idealer islamischer Staat eigentlich auszusehen hat, ist ein weites Feld für Interpretationen. Nach der Machtübernahme Imam Khomeinis und der Gründung der Islamischen Republik 1979 entspannte sich im iranischen Parlament mit ausschließlich islamischen Parteien eine Debatte über die Landreform. Der marktorientierte Flügel im Parlament argumentierte, dass im Koran und in der Überlieferung des Propheten Privateigentum eindeutig abgesegnet sei. Der eher „linke" Flügel setzte dem entgegen, dass alles Land im Besitz Gottes sei und dass die Umma, die islamische Gemeinde – sprich der islamische Staat – den Vertreter Gottes auf Erden darstelle. Ergo: Das Land sollte verstaatlicht werden. Mit dem Referenzsystem Islam lassen sich also politisch so ziemlich alle Positionen durchargumentieren und rechtfertigen.
Das ist ein ähnlich wildes Gemisch wie in Europa, wo unter dem Oberbegriff „Der Islam ist schuld" völlig unterschiedliche Probleme debattiert werden. Sei es die Frage von Migration und Integration, Sicherheit und Terrorismus, Ehrenmorden oder Frauenbeschneidung, stets wird im Islam der Grund des Übels gesehen. Westliche Islamhasser und arabische heilige Krieger, der Kulturkampf zwischen Orient und Okzident, findet auf jeder Seite seine Entsprechung.

Hilfe, meine Tante ist Terroristin

Meine gutbürgerlichen, zutiefst apolitischen Kairoer Tanten waren für mich stets ein wichtiges arabisches Stimmungsbarometer. Während eine von ihnen zwei Jahre nach den Attentaten vom 11. September gestand, sie bete mehrmals am Tag dafür, dass den US-Präsidenten der Schlag trifft, outete sich die andere mit dem Satz, dass sie sich am liebsten selbst einen Sprengstoffgürtel umschnallen wolle.
Derweil hatten beide Tanten einen Großteil ihres Lebens damit zugebracht, alles Westliche anzubeten. Sprichwörtlich ist in der Familie ihre Reise nach Amerika in den 90er Jahren, von der die Tanten mit

leuchtenden Augen und schwer bepackt auf dem Kairoer Flughafen ankamen. Sie hatten so viel Gepäck vom Shopping im fernen Land zurückgebracht, dass einer meiner Onkel spontan vor dem Flughafen einen Kleinlaster engagierte. Zu Hause angekommen, schwärmten die Tanten vom verlockenden „American Way of Life".

Ein anderes Politbarometer: der Dattelmarkt in Kairo. Hier, mitten im Gewühl unter einer Nilbrücke im Norden der Stadt, zwischen Säcken voller brauner Früchte und Scharen eifriger Käufer, werden jedes Jahr im September zum Beginn der Dattelsaison die beliebtesten arabischen Persönlichkeiten auserkoren. Entscheidend ist hierbei die stets wechselnde Namengebung für die braunen Früchte. Kurz nach den Anschlägen des 11. September war der größten, süßlichsten und teuersten Dattelsorte stolz der Name „Bin Laden" verliehen worden. Das krasse Gegenteil zu jener vertrockneten mickrigen Ausschussware, die damals der weniger kaufkräftigen Kundschaft unter dem Namen „George Bush" angeboten wurde.

Fünf Dattelernten später, kurz nach dem Libanonkrieg, trug das am kläglichsten aussehende Früchtchen immer noch den Namen des US-Präsidenten, während sich die Königin der Datteln, erst vor kurzem von den edelsten Palmen im Osten der südägyptischen Stadt Assuan gepflückt, mit dem Namen des Hisbollah-Chefs Hassan Nasrallah schmückte.

Das Ibn-Khaldun-Zentrum des prominenten ägyptischen Soziologen Saad Eddin Ibrahim kam etwa zur gleichen Zeit auf der etwas wissenschaftlicheren Basis einer Meinungsumfrage zum gleichen Ergebnis. Nasrallah rangierte für die Ägypter als „wichtigster regionaler Politiker" mit Abstand auf Platz eins – nach dem iranischen Präsidenten Ahmadinedschad, dem Hamas-Chef Khaled Maschaal, Bin Laden und dem Chef der ägyptischen Muslimbrüder Mahdi Akef. Der ägyptische Präsident Hosni Mubarak lag abgeschlagen auf Rang 18.

Eine Auflistung, wohl kaum nach westlichem Geschmack, die auch zeigte, wie sehr die arabische öffentliche Meinung ihre Hoffnung auf eine friedliche Lösung der Konflikte der Region verloren hat. Wer auf Konfrontationskurs geht, steigt in der Beliebtheitsskala. „Islamistische Organisationen sind aus einem einzigen Grund in diesem Teil

der Welt populär geworden, sie leisten Widerstand", schlussfolgert der liberale ägyptische Kolumnist Salama Ahmad Salama.
Der Weg des Niedergangs des amerikanischen Images hat eine klare Kontur. Er verläuft von Afghanistan über den Irak bis zum Libanon. Abdel Monem Said, vom Al-Ahram-Zentrum für Strategische Studien in Kairo, spricht von den „drei offenen Wunden", die die vermeintlich übermächtige amerikanische bzw. israelische Kriegsmaschinerie in der Region aufgerissen hat und die sich nicht mehr schließen lassen. Der Fehler war stets der gleiche: Die Machtverhältnisse in der Region sollten militärisch verändert werden. So war es bei den Taliban, bei Saddam Hussein und der Hisbollah – doch in keinem Fall wurde mit militärischen Mitteln eine stabile Neuordnung der Region geschaffen.
Während im Westen der Antiterrorkampf propagiert wird, werden in der arabischen Welt spätestens seit dem Libanon- und Irakkrieg die Erfolge einer asymmetrischen Kriegsführung gefeiert. Jiu-jitsu-Politik wird diese Methode inzwischen auch genannt, nach der asiatischen Kampfsportart, in der die Kraft des Gegners gegen ihn selbst angewandt wird. Die USA bekommen den Irak nicht unter Kontrolle, wenngleich zum Preis der irakischen Selbstzerfleischung. Afghanistan entwickelt sich mehr und mehr zum Albtraum der dort stationierten ausländischen Truppen. „Terror" und „Widerstand" und eine Guerillakriegführung verschmelzen aus arabischer Perspektive zu einem Erfolgsrezept, sich nicht alles gefallen lassen zu müssen. Über die Mittel wird in der arabischen Welt nur wenig debattiert: Der Zweck heiligt die Kämpfer.
Dabei ist das arabische Verhältnis zum Westen immer ein ambivalentes geblieben. Ein paar Dutzend Araber sind, ihrer eigenen radikalen Ansicht nach, durch die Selbstmordanschläge des 11. September zu Märtyrern geworden und haben damit vermeintlich den Weg ins himmlische Paradies gefunden. Doch gleichzeitig stehen jeden Tag in den arabischen Hauptstädten Tausende von Arabern Schlange vor den Konsulaten westlicher Staaten, um eines der begehrten Visa als Eintrittskarte ins vermeintlich irdische Paradies zu ergattern. Was könnte die arabischen Widersprüche gegenüber dem Westen mehr verdeutlichen?

Gerne sprechen westliche Politiker von den westlichen Werten, die den radikalen Islamisten ein Dorn im Auge seien. In Wirklichkeit geht es aus arabischer Sicht vielmehr darum, was der Westen oder genauer gesagt die USA der Region antun.
Dazu kommt der arabische Ärger über westliche Parteinahme im angespannten Verhältnis der Araber zu ihren eigenen Herrschern. Keine einzige arabische Regierung ist tatsächlich demokratisch gewählt, kein einziger arabischer Herrscher kann ernsthaft zur Rechenschaft gezogen und abgewählt werden. Ein arabischer Bürger oder Untertan hat bei den großen Entscheidungsprozessen, die sein Land betreffen, nichts mitzubestimmen. Ganz anders als die US-Regierung, mit deren Willen und Einverständnis so manches arabische Regime steht und fällt. Und immer ist der Deal der gleiche: Das arabische Regime sorgt wahlweise für billiges Öl, dezente Beziehungen zu Israel und Stabilität, der Westen sichert im Gegenzug das Überleben des Regimes.
Es sind also konkrete politische Erfahrungen, die zum arabischen Zwiespalt gegenüber dem Westen führen. Es ist das Gefühl, immer auf der Verliererseite zu stehen, sei es im Palästinakonflikt, im Irak oder im Libanon. Wenn es einen kollektiven arabischen Gemütszustand gibt, dann den, stets den Kürzeren zu ziehen. Die Lage explodiert immer zuverlässig dann, wenn sich die arabische Seite im neu gefundenen Kern ihrer Identität angegriffen fühlt, in ihrer Religion – so geschehen im dänischen Karikaturenstreit. Nach dem Motto, sie haben uns alles genommen und jetzt greifen sie auch noch unseren Propheten an.

Die Stunde der Kulturkrieger

(Kairo, den 9. Februar 2006)

Meine Nachbarin Umm Rami hat gestern ein Schild an die Eingangspforte unseres Wohnhauses in Kairo gehängt. Es fordert alle Bewohner des Hauses auf, zu fasten und zu beten, „damit Gott uns die Stärke gibt, jene, die unseren Propheten Muhammad beleidigt haben, zu zerstören". Die gleiche Aufforderung wurde am Abend zuvor per SMS an alle Hausbewohner versendet.

„Was soll man davon halten?", fragt der Pförtner, ein ehemaliger Bauer aus dem südlichen Oberägypten, von allen liebevoll Onkel Ahmad genannt. Ob er nicht glaube, dass wir andere Probleme hätten als ein paar Karikaturen in einem bislang völlig unbekannten Land namens Dänemark, lautet meine Gegenfrage. Die Hälfte der ägyptischen Jugendlichen hat keine Arbeit. Vor wenigen Tagen wurde die Inkompetenz staatlicher Institutionen erneut unter Beweis gestellt, als bei einem Fährunglück vor der ägyptischen Küste 1000 Menschen ertrunken sind, wahrscheinlich völlig unnötig aufgrund der Fehlentscheidung des Kapitäns und einer gnadenlos verpatzten Rettungsaktion im Roten Meer. Im Nachbarland der israelisch-palästinensische Konflikt und am Horizont ein Bürgerkrieg im Irak. Onkel Ahmad lächelt müde. Vielleicht stimmt er zu. Aber wahrscheinlich empfindet er eher etwas Mitleid, weil sein Gegenüber immer noch nicht die Tragweite der Prophetenbeleidigung verstanden hat.

In meinem Kairoer Büro schlägt dann die andere Seite des Kampfs der Kulturen zu. Das Telefon klingelt: eine Kollegin eines deutschen Rundfunksenders. „Herr Gawhary, können wir mit Ihnen ein Gespräch über die Karikaturen führen?" Ich stimme zu. „Ach übrigens, sind Sie eigentlich Muslim?" – Das ist das dritte Mal innerhalb von 48 Stunden, dass Kollegen mich dies fragen. Eine Frage, die in meinen 15 Jahren als Nahost-Korrespondent kein einziges Mal zuvor von dieser Seite gestellt worden war. Bisher gab es diese Schubladenfragen nur in Ägypten: „Bist du Muslim oder Christ?", lautete die Preisfrage. Eine Frage, die mit der zunehmenden Islamisierung der Gesellschaft mehr und mehr Bedeutung gewonnen hat. Ich denke nur: Mein Gott, jetzt fangen sie auch noch in Europa damit an!

Die Stunde der Kulturkrieger hat allerorten geschlagen. Die Gegenfrage an Onkel Ahmad war falsch: Gerade weil es so viele andere Probleme gibt, sind die Karikaturen zum Hauptproblem geworden. Machtlos stehen die Menschen diesen Problemen gegenüber, ohne Chance, die Entscheidungen jener zu beeinflussen, die die Krisen mehr schlecht als recht für sie verwalten sollen. „Es ist allemal einfacher, gegen irgendetwas von außen zu demonstrieren als gegen das eigene Regime. Gefahrlos können die Menschen dort ihren angestauten Frust loswerden", meint Hisham Qassem, der Chefredakteur der unabhängigen ägyptischen Tageszeitung *Al-Masri Al-Yom.* Will heißen, die Lunte für die Karikaturenbombe verlief durch den Irak, Palästina/Israel und durch alle arabischen Länder, mit ihren unfähigen, nicht zeitgemäßen Regimes, die nichts zur Lösung der Probleme beitragen. Das Ganze stets begleitet von dem Gefühl, vom Westen immer untergebuttert zu werden.

In dieser Atmosphäre wird dann plötzlich der Prophet beleidigt, und was dann ausbricht, ist ein regelrechter Wettbewerb, „wer liebt und verteidigt den Propheten mehr". Umm Rami kann ihren Nachbarn von ihrer Islamfestigkeit überzeugen und zum Protest aufrufen und ihren Frust loswerden, ohne irgendwelche Repressionen vonseiten des eigenen Regimes fürchten zu müssen.

Und die Regime selbst? Sie gehören zu den Hauptverdächtigen in der Karikaturen-Eskalation, meint Chefredakteur Qassem. Als „eine geniale Ablenkung von ihrem eigenen Scheitern" beschreibt er das. Überhaupt stellen einige wagemutige Journalisten inzwischen unangenehme Fragen. „Warum gab es keine offiziellen Proteste, als israelische Siedler einmal den Propheten als Schwein abgebildet hatten oder als der Koran im von den Amerikanern verwalteten Guantánamo-Gefängnis entweiht wurde", fragt Ibrahim Eissa in der ägyptischen Zeitung *Saut Al-Umma.* Das politische Leichtgewicht Dänemark sei für die arabischen Herrschenden keine Gefahr. „Die gleichen Herrschenden verlieren kein Wort, wenn der muslimische Glauben in den USA oder sogar in Israel beleidigt wird", schlussfolgert er.

Der Ärger der gläubigen Menschen ist verständlich, der der Regierungen aber ein politisches Spiel, den islamischen Trend auf der Straße für sich zu nutzen. So kam es dem Regime in Syrien sicherlich nicht ungelegen, einmal davon abzulenken, dass es im Mordfall des ehemaligen libanesischen Ministerpräsidenten Rafik Al-Hariri von UN-Ermittlern der Mittäterschaft bezichtigt wird. Und der iranischen Regierung ist es mit Leichtigkeit gelungen, neben dem Atomstreit eine weitere Front zu eröffnen, mit der sie meint, das Volk hinter sich zu bringen und vergessen zu lassen, dass von der von Präsident Mahmud Ahmadinedschad einst großspurig angekündigten Umverteilung von Reich zu Arm und den angeblichen Kampagnen gegen die Korruption nur noch wenig zu hören ist.

Und dann sind da noch die Islamisten außerhalb jedes formellen politischen Systems. Sie haben die Steilvorlage aus Dänemark mit Freuden angenommen und per Volleyschuss ins Tor befördert. In Syrien hatten sie die Proteste informell mitorganisiert. Es war eine Möglichkeit für die dortigen Muslimbrüder, im Schatten der Karikaturenaffäre ein wenig öffentlichen Raum zurückzugewinnen. Im Libanon hatten sie in der Hochburg der sunnitischen Radikalen, der Hafenstadt Tripolis, Busse gechartert, um ihre Anhänger zur dänischen diplomatischen Vertretung in Beirut zu bringen. Die Botschaft der Islamisten an den Westen ist deutlich: Wenn ihr einen Dialog wollt, dann führt ihn mit uns, denn nicht die Regime, sondern wir kontrollieren die Straße. Im Buhlen um die Gunst der Gläubigen schneiden die Islamisten allemal besser ab als die Regierungen. Sie können vom Gefühl der Menschen am besten profitieren, dass man ihnen nicht nur einen vernünftigen Lebensunterhalt und politische Freiheiten verwehrt, sondern nun auch noch das Letzte, was sie haben, angreift: den Glauben an Gott und seinen Propheten.

Es steht keine konkrete politische Forderung im Raum, deren Erfüllung den Karikaturenstreit schlichten könnte. Und genau das macht die Angelegenheit gefährlich. Der ägyptische Journalist Eissa sarkastisch: „Geben wir uns erst zufrieden, wenn die Dänen kollektiv zum Islam übergetreten sind?"

Kulturkampf im Kinderzimmer
(Kairo, den 9. April 2006)

Friedlich blicken die Puppen und Stofftiere von den Regalbrettern. Brettspiele, Puzzles und Spielbausätze aller Art stapeln sich bis unter die Decke. Top Toys, der Spielzeugladen im Zentrum Kairos, sieht auf den ersten Blick nicht gerade aus wie eine Frontlinie im Kampf der Kulturen. Und doch ist hier bei genauerem Hinsehen die Suche nach der eigenen Identität und der Versuch, sich vom Westen abzusetzen, allgegenwärtig.

Eine ganze Regalfront ist der Puppe „Fulla" gewidmet. Als Gegenschlag zum Barbie-Imperialismus ist sie inzwischen das meistverkaufte Girl der arabischen Welt. Mit ihren dichten dunklen Haaren und ihren tiefbraunen Augen stellt Fulla geradezu die Antithese zur blonden, westlichen Barbie-Ikone dar.

Doch es ist vor allem das konservative Kleiderset, das Fulla von ihrer westlichen Konkurrentin unterscheidet. Für den Gang nach draußen bedeckt Fulla ihre Haare und den Rest ihres Körpers im saudischen Stil mit einem schwarzen Abaya-Umhang. Und selbst zu Hause geht der Rock züchtig bis zu den Knöcheln und die Bluse reicht zum Handgelenk. Ob Indoor- oder Outdoor-Modell, jeder Fulla ist auch ein kleiner rosa Gebetsteppich in halber Taschentuchgröße beigelegt. „Sie ist ehrlich, liebenswert, fürsorglich und respektiert ihre Eltern", lautet die Charaktervorgabe für den arabischen Mädchenhit der syrischen Erfinderfirma, die sich kurioserweise „New Boy Toys" nennt.

Said Mahgub, der ägyptische „Top Toys"-Spielzeugverkäufer mit Prophetenbart, ist jedenfalls begeistert, besinnen sich die Kunden doch gerade in den letzten Monaten immer mehr des Eigenen. „Seit dem dänischen Karikaturenstreit läuft der Fulla-Verkauf bestens", sagt er. Der Trend war bereits zuvor zu bemerken, nun aber sei Barbie endgültig megaout.

„Fulla ist schlichtweg eine von uns", heißt es bei der ägyptischen Firmenvertretung der islamisch korrekten Puppe. „Es geht nicht nur um Kleidung. Es geht auch um ihr Verhalten und ihre Moral. Fulla benimmt sich wie ein gutes orientalisches Mädchen", erklärt Walid Kamal, der junge ägyptische Fulla-Verkaufsmanager. Barbie habe ihren Boyfriend Ken, Fulla sei single. „Und wenn Fulla eines Tages doch noch ein Partner zur Seite gestellt wird, dann ist das sicher ihr Ehemann oder ihr Bruder", davon ist der missionarische Puppenvertreter überzeugt.

Übrigens sehen sich die Zusatzartikel von Barbie und Fulla verblüffend ähnlich. Seien es Standtennis-Sets, Kassettenrekorder mit eingebautem Mikro zum Mitsingen oder das rosenfarbene Kinderfahrrad, sie alle stammen vom gleichen chinesischen Hersteller. Einzig der schrille rosa Fulla-Gebetsteppich fürs erste Mädchengebet bleibt der Fulla-Kollektion vorbehalten.

Der Streit um die dänischen Karikaturen hat in den arabischen Spielzeugläden auch noch andere Spuren hinterlassen als den Fulla-Boom. „Das ist der Restposten von dänischen Legos." Mahgub deutet leicht angewidert auf ein oberes Regalbrett knapp unter der Ladendecke. Wenn jemand so verwegen sein sollte, seit der dänischen Prophetenbeleidigung tatsächlich noch nach diesen skandinavischen Plastikbausteinen zu verlangen, muss der Verkäufer widerwillig eine sperrige Leiter herbeiholen. Selbst das ist vielen seiner Kunden noch eine Beschwerde wert, die nachfragen, warum das unislamische Zeug immer noch feilgeboten wird. Ein vorübergehendes Problem: Denn früher oder später wird das Rest-Lego ohnehin ganz aus dem Regal verschwinden, denn es gibt inzwischen keinen ägyptischen Lego-Importeur mehr. Zumindest diese zivilisatorische arabische Kinderzimmerschlacht ist bald ausgefochten.

Nachtrag: Auch zwei Jahre später hat Top Toys kein neues Lego im Sortiment, wenngleich die Nachfrage da wäre, wie der Verkäufer zugibt. „Aber nach dem, was uns die Dänen angetan haben …" In anderen Spielzeugläden Kairos füllen dagegen schon längst wieder Lego-Bausätze die Regale, genauso wie die dänische Butter den Weg in die ägyptischen Supermärkte zurückgefunden hat.

Und der Herr war zufrieden

(Kairo, den 29. Januar 1995)

Ägypten hat seinen eigenen Robin Hood. Mustafa Hassan Al-Ezaby nahm von den Reichen und gab den Armen. Doch zum Kummer vieler kleiner Leute sitzt der Held inzwischen hinter Gittern. Mehr als 300 Wohnungseinbrüche gehen auf sein Konto. Die Polizei ist ihm am Ende nur durch Zufall auf die Schliche gekommen. Als Universitätsprofessor für Islamisches Recht und mehrfacher Millionär passte er nicht ganz ins stereotype Bild des gewöhnlichen Kriminellen. Angefangen hat der „Herr Professor Dieb" seine Karriere im Gefängnis. Als der Sohn eines algerischen Vaters und einer ägyptischen Mutter Anfang der achtziger Jahre am Kairoer Flughafen ankam, wurde er gleich für mehrere Monate festgesetzt. Er soll der militant islamistischen Gruppe Al-Dschihad nahegestanden haben, die gerade Ägyptens Präsident Sadat ermordet hatte.

Im Knast erhielt der Professor einen Schnellkurs im Türenknacken. Zu seinen Lehrern gehörte die Crème de la crème der Kairoer Unterwelt. Einmal aus dem Gefängnis entlassen, machte er sich frisch ans Werk. Denn er wusste: „Sich des Besitzes der Korrupten und Verdorbenen zu bemächtigen, ist weder halal noch haram." Soll heißen: Einbruch und Diebstahl sind nach der Scharia, dem Islamischen Recht, weder erlaubt noch ausdrücklich verboten, wenn die Aktion zu mehr Gerechtigkeit führt. Und die setzte der arabische Robin Hood auf eigene Faust durch. Mit seiner Beute soll er die Ausbildung der Kinder seiner Mitgefangenen finanziert und ihren verarmten Familien großzügig unter die Arme gegriffen haben. Auch sich selbst vergaß er dabei nicht und legte mehrere Millionen Pfund für den Eigengebrauch auf die Seite.

Er wusste sein Geld gewinnbringend zu investieren. So mietete er eine teure Suite in einem Kairoer Fünf-Sterne-Hotel an, gab sich als reicher Golf-Araber aus und rief einen stadtbekannten Schwarzhändler an; er wolle auf der Stelle 100 000 Dollar tauschen. Der Mann schöpfte keinerlei Verdacht. Schließlich war sein Kunde gut gekleidet, hatte eine große Limousine und sprach in perfektem Golf-Dialekt. Doch nicht wenig sollte er sich wundern, als sein Klient in einem unachtsamen Moment den Koffer voller Scheinchen griff und sich schnellstens über die Veranda entfernte. Der düpierte Geschäftspartner meldete den Vorfall natürlich nicht der Polizei.

Überhaupt waltete eine gütige Hand über dem gläubigen Scharia-Dozenten. Denn vor seinen Einbrüchen bat er Gott in einem ausführlichen Gebet um Vergebung. Der ließ ihn dann auch aus allerhand brenzligen Situationen entwischen. Einmal machte sich der Professor gerade an der Tür eines hohen Polizeioffiziers zu schaffen, als drinnen das Telefon klingelte und prompt geantwortet wurde. Al-Ezaby konnte das Weite suchen, bevor er dem Polizeigeneral gegenüberstand. Ein sicheres Zeichen, dass Gott mit ihm zufrieden war. Sein Tipp an die Jugend heute: Klaut nur mit dem richtigen islamischen Bewusstsein und wendet nie Gewalt an. Und auch für die Beklauten hat er einen Ratschlag übrig: Hört um Gottes Willen auf, euren Schmuck durch Anzeigen in den großen Tageszeitungen anzubieten.

Mit dem Skalpell an Allahs Werk herumschnitzen

(Kairo, den 13. Mai 1996)

Madame Fifi nimmt sich des abgesplitterten Lackes, des Fingernagelbettes und der Schwielen an den Zehen an. Madame Sisi reißt mit einer klebrigen Mischung aus Zucker und Zitronensaft den Haaransatz an Armen, Beinen und der Scham ab. Nach dreistündiger Behandlung kassiert Madame Lucy schließlich gnädig ab. Lucys Schönheitssalon ist einer von Hunderten, in dem die gelangweilte weibliche und männliche Oberschicht Kairos nach Schönheit sucht.

Schon die Pharaonen wussten von den Möglichkeiten, durch einige gekonnte Handgriffe ihr herrschaftliches Antlitz aufzubessern. Heute frönt durchaus nicht nur die verwestlichte ägyptische Elite den Möglichkeiten liebreizender Wohlgestaltung. So manche Kundin des Schönheitssalons wirft sich anschließend den Schleier über, um sich den lüsternen Blicken der Öffentlichkeit zu entziehen.

Doch seit einigen Jahren machen die ägyptischen AnhängerInnen von Anmut, Reiz und Herrlichkeit nicht bei den Methoden Madame Lucys halt. „Plastische Chirurgie“ lautet das neue Zauberwort. Als Dr. Ala Gheita als erster Schönheitschirurg Ägyptens vor 15 Jahren seine Praxis aufmachte, beschäftigte er sich zunächst zu 80 Prozent damit, die Gesichter von Unfallopfern wieder ansehbar zu machen. Heute wollen 80 Prozent seiner Kunden schöner werden.

Die Methoden reichen vom Facelifting über Fettabsaugen bis zum Laserstrahl, der angeblich präzise die oberste Schicht der pickelgegerbten Gesichtshaut abzieht. (Wer diese Methode über sich ergehen lässt, ist leicht an der zeitweise schweinchenrosa schimmernden Haut zu erkennen.) Nichts scheint für die 120 praktizierenden Schönheitschirurgen im Land am Nil mehr ausgeschlossen. „Ein gut aufgetragenes Make-up kann eine Frau bis zu fünf Jahre jünger erscheinen lassen, bei einer Schönheitsoperation kann sie auch schon einmal zwanzig Jahre jünger erscheinen“, propagiert ein ägyptischer Chirurg.

Nicht alle stimmen da zu. Vor allem im religiösen Establishment macht sich Murren breit. Vor wenigen Monaten ging der damalige Mufti und heutige Großscheich der islamischen Azhar-Universität, Muhammad Sayyid Tantawi, warnend an die Öffentlichkeit. Schönheitsoperationen widersprächen den religiösen Prinzipien. Derartiges verändere das Bild Gottes. „Soll ich vor jeder Operation den Rat der religiösen Rechtsgelehrten konsultieren?“, fragte Dr. Gheita anschließend in der Presse den Mufti. Schließlich finde sich im Koran kein Hinweis auf die Schönheitschirurgie.

Den potenziellen Kundinnen bleibt die Qual der Wahl zwischen dem allzu menschlichen Wunsch, verführerisch zu wirken, und dem unermüdlichem Streben, nicht die Gnade Gottes zu verwirken.

Das lukrativ boomende Geschäft mit der Schönheit zeigt, dass so manche/r schließlich der Verlockung nicht widerstehen kann. Am Ende erscheint der Drang nach Grazie und Ebenmaß dann aber doch als Trug. „Was von außen oh, là là! – kennt von innen nur Allah“, hat die ägyptische Volkszunge gedichtet.

Nachtrag: Ein Jahrzehnt später waren es militante Islamisten im Irak, die ihre Abneigung gegen jeglichen Schönheitseingriff auf brutale Weise zum Ausdruck brachten. Eine Frau im Irak zu verschönern kann das Leben kosten. Radikale Sunniten oder schiitische Milizen sehen Frauen mit Make-up und frisch gemachten Frisuren als Bedrohung für ihre Art von Moralvorstellung.
Umm Doha musste mit ihrem Schönheitssaloon in Bagdad in den Untergrund gehen, nachdem ihr alter Laden im Westen der irakischen Hauptstadt 2006 in die Luft gesprengt worden war. Seitdem bietet sie ihre Dienste nur noch heimlich zu Hause an. Sie hat Glück gehabt. In mehreren Fällen wurden Friseusen umgebracht oder sie legten ihre Scheren, Bürsten und das Nagellack- und Wimperntuschensortiment nieder, nachdem sie Todesdrohungen erhalten hatten. Doch die meisten machen heimlich weiter, da sie auf ihr Einkommen nicht verzichten können. Ihre Stammkundschaft ist dabei meist geblieben. Kifah ist eine von Bagdads Frauen, die sich nicht einschüchtern lassen will. Dabei hat sie ihr ganz eigenes Widerstandkonzept: „Wenn ich diesen ganzen Wahnsinn um mich herum nicht stoppen kann“, sagt sie, „dann möchte ich wenigstens gut aussehen.“

Medienrummel

Irak: Der langsame journalistische Tod

Arbeiten im Irak, das glich stets einer journalistischen Achterbahn. Zu Zeiten Saddams war jedem ausländischen Berichterstatter vom berüchtigten Ministerium für Information ein Aufpasser zur Seite gestellt. Dessen Aufgabe war es, jeden Schritt und Tritt zu kontrollieren und am Ende des Tages einen Bericht für den Geheimdienst zu verfassen. Jedes Interview stellte nicht nur den Fragenden auf die Probe, gerade auch der Gesprächspartner stand immer in Gefahr, etwas „Falsches" zu sagen und sich dabei selbst zu gefährden. Journalisten bekamen deswegen selten eine freie Gedankenäußerung zu hören, sondern meist einen Schwall von verlogenen, regimefreundlichen Hülsen. Es gab aber auch Wege, diese brutale Zensur zu umgehen. Als ich einmal nach getaner Arbeit alleine in Bagdad unterwegs war und ein Taxi anhalten wollte, stoppte ein Privatfahrzeug und bot an, mich zu dem gewünschten Ziel zu fahren. Im Schritttempo fuhren wir daraufhin durch Bagdad, während der unbekannte Fahrer gespenstische Geschichten von seiner verhafteten, gefolterten und am Ende in Saddams Kerkern exekutierten Verwandten erzählte.
Journalisten wurden vom Informationsministerium nicht nur zensiert, sondern auch kräftig gemolken. Für jeden Tag, den man irakische Luft einatmen durfte, war ein Tribut von 100 bis 150 Dollar als mit offizieller Quittung belegte Aufwandsentschädigung fällig. Damit nicht genug, waren auch noch zahlreiche inoffizielle Geschenke für die einzelnen Beamten abzuliefern, ohne die keine Genehmigungen zu bekommen waren. Denn trotz Aufpasser benötigte man für jedes Interview und vor allem für jede Reise außerhalb Bagdads eine Sondererlaubnis.
Das alles änderte sich schlagartig mit dem Sturz des Diktators. Es war nicht der Anblick der ersten GIs, die durch die Straßen Bagdads patrouillierten, es waren nicht die gestürzten Saddam-Statuen,

es war ein Spaziergang mit einem Kollegen durch das bombardierte und völlig ausgebrannte ehemalige Ministerium für Informationsverhinderung, bei dem ich begriff, dass nun tatsächlich völlig neue Arbeitsbedingungen herrschten. Es brachen goldene Zeiten für Journalisten an, die allerdings nur kurz währten. Plötzlich waren Reisen in das gesamte Land ohne Genehmigung möglich. Es gab keinen Staat mehr und damit auch keine Behörde, die die Bewegungsfreiheit der Journalisten einschränken konnte.

Auch viele Iraker genossen in diesen Tagen ihre neuen Freiheiten. Hunderttausende Schiiten hatten sich eine Woche nach dem Krieg auf die Pilgerfahrt nach Kerbala gemacht, um den Schrein ihres Imams Hussein in der südirakischen Stadt zu umschreiten. Keiner konnte sie zählen. Nur mit Block und Stift vor dem Schrein stehend, wurde ich dort von Pilgern umringt, die auf mich einredeten. Jeder wollte im neuen Irak seine Geschichte oder seine Meinung loswerden. Erstmals konnte offen mit Ausländern und Journalisten gesprochen werden. Plötzlich drängte eine Frau durch die Männermenge. In der Hand hielt sie ein Poster mit dem Bild ihrer Schwester, die vor 20 Jahren wegen Mitgliedschaft in einer schiitischen Oppositionsgruppe exekutiert worden war. Zum ersten Mal konnte die 42-Jährige Sundus Schaukat aus Bagdad nun der Öffentlichkeit ihre Geschichte erzählen: wie sie mit 20 Jahren verhaftet wurde, mit Elektroschocks, Schlägen, monatelangem Handschellentragen gequält wurde. Sie hatte „lebenslänglich" bekommen, war dann acht Jahre lang in Saddams Gefängnissen verschwunden und lebte bis vor kurzem unter Hausarrest. Mitten im Erzählen brach ihre Stimme. Sie fuhr fort mit den Schicksalen weiblicher Mitgefangener, die von ihren männlichen Folterern ausgezogen und misshandelt wurden und am Ende für immer verschwanden. Immer wieder sei auch ihr selbst mit Vergewaltigung gedroht worden, erzählte die Frau, deren schwarzer Umhang nur ihr Gesicht frei ließ, über das die Tränen flossen. Über 20 Jahre ihres Lebens habe sie verloren. Ihre Jugend sei weg, sie habe keinen Ehemann und sie werde niemals Kinder haben. Die Wallfahrt und dieses Gespräch sei Teil ihrer Post-Saddam-Therapie, eine Art Heilungsprozess, erklärte sie damals und hörte auf zu weinen. Sie wirkte befreit, ihre Geschichte losgeworden zu sein, und verschwand wieder in der Menge, in der Hunderte Pilger ähnliche Geschichten zu erzählen hatten.

Gefährlich waren in dieser ersten Zeit nach dem Sturz Saddams nur die jungen, unerfahrenen US-Soldaten. Da passierte es schon einmal, dass man zusammen mit zwei Kollegen in einem Auto an einer amerikanischen Straßensperre angehalten wurde.

Ein Soldat hielt von links sein Schnellfeuergewehr ins Fenster und forderte die Insassen auf auszusteigen, während sein Kollege von rechts mit seiner Waffe auf das Auto zielte und befahl sitzen zu bleiben.

Nur einen Kilometer dann schon das nächste Checkpoint-Abenteuer. Die amerikanischen Soldaten, extrem nervös, da wenige Stunden zuvor einer der Ihren in der Nähe erschossen worden war, brüllten eine völlig verschreckte irakische Familie im Auto vor uns mit dem gebräuchlichen F-Wort an. Sie forderten sie auf auszusteigen, während sie schon begannen, die Eltern vor den Augen ihrer panischen Kinder aus dem Auto zu zerren. Auf meinen Einwand hin, dass sie ihre Arbeit auch freundlicher verrichten könnten, zumal die Familie kein Englisch verstehe, war auch ich an der Reihe. Gerade einmal ausgestiegen, wurde ich gepackt und mit dem Aufruf „Widerstand ist zwecklos" auf die Kühlerhaube gedrückt.

So stand ich dann da, nachts am Straßenrand in Bagdad, die Arme nach hinten, die Hände in Plastikhandschellen: Gefangener der US-Armee. Besonnen versuchten meine Kollegen Graham Usher vom britischen Magazin *Economist* und meine Kollegin Barbara Surk von der slowenischen Tageszeitung *Delo* auf den befehlshabenden Offizier einzuwirken. Sie insistierten, ohne mich nicht weiterzufahren, und ich verdanke es ihnen, dass die Angelegenheit am Ende glimpflich ausging. Das Chaos der ersten Wochen ohne Saddam war unberechenbar.

Aber es war nichts im Vergleich zu dem, was noch kommen sollte. Es begannen die Entführungen. Zunächst war es zu gefährlich, in bestimmte Städte im sunnitischen Dreieck zu reisen. Dann wurde jede Fahrt vor die Stadtgrenzen Bagdads zu riskant. Schließlich wurden einige Viertel in der irakischen Hauptstadt selbst zur „No-Go-Area". Man begann als Journalist extrem auf der Hut zu sein, nur noch mit dem Fahrer seines Vertrauens zusammenzuarbeiten, immer unterschiedliche Routen zu nehmen, sich nicht mehr zu Fuß durch die Straßen zu bewegen. Stets hatte man skeptisch Fahrzeuge im Blick, die sich seitlich näherten. Auch von den amerikanischen Militärpatrouillen hielt man gehörigen Abstand. Zu oft wurden in deren Nähe Bomben gezündet. Nach und nach wurde ganz Bagdad zur unberechenbaren Gefahrenzone. Damit stand das Risiko in keinerlei Verhältnis zur journalistischen Ausbeute. Wenn die Gefahrenlage diktiert, dass der Arbeitsradius sich praktisch auf das Hotelzimmer reduziert, dann stellt sich die Frage, ob man eigentlich noch von einem informierten Journalismus sprechen kann. Ich stellte meine Reisen nach Bagdad ein.

Es ist für einen Journalisten schwer, einen weißen Fleck auf der Berichtslandkarte zu akzeptieren. Vor allem große internationale Fernsehanstalten blieben mit all ihren Möglichkeiten in Bagdad präsent und wahrten den Schein einer umfassenden Berichterstattung. Doch die war in Wirklichkeit schon längst nicht mehr gewährleistet.
Die meisten Fernsehkorrespondenten werden lediglich von ihren Hotelzimmern zu den Kameras auf dem Dach des gleichen Hotels schreiten und nach bestem Wissen und Gewissen versuchen, die Fragen des Studiomoderators zu beantworten. Vor die Tür werden sie sich kaum trauen, und ihr Filmmaterial werden sie sich von irakischen Fernsehteams zuspielen lassen.
Weit bedrohter noch arbeiten die Zeitungsreporter bei ihren Recherchen. „Reporter in den Irak zu schicken ist extrem gefährlich", meinte Georges Malbrunot kurz nach seiner glücklichen Freilassung. Er war einer von zwei französischen Journalisten, die 2004 entführt wurden und nach mehreren Monaten traumatischer Odyssee freigelassen wurden. „Kommt nicht mehr zurück", hatte der letzte Rat ihrer Entführer gelautet. Beide Franzosen wunderten sich darüber, dass immer noch ausländische Journalisten versuchten, im Irak zu arbeiten. Nur wenige Tage nach ihrer Freilassung wurde die kriegs-

erfahrene französische Journalistin Florence Aubenas als vermisst gemeldet.
Sicher, anders als zu Saddams Zeiten gibt es heute eine florierende lokale Presse, aber auch für die irakischen Kollegen hat sich die Arbeit in einen Albtraum verwandelt. Sie stehen zwischen zahlreichen Fronten: Schießwütige verängstigte US-Truppen könnten glauben, man sei ein Selbstmordattentäter. Die irakischen Aufständischen könnten einen jederzeit aufgreifen und der Spionage für den Feind bezichtigen. Jede Straßensperre – ob mit US-Militärs oder irakischen Polizisten – zerrt an den Nerven. Ein Besuch einer Regierungspressekonferenz könnte von der anderen Seite beobachtet werden. Das Gerücht, mit den Amerikanern zu kollaborieren, könnte für einen irakischen Journalisten einem Todesurteil gleichkommen. Medienkritik an den arabischen Kollegen wird schnell mit Schüssen aus einem vorbeifahrenden Auto betrieben, wie es einem Fernsehreporter von Scharqiya-TV passiert ist. Diese Zensur mit Waffengewalt kostete allein 2007 mindestens 47 Journalisten und neun ihrer Assistenten das Leben, die überwiegende Mehrheit irakische Kollegen. Die Hälfte der Morde fand trotz der dortigen Verstärkung der US-Truppen in Bagdad statt.
Die rund 50 Zeitungen im Land müssen sich gut überlegen, was sie veröffentlichen. Nur zwei von ihnen, *Al-Mada* und *Al-Zaman*, nennen sich unabhängig. Der Rest sind Partei- und Milizblätter. Aber auch *Al-Mada* schreibt nichts offen Kritisches gegen die schiitischen Mahdi-Milizen, aus Angst, von deren Kämpfern Besuch zu bekommen. Wegen ihrer täglichen kritischen Berichterstattung gegen die sunnitische Al-Kaida sind bereits mehrere Katjuschas in der *Al-Mada*-Redaktion eingeschlagen und Chefredakteur Fakhr Karim entkam zwei Mordversuchen. Ein Reporter der Zeitung erhielt Todesdrohungen, nachdem er über Korruptionsfälle in einem irakischen Ministerium berichtet hatte. Er wandte sich an das Innenministerium und erhielt dort den schlichten Rat: „Verlasse das Land."
Arbeitsbedingungen im Irak werden bestimmt von einer Art Guerilla, die ausländische Journalisten als westliche Propagandainstrumente ansieht, und von den Amerikanern, für die jeder

arabische Journalist ein potenzielles Sprachrohr der Aufständischen darstellt. Es gibt für ausländische Journalisten die Möglichkeit, in die nördlichen, relativ ruhigen kurdischen Gebiete zu fahren und von dort wenigstens mit irakischer Ortsmarke über das gesamte Land zu berichten. Oder sich von den Amerikanern einbetten zu lassen und sich auf der Seite einer Kriegspartei in wenig objektiver Sicherheit zu wiegen. Oder eben nur im Hotelzimmer auszuharren, die Meldungen der Nachrichtenagenturen abzuschreiben und mit ein paar Leuten zu telefonieren. Das alles hat mit ernsthafter Recherche nur mehr wenig gemein, und das Wagnis wird so schnell sinnlos.

Dazu kommt, dass bei den Lesern und Zuschauern nach all den Jahren voll Horrorgeschichten aus dem Zweistromland eine gewisse Irakmüdigkeit eingetreten ist. Der Horror ist paradoxerweise in gleichem Maße größer geworden, wie das öffentliche Interesse abgenommen hat. So stirbt der Irak einen langsamen journalistischen Tod. Wiederbeleben können ihn am Ende nur die Iraker selbst, auch indem sie wieder eine Situation der relativen Sicherheit schaffen, in der auch Journalisten das Land durch ihre Geschichten wieder mit Leben füllen.

Zwei Fernseher, zwei Welten, derselbe Krieg

(Amman, den 24. März 2003)

Der Irakkrieg ist in vollem Gange. Zwei Fernseher stehen nebeneinander. Einer zeigt das laufende Programm des US-Nachrichtensenders CNN, der andere ist auf den arabischen Sender Al-Dschasira eingestellt: Man bekommt schnell den Eindruck, dass beide von verschiedenen Ereignissen berichten. Zwei Geräte, zwei Welten.

Die CNN-Berichterstattung basiert vor allem auf den eingebetteten Journalisten, also jenen, die sich mit und kontrolliert von den amerikanischen oder britischen Truppen im Irak bewegen. Sie liefern meist Frontberichte aus den eigenen Linien und filmen ihre Einheit beim Beschuss eines entfernt eingegrabenen anonymen Gegners. Es gibt keinen einzigen eingebetteten arabischen Journalisten. Meist arbeiten sie auf der anderen Seite, aber keiner von ihnen hat sich mit den irakischen Truppen eingegraben. Die irakische Armee erliegt hier noch immer dem traditionellen Grundsatz „Medien gefährden die nationale Sicherheit".

Die meisten arabischen Journalisten arbeiten in den Städten Bagdad, Basra und Mosul. Und das staatlich kontrollierte irakische Fernsehen wird je nach Bedarf herangezogen, das heißt, wenn es für die irakische Seite Bedeutendes zu vermelden gibt, aus dem sie glaubt propagandistischen Nutzen ziehen zu können. Die Bilder des Staatsfernsehens werden dann direkt über Fernsehstationen wie Al-Dschasira in die gesamte arabische Welt weitergeleitet, wie etwa Aufnahmen von den gefangenen US-Soldaten.

Das Ergebnis dieser Berichterstattung von beiden Seiten der Medienfront kann unterschiedlicher nicht sein. CNN zeigt mit „Livekameras" in Bagdad die saubere Seite des Krieges: Explosionsbilder, die an Spezialeffekte aus Hollywood erinnern, oder im Südirak US-Truppen als fahrende oder auf Distanz kämpfende Einheiten. Dazu erklären pensionierte US-Generäle den vermeintlichen Verlauf des Krieges. Feindliche Positionen werden nicht gesprengt und deren Soldaten nicht getötet, sie werden „ausgeschaltet".

Dagegen zeigt Al-Dschasira die hässliche Seite des Krieges. Jene Bilder, bei denen der Fernsehzuschauer manchmal wegsehen muss, weil sich der Magen umdreht. Etwa die Bilder aus einem Krankenhaus in Basra, als Dutzende Tote mit verbrannten Genitalien oder zerfetzten Köpfen zu sehen sind. Ein verkohltes Baby wird aufgedeckt. Sie liegen auf dem Korridor des Krankenhauses. Einer der Pfleger versucht, mit einem Lappen ein wenig das Blut zwischen den entstellten Leichen aufzuwischen. Die arabischen Zuschauer schauen weg und wieder hin und fühlen sich machtlos.

Ebenso brutal wie die irakischen Leichen im Krankenhaus zeigt Al-Dschasira eine Gruppe erschossener US-Soldaten im Inneren eines Hauses. Blutüberströmt liegen sie im Raum verteilt. Fliegen umkreisen sie. Ein irakischer Krankenpfleger lächelt, als er einen der toten GIs mit Gummihandschuhen anpackt und für die Kamera zurechtrückt. In einem anderen Raum werden fünf amerikanische Kriegsgefangene vorgeführt. Sie wirken verschreckt und eingeschüchtert, vor allem die einzige Frau unter ihnen, deren Augen voller Angst von einer Seite zur anderen kreisen, während sie mit gebrochener Stimme sagt, welcher Einheit sie angehört und wo sie herkommt.

Beide Seiten, die westlichen und die arabischen Medien, werden letztendlich instrumentalisiert. Die einen versuchen die Schrecken des Krieges im Interesse der US-Kriegspartei durch bunte Computeranimationen zu einem PC-Game herunterzuspielen. Daneben wird deutlich gemacht, wer der Gute ist, etwa wenn US-Militärärzte bei der Operation eines irakischen Kriegsgefangenen gezeigt werden. Al-Dschasira dagegen zeigt Bilder ohne Moral, die beweisen sollen, dass die unbesiegbare US-Armee so unbesiegbar nicht ist. Auch sie haben ihre Wirkung nicht verfehlt, überall in der ansonsten ohnmächtig zusehenden arabischen Welt werden die Emotionen angeheizt.

„Es war widerlich", kommentierte ein US-General später die in Al-Dschasira ausgestrahlten Bilder im weit entfernten US-Hauptquartier im Golfstaat Katar. Eigentlich wollte er „saubere" Military Briefings abhalten, in denen die Schrecken des Krieges nicht vorkommen, so wie 1991, als man den Journalisten Luftaufnahmen von bombardierten Zielen präsentierte, wo es hoch oben nur ein wenig rauchte. Damals gab es keine arabischen Fernsehstationen, die ernsthaft mit den westlichen Sendern konkurrieren konnten. Der letzte Golfkrieg war eine rein westliche Medienshow. Dieser Krieg hat medial eine neue Qualität: Mit den nun via Satellit übertragenden Stationen wie Al-Dschasira ist es mit der Version vom präzisen, sauberen Krieg vorbei. Das ist widerlich und abstoßend, aber eben auch nicht anders als der Krieg selbst.

Abu Ghraib: Globale entwürdigende Botschaft

(Kairo, den 10. Mai 2004)

Öffentliche Nacktheit und Sexualität sind ein Tabu in der prüden islamischen Welt. Daher hätten die Bilder mit den Folterszenen aus Abu Ghraib eine besonders verheerende Auswirkung in den arabischen Ländern. So das Argument, das im Westen die Runde macht. Zitiert wird aus dem Koran und aus dem islamischen Recht, in dem Nacktheit und Scham eine Einheit darstellten. Bei den Männern handelt es sich um den Bereich zwischen Nabel und Knie und bei den Frauen um den ganzen Körper, klären uns im Fernsehen und in Zeitungen Islamwissenschaftler auf.

Gegenfrage: Welche Wirkung hätte ein Foto im christlichen Europa, bei dem ein nackter Europäer an einer Hundeleine von einem Araber durchs Bild gezogen wird? Würde das im sexuell aufgeklärten Europa zu einem geringeren Aufschrei führen? Die Bilder hätten in allen Kulturen den gleichen Effekt, ob sie einem Inuit am Nordpol, einem Buddhisten in Tibet, einem Hinduisten in Indien, einem Juden in Israel oder einem Atheisten in Berlin vorgeführt würden. Es geht nicht um Nacktheit und Sexualität, sondern um Demütigung. Die Fotos füttern das arabische Gefühl, ständig von einem arroganten Amerika erniedrigt zu werden.

Und die Methode, den Feind mit „Nacktheit vor dem Sieger" zu demütigen, ist dabei so alt wie der Krieg selbst. Es gibt kaum ein Bild, das weltweit, egal in welcher Kultur, nicht die gleiche entwürdigende Botschaft aussenden würde. Die Verletzung der Menschenwürde lässt sich kaum globaler ausdrücken. Alles allein auf die kulturelle Schiene zu schieben, nach dem Motto „In der stolzen, machodominierten arabischen Welt ist das besonders schlimm", ist Themaverfehlung. Mehr als das: eine Fehlinterpretation, die das übliche Bild von der islamischen Welt bedient.

Interessanter ist da ein anderer Vergleich. Die Fotos haben sowohl in den USA als auch in der arabischen Welt zu einem

Aufschrei geführt. Aber der Boden, auf den die Botschaft fiel, könnte kaum unterschiedlicher sein. In den USA rütteln die Bilder am Selbstbild und an der Vorstellung, wie die eigene Armee agiert. Der Überraschungseffekt ist groß. Die Enthüllung wirkt desillusionierend.

In der arabischen Welt bestätigen die Fotos dagegen alle Vorurteile, die von Amerika, den Amerikanern und der Besatzungsarmee ohnehin schon existieren. „Wir haben es schon immer gewusst", war der erste arabische Reflex. Denn Artikel und Berichte über systematische Folter in den amerikanischen Gefängnissen im Irak kursierten in den arabischen Medien bereits seit langem. Berichte von amnesty international und dem Internationalen Roten Kreuz bestätigen, dass es sich dabei nicht um arabische Verschwörungstheorien handelte.

Dass die Bilder zu einer weiteren Radikalisierung in der arabischen Welt führen und für Al-Kaida eine glänzende PR abgeben, die kein Bin-Laden-Video jemals ersetzen kann, ist der logische Schluss. Aber die Radikalisierung hat schon längst zuvor wegen des Palästinakonfliktes und des Irakkrieges eingesetzt. Den Glauben an die humane und freundliche Besatzung haben die Araber schon lange vor diesen Bildern verloren.

Da hilft es auch nicht, dass US-Präsident Bush öffentlich Asche auf sein Haupt streut. Und auch die Militärtribunale gegen die inzwischen durch die Fotos überführten US-Soldaten dürften die Wogen kaum glätten. Wenn schon verbal entschuldigen, kommentiert eine arabische Zeitung, dann sollte Bush das auch bei den eigenen Landsleuten tun – dafür, dass er durch den Irakkrieg das Image Amerikas in der arabischen Welt endgültig ruiniert hat.

Gesucht: Sündenbock – Ausländische Medien zerstören das Image

(Kairo, den 24. Januar 1993)

„Hier bin ich – du wolltest mich doch umbringen", sagte ich zu meinem verdutzten Gegenüber von der Reiseagentur „Blauer Himmel" in der Kairoer Innenstadt. Das zumindest hatte ich von einer schwedischen Kollegin gehört: Ein gewisser Herr dort würde gerne einem deutschen Journalisten den Hals umdrehen. Seine Hauptbeschäftigung war gerade, Stornierungen zu bearbeiten. Fast die Hälfte aller deutschen Urlauber hatten ihre Buchungen in das Land am Nil Ende letzten Jahres zurückgezogen. Meldungen von Überfällen militanter Islamisten auf Touristenbusse hatten sie veranlasst, das Weihnachtsfest lieber unter dem heimatlichen Tannenbaum zu verbringen. Bei mir zu Hause häuften sich Anrufe von Bekannten mit der besorgten Frage, ob es eigentlich noch sicher sei, nach Ägypten zu reisen.

Haben auch ausländische Journalisten mit ihren Berichten über die Anschläge ihr Scherflein zu dieser Stornierungsmisere beigetragen? Davon zumindest sind die meisten Ägypter überzeugt, die auf die eine oder andere Weise ihren Lebensunterhalt mit dem Urlaub anderer Leute bestreiten. Und das sind nicht wenige. Hotelportiers, Taxifahrer, Basarverkäufer oder Reiseführer – sie alle sehen ihre Felle langsam davonschwimmen. Jeder zehnte Arbeitsplatz in Ägypten hängt direkt oder indirekt vom Tourismus ab. Ein ungemütlicher Gedanke, in ihren Augen plötzlich als Korrespondent „westlicher" Medien von einem Beobachter zu einem politisch Handelnden zu werden. Womöglich könnte man mich dafür verantwortlich machen, dass so mancher ägyptische Überlebenskämpfer seine Familie morgen nicht mehr ernähren kann.

Die ägyptischen Medien tun das Ihre, in alter Manier andere für den ganzen Schlamassel verantwortlich zu machen. Die Terroristen seien vom Iran oder Sudan gesteuert, und ohne westliche Journalisten wäre das Ganze wahrscheinlich gar nicht aufgefallen, heißt es. Ihre Berichte über Attacken auf Touristen seien oft sensationell aufbereitet, „überberichtet" und übertrieben, lautete der Vorwurf. Den Höhepunkt erreichte die Kampagne gegen die ausländische Presse, als die britische Nachrichtenagentur *Reuters* endgültig zum roten Tuch der ägyptischen Medien avancierte. „Reuters' Groll gegen Ägypten und seinen Präsidenten ist offen ausgebrochen", war in einem der hiesigen Blätter zu lesen.

Doch zurück zu meinem potenziellen Mörder aus der Reiseagentur. Etwas peinlich berührt über seine großen Worte vom Vortag, erwies er sich als völlig friedlich. Schnell waren wir uns einig, dass man auf Berlins Straßen gefährlicher lebt als hier – als Ausländer allemal.

Die Frage bleibt: Wie soll über die Angriffe auf Touristen berichtet werden? Die Antwort liegt wohl irgendwo zwischen dem spontanen „am besten gar nicht" meines neuen Freundes in der Reisebranche und Sensationsberichten mit dem Titel „Muslime killen Urlauber".

Der Unmut über westliche Journalisten trägt inzwischen seine ersten Früchte. Als meine schwedische Kollegin unlängst auszog, um über einen Anschlag auf einen Touristenbus auf der Kairoer Pyramidenstraße zu recherchieren, musste sie schon bald erkennen, dass die übliche Leichtigkeit, mit jedem ins Gespräch zu kommen, deutlich gelitten hat. *Mafisch muschkela* – alles kein Problem, erklärten ihr die sichtlich unterbeschäftigten Papyrusverkäufer kurz angebunden vor dem nur mäßig besuchten Ägyptischen Nationalmuseum Altägyptischer Kunst. Als der Parkplatzwärter ihr ein rhythmisches „Reuters – Reuters – Reuters" hinterherrief, machte sie sich frustriert auf den Heimweg.

Nachtrag: Die Paranoia gegen ausländische Journalisten oder Mitarbeiter ausländischer Medien hat sich in Ägypten in den letzten Jahren noch verstärkt. Die Regierung hat es über Jahrzehnte geschafft, mit Hilfe der von ihr kontrollierten staatlichen Medien den Ägyptern einzuimpfen, dass eine Kritik an der Regierung einer

Rüge für das ganze Land gleichkommt. „Sie wollen das Image Ägyptens ruinieren", lautet das stets wiedergekäute Argument, das viele Ägypter verinnerlicht haben. Weswegen sich auch, sobald nur eine Kamera ausgepackt wird, an jeder Straßenecke in Kairo sofort ein selbsternannter Hilfssheriff einfindet, der das Filmen untersagt. Groß ist auch die Angst, einem Journalisten etwas zu sagen, was bei den Herrschenden Missfallen erregen könnte. Ein klassisches Beispiel: Als ich zum zehnten Jahrestag des Touristenmassakers in Luxor den Besitzer eines kleinen Souvenirstandes in der Nähe des Hatschepsut-Tempels fragte, wie seine Geschäfte ein Jahrzehnt nach dem Anschlag laufen, rannte der schnurstracks zum nächsten Polizeioffizier, um sich zu erkundigen, ob es in Ordnung gehe, wenn er mit einem Journalisten spreche. Im typischen Sicherheitsreflex antwortete der Polizist erwartungsgemäß mit „Nein". Ein weiterer Klassiker: Denn ein „Ja" würde heißen, für die Folgen verantwortlich zu sein, während man in Ägypten mit einem „ Nein" immer auf der sicheren Seite steht. Ein absurder Mechanismus, der in jedem Büro dazu führt, dass selbst die Entscheidung, Bleistifte zu kaufen, vom Geschäftsführer getroffen wird. Keiner traut sich, die Verantwortung für den Kauf des Schreibwerkzeuges zu übernehmen. Diese Art des „ägyptischen Entscheidungsprozesses" lässt sich auch auf dem oft heißen Boden der Politik beobachten. Der recherchierende Journalist sieht sich einem perfiden System der Informationsverhinderung gegenüber.
In den letzten Jahren werden die ausländischen Medien in der arabischen Welt mit zunehmendem Misstrauen betrachtet, weil sie unter kulturellen und religiösen Gesichtspunkten zum Denkschema des „Wir gegen die" und „Die gegen uns" gehören. Westliche Medien werden als Instrument im „Kreuzzug gegen die Muslime" verstanden. Ein Verständnis, das übrigens in so mancher westlichen Redaktion ihre Entsprechung findet. Ich erinnere mich an ein SAT 1 Live-Gespräch, in der sich der Moderator nicht entblödete, mich mit der Frage zu konfrontieren: „Herr Gawhary – erklären Sie uns, wie sehr hassen die Muslime uns wirklich?" Übrigens besteht durchaus auch auf dieser Seite so mancher Argwohn gegen die eigenen Journalisten, die bereits lange als Korrespondenten in der

Region tätig sind und dadurch als „arabisiert" gelten. Der ehemalige deutsche Verteidigungsminister Rudolf Scharping glänzte in einem Pressegespräch in Kairo einmal mit der Forderung, dass die Nahost-Korrespondenten deutscher Zeitungen, ähnlich wie die Diplomaten deutscher Botschaften, nach spätestens drei bis fünf Jahren abgezogen werden sollten, da sie ansonsten die Distanz zu ihrem Berichtsgebiet verloren hätten. Misstrauische Augen aus allen Richtungen: Ein Journalist in der arabischen Welt, der für deutschsprachige Medien arbeitet, steht, ob er will oder nicht, im Kulturkampf unweigerlich an vorderster Front.

Kriegsdepeschen

Mit dem Notizblock im Anschlag?

Die Tätigkeit eines Nahost-Korrespondenten ist ein krisensicherer Job. Im wahrsten Sinne des Wortes, denn die nächste Krise kommt bestimmt – sei es im Irak, im Libanon oder in den palästinensischen Gebieten. Dabei ist die Spezies des klassischen Kriegsberichterstatters eine eher abschreckende. Dem journalistischen Wanderzirkus, der in schusssicheren Westen, egal wo auf der Welt, von Krise zu Krise zieht, haftet ein gewisser Zynismus an. Der Krieg und die Krise werden Lebensinhalt des Berichterstatters. Viele sind Selbstdarsteller, regelrechte Kriegsjunkies, die abends an der Hotelbar ihre Veteranengeschichten von sich geben. Hinterher schreiben sie ein Buch im Stile „Der Krieg – der Krieg und ich und ich und der Krieg".

Dennoch, wenn militärische Auseinandersetzungen in seiner Region stattfinden, dann zieht eben auch ein Nahost-Korrespondent in den Krieg. Die meisten Menschen treibt der gesunde Menschenverstand in genau die entgegengesetzte Richtung. Die Flugzeuge sind leer, ins unmittelbare Kriegsgebiet geht es dann ohnehin nur noch auf dem Landweg weiter. Man weiß, was einen erwartet: extreme, intensive Zeiten unter starkem Arbeitsdruck mit hohem Adrenalinausstoß und vielen Bildern und Gesprächen, die sich für immer im Kopf einbrennen. In solchen Situationen versuche ich mich auf Alltagsgeschichten zu konzentrieren, die eine vollkommen abnormale Situation als ganz normale tägliche Realität abbilden. Alltagsgeschichten, die einen Krieg vielleicht besser beschreiben als die Frontgeschichten von Journalisten, eingebettet bei einer der Kriegsparteien. Krieg ist nicht anonym. In ihm sterben nicht nur Menschen. Dort werden nicht nur Häuser und die Infrastruktur zerstört, sondern auch persönliche Träume, Wünsche und Lebensplanungen. Letztere journalistisch zu beschreiben, kann zumindest ansatzweise das schreckliche Gefühl

eines Krieges in deutsche, österreichische oder Schweizer Wohnzimmer vermitteln.
Da ist das Schicksal der 14-köpfigen Familie Scheito, die in einem Beiruter Krankenhaus drei Zimmer belegte. Ihr Minibus war im Libanonkrieg von einer israelischen Rakete getroffen worden. Die anonyme militärische Klassifizierung eines Kollateralschadens bekam durch ihre verbrannten Körper eine traumatische persönliche Note. Genau wie die Frage: Wie hat eigentlich die ganz normale Familie Radwan in Bagdad den Krieg und den Sturz Saddams erlebt? Wie sind die Kinder zur Schule, die Eltern zur Arbeit gegangen? Warum hat sie am Ende doch beschlossen zu flüchten und was macht die Familie Radwan eigentlich heute?

Der Libanon-Krieg

Vierunddreißig lange Tage dauerte der Waffengang zwischen der israelischen Armee und der schiitischen Hisbollah-Guerillatruppe im Sommer 2006. Der Krieg erwies sich nach der amerikanischen Erfahrung im Irak als ein weiteres Beispiel dafür, dass sich militärisch mit einer starken Armee wie der israelischen zwar Länder zerstören, aber nicht besiegen lassen. Die politischen Machtverhältnisse in der Region ließen sich dadurch nicht verändern. Am Ende feierte die Hisbollah ihren „göttlichen Sieg".

Besuch in der Geisterstadt

(Beirut, den 21. Juli 2006)

„Wir treffen uns Punkt 14 Uhr an der Kreuzung zwischen der zerbombten Brücke und der ausgebrannten Tankstelle." So lautete die Anweisung des Hisbollah-Pressesprechers am Telefon. Der Ort im Herzen von Haret Hreik, in der südlichen Vorstadt Beiruts, war tatsächlich nicht zu verfehlen.

Er liegt mitten in einer Trümmerwüste, nur 20 Autominuten vom Zentrum der libanesischen Hauptstadt entfernt. Dort, wo einst das Politbüro der schiitischen Miliz seine Pressestelle sowie die parteieigene Fernsehstation *Al-Manar* ihre Adresse hatten. Hier in Haret Hreik, was übersetzt „belebte Gasse" heißt, steht kein Stein mehr auf dem anderen. Das Viertel Hadi Nasrallah, benannt nach dem Sohn von Hisbollah-Chef Hassan Nasrallah, um dessen „Märtyrertod" 1997 durch einen israelischen Luftangriff zu ehren, existiert nicht mehr.

Was man von der Hisbollah selbst nicht behaupten kann. Journalisten können sich nur in Begleitung der Milizen hierher wagen, die in dieser Totenstadt weiter den Ton angeben. Sie beäugen misstrauisch jeden, der hier hinaus- und hineinfährt. Die Waffe hängt griffbereit an der Schulter, per Funkgerät geben sie die Meldungen an ein unbekanntes Hauptquartier weiter. So viel zur Behauptung Israels, es würde die Infrastruktur der Hisbollah zerstören.

„Folgt meinen Befehlen. Wenn ich sage: ‚Evakuieren', dann heißt das: ‚Sofort raus hier!' Weil die Israelis dann bombardieren werden. Unsere Sicherheitsleute haben das hier alles im Griff", beginnt Hussein Nablusi eine Stadtführung ganz besonderer Art.

15-stöckige Hochhäuser sind gänzlich zu riesigen Trümmerhalden zusammengefallen, bei anderen Gebäuden fehlen fünf von zehn Etagen. Die Straßen sind mit Trümmern verschüttet, die überklettert werden müssen. Strom- und Telefonkabel versperren den Weg. Die Ruinen sind menschenleer. Die Bewohner müssen es eilig gehabt haben, hier wegzukommen. An manchen Balkonen hängt noch die Wäsche oder ein Teppich, der kurz vor den ersten israelischen Angriffen zum Lüften herausgehängt worden war, bevor die Zivilisten der Nachbarschaft von der Hisbollah evakuiert wurden.

Vor zwei Wochen haben sie hier noch im Fernsehen die Fußball-WM in Deutschland verfolgt. An einem Balkon hat jemand eine brasilianische Fahne aufgehängt, in der Gasse um die Ecke spannt sich noch eine deutsche Fahne quer über die

Straße. Über hundert Tote soll es nach Angaben der Hisbollah hier gegeben haben.

In Hadi Nasrallah lag die politische Zentrale der Hisbollah. Deren Verbindungen zum Iran sind allgegenwärtig. Nicht nur auf einen Wassertank ist die Fahne der Islamischen Republik Iran gemalt.

„Das war nicht nur das Hisbollah-Hauptquartier, hier haben wir mit unseren Familien und Verwandten gelebt, hier leben ganz normale Leute", sagt Nablusi und macht eine 360-Grad-Handbewegung über die Silhouette der Ruinenstadt.

Eine gespenstische Stille liegt über dem Ort, unterbrochen von dem hartnäckigen Piepen eines Weckers, der irgendwo unter dem Schutt begraben liegt. Es riecht nach verschmortem Plastik. Überall in den Trümmern liegen die Überreste zivilen Lebens. Ein Plastikbobbycar für Kinder hat bei dem Bombardement ein Vorderrad verloren. Ein paar Schritte weiter steht ein verkohltes Dreirad. Alles ist mit einer grauen Staubschicht zugedeckt. Man muss schon genau hinsehen, um zwei dreckige Stofftiere im Geröll erkennen zu können, die einmal Teddybär und Plüschtiger waren.

Schuhe, Bücher, eingeschmolzene Computer, Teile von Möbeln, das private Leben von Hunderten von Menschen liegt auf der Straße ausgebreitet. Eine zerkratzte rosa DVD schimmert ein wenig durch die Staubschicht hindurch. „Die Sesamstraße" auf Arabisch.

An der kleinen Boutique fehlt die Vorderfront. Die Schaufensterpuppe steht noch, durch den Druck der Explosionen ist ihr Rock nach unten gerutscht. In dem benachbarten Café wird so schnell nichts mehr ausgeschenkt werden. Metalltische und Stühle sind mit einer Rußschicht überzogen, der Rest des Raumes ist ausgebrannt. Nur der Cola-Automat steht noch, wenn es Strom gäbe, gäbe es sogar ein kühles Getränk.

Nablusi macht an der wichtigsten Sehenswürdigkeit seines Rundgangs halt. Am Tag zuvor sind die letzten Bomben hier eingeschlagen, angeblich auf einen Bunker der Hisbollah-Führung. Die streitet das ab. Noch am selben Abend wird sich Hisbollah-Chef Hassan Nasrallah im Interview mit der arabischen Fernsehstation Al-Dschasira an einem geheimen Ort zeigen. Er könne, ohne zu übertreiben, bestätigen, „dass die Führungsstruktur der Hisbollah nicht geschädigt wurde“, verkündete er. Die Hisbollah habe die israelischen Angriffe verkraftet. „All dieses israelische Gerede, dass sie 50 Prozent unseres Raketenpotenzials und unserer Lager getroffen hätten, ist falsch und Unsinn“, sagt er.

Nasrallah gibt also munter weiter Interviews. An der Stelle, wo die israelischen Kampfjets seinen Bunker vermuteten, klafft ein riesiger Trümmerkrater. „Das war nicht Nasrallahs Bunker, sondern ein Supermarkt. Da können Sie jeden aus dieser Gegend fragen“, behauptet Nablusi. Wie auch immer. Nichts ist mehr davon übrig. Nach israelischen Militärangaben wurden insgesamt 23 Tonnen Bomben auf die Stelle abgeworfen, darunter auch bunkerbrechende Waffen. Der Rauch hat sich auch noch am nächsten Tag nicht ganz verzogen. An manchen Stellen glimmen noch kleinere Feuer, nur langsam geht den Flammen die Nahrung aus.

Je länger Nablusi über den Schutt vorausklettert, umso erregter wird er. „Sie zielen immer auf zivile Einrichtungen. Warum wagen sie es nicht, sich mit unseren Kämpfern an der Grenze zu messen! Stattdessen kommen sie mit ihren hoch fliegenden Kampfflugzeugen und zielen auf Zivilisten“, echauffiert er sich. Hier gehe es nicht um zwei entführte israelische Soldaten, sondern um eine Racheaktion, erklärt er seine Sicht der Dinge. Der israelische Premier Olmert habe einfach nicht überwunden, dass die Hisbollah die einzige militärische arabische Organisation sei, die Israel eine Niederlage bereitet habe, sagt er und bezieht sich auf den Rückzug der israelischen Armee aus dem Südlibanon vor sechs Jahren.

Vereinzelt und nur kurz kommen die Einwohner in das Viertel zurück, um ein paar Habseligkeiten abzuholen. Ein alter Mann läuft die Straße entlang, er hat ein paar Hemden und Hosen aus dem Kleiderschrank gerettet, die er jetzt an den Kleiderbügeln über die Schulter geschwungen hat. Er lebe hier, sagt der Mann und deutet auf ein Haus an der Straßenecke, das noch steht. Er sei kurzfristig bei Verwandten in der Bekaa-Ebene untergekommen. Er ist kurz angebunden und zieht eilig seines Weges. Keiner weiß, wann die nächsten Bomben einschlagen werden.

Nach Süden, in den Krieg

(Beirut-Nabatiya, den 24. Juli 2006)

Endstation heißt es schon nach einer Viertelstunde. Die Fahrt Richtung Südlibanon kann zunächst nicht fortgesetzt werden. Hier, auf der Küstenautobahn südlich von Beirut, haben israelische Bomben den Asphalt der dreispurigen Trasse zerfetzt. Das grüne Autobahnschild, das jenseits der Trümmer standhaft anzeigt, hier gehe es nach Sidon, ist nur noch theoretischer Natur. So wird eine Fahrt in den umkämpften Süden des Landes, die zu Friedenszeiten eine Stunde dauern würde, zu einer Odyssee von mehr als vier Stunden.

Die Reise geht über die kurvigen Straßen des drusischen Schuf-Gebirges, durch Täler und über Berge, langsam Richtung Süden. Die Dorfstraßen sind oft zu eng, um zwei Fahrzeuge gleichzeitig passieren zu lassen. Immer wieder halten wir, um zunächst die Autos mit den Flüchtlingen aus dem Süden vorbeizulassen. Das typische Fluchtfahrzeug ist ein rostiger, dreißig Jahre alter Mercedes oder BMW, darin drei Generationen einer Familie. Vater fährt, Mutter sitzt mit zwei Kindern auf dem Schoß auf dem Vordersitz, die Großeltern haben sich mit dem Rest des Nachwuchses auf die Rückbank gequetscht. Wegen des vielen Gepäcks liegt das Auto gefährlich niedrig auf der Straße, vor allem hinten, wo häufig der Kofferraumdeckel klafft und notdürftig von einer Schnur gehalten wird. Koffer, Taschen, manchmal auch eine Matratze, ragen heraus. An die Autoantenne ist ein weißes Taschentuch gebunden, zur Sicherheit hält oft auch noch ein Kind ein weißes Bettlaken aus dem Rückfenster. Sie alle haben vor der militärischen Übermacht

Israels kapituliert und versuchen nun, lebend in den sichereren Norden zu kommen.

Das gelingt nicht immer. „Tag der Autos" haben die libanesischen Ärzte im Krankenhaus der südlich gelegenen Stadt Tyros den gestrigen Tag getauft. Denn immer wieder hat die israelische Luftwaffe Autos beschossen, mehr als 40 Menschen sind in ihren Fluchtfahrzeugen gestorben.

Auf der Bergkuppe kurz hinter der libanesischen Kleinstadt Jezzine ist die Situation dann völlig verändert: Auf der Straße fährt kaum mehr ein Fahrzeug. Hier weisen selbst kleine Straßen Bombenkrater auf, mehrmals müssen wir umdrehen und die Stellen umfahren. Unter einer Baumgruppe taucht plötzlich ein Konvoi auf: drei Busse und ein halbes Dutzend Pkws. Darin sitzen deutsche und österreichische Flüchtlinge, die mit Hilfe der österreichischen Botschaft in Beirut in den Dörfern des Südens eingesammelt worden sind. „Seit zehn Tagen ist unsere Botschaft in Kontakt mit uns. Ich bin froh, dass sie es jetzt geschafft haben, uns hier herauszuholen", sagt Rola Asi, eine Österreicherin libanesischer Herkunft. Dann bricht sie in Tränen aus: „Meine Eltern sind im Dorf zurückgeblieben. Ich hoffe, sie werden das überleben", sagt die erschöpfte Frau. Seit zwölf Tagen konnten weder sie noch ihre Kinder schlafen, „wegen der ständigen Explosionen".

Ahmad Bardschabi, ein Berufsschüler aus Berlin-Kreuzberg, wollte eigentlich nur mal einen Tapetenwechsel in seinen Schulferien. Genau am Tag des Kriegsbeginns war er im Südlibanon angekommen, um seine Familie zu besuchen. „Es war die Hölle. Vor allem nachts ging immer die Post ab", sagt er. „Jeden Tag haben wir im Keller übernachtet, dann hörten wir die Flugzeuge, und dann die Explosionen." Er ist heilfroh, raus aus dem Kampfgebiet zu sein. Er hofft, so schnell wie möglich mit Hilfe der deutschen Botschaft nach Damaskus und von dort wieder ins sichere Berlin reisen zu können.

Die Reise geht weiter über die nächste Hügelkette. Die Dörfer hier sind vollkommen ausgestorben. Es herrscht eine unheimliche Stille, die nur vom Klang der immer wiederkehrenden Explosionen unterbrochen wird – manchmal weit weg, manchmal bedenklich nahe. Es ist der Soundtrack des Krieges.

Im ersten Dorf, Habusch, wurde die Brücke über den Bach bombardiert. An der Hauptkreuzung sind alle Gebäude von der Druckwelle zerstört, die benachbarte Schule hat keine Fenster mehr. Die Reihe der Palmen entlang der Dorfstraße, wohl einst Zierde des Dorfes, besteht nur noch aus verkohlten Baumstümpfen. Schnell werden die politischen Loyalitäten dieses Dorfes deutlich. Mitten auf der Kreuzung steht ein verbeultes Schild mit dem Bild von Hisbollah-Chef Hassan Nasrallah. „Seine Mission ist es, den Widerstand aufrechtzuerhalten", heißt es darauf. Der Rest ist weggebombt.

Nur noch sehr wenige Menschen sind geblieben. Ein Mann versucht seinen verwüsteten Laden aufzuräumen. Zwei andere, offensichtlich Techniker, sind den Strommast hinaufgeklettert und versuchen die herunterhängende Leitung zu reparieren. Ein Auto bremst. Der Fahrer kommt aus der benachbarten Kleinstadt Nabatiyah. „Noch am Morgen war es bei uns ganz ruhig", erzählt er. Als er dann gerade sein Auto betanken wollte, kamen die Flugzeuge – und mit ihnen die Bomben. „Es gab nur Zivilisten an dieser Stelle, keine bewaffneten Hisbollah-Leute", versichert er. „Allein da, wo ich stand, gab es vier Verletzte. Wann übernimmt die internationale Gemeinschaft hier endlich Verantwortung und stoppt diesen Wahnsinn?", fragt er ärgerlich. Dann fährt er davon, in sichereres Gebiet.

Ein paar Hügelketten weiter in die andere Richtung: die Kleinstadt Nabatiyah taucht auf. Ein israelischer Kampfjet fliegt über die Stadt, aus der Ferne sind immer und immer wieder Explosionen zu hören. Die Stadt ist fast ausgestorben. Der Markt im Stadtzentrum ist zerstört, vom „Moonlight Café" ist ebenso wenig übrig wie vom kleinen Laden des Obsthändlers nebenan. Zwischen den Trümmern leuchten ein paar aufgesprungene Melonen. Das Handygeschäft daneben ist ausgebrannt, von dem dreistöckigen Haus dahinter steht nur noch das Skelett. Vom Gebäude daneben ist die Fassade weggesprengt – man sieht wie in einem Puppenhaus, wie seine Bewohner gelebt haben.

Neben der rosa gefliesten Badezimmerwand steht unversehrt die Toilettenschüssel. Bizarr ragt sie nun über die Klippe, die einmal eine Wohnung war.

Im Krankenhaus von Nabatiyah liegen die Opfer der Bombardements. Zivilisten, keine Hisbollah-Milizionäre. „Die meisten Schwerverletzten konnten inzwischen nach Beirut transportiert werden", erzählt der behandelnde Arzt und führt uns zu Mariam, die mit verbundenen Beinen auf ihrem Bett liegt. Die 80-Jährige ist zu schwach für den Transport nach Beirut. „Ich habe geschlafen", erinnert sie sich an den Angriff. „Ich bin durch eine Explosion aufgewacht – da ist auch schon das ganze Zimmer auf mich eingestürzt." Ihre Schwester hat sie aus den Trümmern ausgegraben und ins Krankenhaus gebracht.

Ein Zimmer weiter liegt Ali Rida mit einem verbundenen Oberschenkel. Der Arzt lässt den Granatsplitter von der Größe einer halben Untertasse bringen, der aus dem Bein des Neunjährigen operiert wurde. „Ich habe mit meinen Cousins zu Hause Domino gespielt, als es geknallt hat und plötzlich etwas auf uns gefallen ist", erzählt Ali. Dann habe er dieses Brennen im Bein gespürt. „Wir waren kurz davor, sein Bein zu amputieren, aber Ali hat Glück gehabt", erklärt der Arzt.

Andere Kinder nicht, fügt er hinzu: „Wir hatten ein Kind, das beide Beine verloren hat. Es ist heute morgen nach Beirut gebracht worden." Dann stockt er, sieht seinen Assistenten und die Krankenschwester an. „Keiner von uns hat es übers Herz gebracht, dem Kind zu erklären, dass es bei dem Bombardement seine gesamte Familie verloren hat."

Korrespondenten-Post aus Beirut

(Beirut, den 31. Juli 2006)

Auf dem zerstörten Markt in der Innenstadt Nabatiyahs wird deutlich, welchen Schaden die israelischen Flieger anrichten können, wenn sie ihre Ladungen abwerfen. Ein ganzer Häuserblock ist vollkommen zerstört. Wir brechen die Fahrt, die eigentlich in der südlibanesische Hafenstadt Tyros enden sollte, ab und kehren über viele Umwege wieder ins vergleichsweise sichere Beirut zurück. Eine gute Entscheidung, wie sich später herausstellen sollte. Nur eine halbe Autostunde von Nabatiyah entfernt, auf dem Weg nach Tyros, starb am selben Tag eine libanesische Journalistin. Eine Rakete war neben ihrem Fahrzeug eingeschlagen. Wären wir weitergefahren, hätten wir etwa zur gleichen Zeit mit der libanesischen Kollegin die Stelle passiert.

Zurück in Beirut: die Stadt der heißen und kalten Duschen. Ein krasser Wechsel von Hoffnung und Angst begleitet die Menschen. „Werden die Israelis jetzt wieder Beirut bombardieren?", lautet die Frage, nachdem wieder eine Hisbollah-Rakete südlich von Haifa eingeschlagen ist.

Von meinem Hotelfenster aus sehe ich die Beiruter Hafeneinfahrt. Vor kurzem lief ein erstes US-Kriegsschiff mit Hilfslieferungen ein: Der Libanon kriegt amerikanische Carepakete, Israel US-Hightech-Präzisionsraketen. Im Hafen ist es inzwischen ruhiger geworden. Die Libanesen, die das Glück hatten, einen ausländischen Pass zu besitzen, sind bereits mithilfe ihrer Botschaften außer Landes gebracht worden. Mit jedem auslaufenden Schiff zu denken, dass das Land jetzt sich selbst überlassen wird, wenigstens dieses mulmige Gefühl für die verbliebenen Beiruter ist vorbei. Auch die regelmäßigen Bombardierungen der südlichen Vorstadt haben in den letzten Tagen ein wenig nachgelassen. Architektonisch würde es auch keinen Unterschied mehr machen. Aus einem Wohngebiet haben die israelischen Bomben inzwischen eine verkraterte Mondlandschaft gemacht. Sogar die Hisbollah-Kämpfer, die an allen Zufahrtsstraßen wachen, sind etwas relaxter geworden, zumindest gegenüber Arabisch sprechenden Journalisten. Na ja, wenn es denn sein müsse, sagen sie, könne das Kamerateam auch ohne telefonische Genehmigung der Hisbollah-Pressestelle hier filmen, wenn es nur schnell gehe. Allzu lange will man sich zwischen den Trümmerhaufen und dem Geruch nach Verbranntem aber ohnehin nicht aufhalten, wer weiß, ob die israelischen Kampfjets nicht doch gerade wieder in dieser Minute zurückkehren.

Auch die deprimierenden Besuche in den Krankenhäusern führen immer wieder vor Augen, dass die Gefahr nicht nur theoretischer Natur ist. Hier liegt die Familie Scheito. Sie wollte letzte Woche gemeinsam aus ihrem umkämpften Dorf Bint Dschbeil fliehen, als ihr Kleinbus von einer israelischen Rakete beschossen wurde. 14 Familienmitglieder sind jetzt im Krankenhaus, die meisten mit Verbrennungen. Drei liegen noch tot auf der Strecke, da es keiner gewagt hat, die Leichen zu bergen.

Das Krankenhaus ist voll mit derartigen Geschichten. Ein Ort, an dem die anonyme Opferstatistik dieses Krieges plötzlich ein reales, verbranntes Kindergesicht bekommt. In der Nacht träume ich: eine Mischung aus Szenen mit meinen eigenen drei Kindern und denen aus dem Krankenhaus.

In Beirut selbst begann am Donnerstag wieder eine Art Normalität. Endlich wieder die ersten Autostaus zur Mittagszeit. Endlich wieder Leute auf den Straßen. Endlich wieder offene Läden, wenn auch noch nicht alle. Vielen fehlt es noch an Personal, das im Süden hängen geblieben ist. Abends bevölkern die Menschen wieder die Corniche, die Uferpromenade am Mittelmeer, und genießen die kühlende Abendbrise. Die Kinder kurven mit ihren Fahrrädern herum, die Alten haben Plastikstühle mitgebracht und schmauchen in Ruhe ihre Wasserpfeife. Ab und zu blicken sie prüfend zum Meer, ganz so, als wollten sie kontrollieren, ob nicht doch ein israelisches Kriegsschiff auftaucht und wie in den ersten Tagen des Krieges Raketensalven in die Stadt feuert. In dem Getümmel kann man den Lärm der hoch fliegenden israelischen Flugzeuge nicht mehr hören. Im ganzen Libanon gibt es, anders als in Nordisrael, keinen Luftalarm oder irgendwelche Vorwarnungen – nur eine gehörige Portion Fatalismus. Es stehe eben schon geschrieben, wo und wann man sterben wird, beruhigen sich viele.

In dem einzigen Café am Meer, das inzwischen wieder geöffnet hat, direkt neben Manara, dem Leuchtturm am westlichsten Zipfel der Stadt, arbeitet der junge Iraker Ali. Er bereitet in dem Café die Wasserpfeifen vor. „Vor zwei Jahren bin ich aus Bagdad ins ruhigere Beirut geflohen, und jetzt das." Sein Lachen über diesen Zustand ist eine Mischung aus Komik und Tragik, Kriegstragikomik. Ansonsten gibt sich Ali gelassen. Er ist ein echter Fachmann des Krieges. Am Anfang hatten die Israelis den benachbarten Leuchtturm mit Raketen beschossen. Plötzlich kam der Apache-Kampfhubschrauber übers Meer geflogen. „Ich habe den Leuten gesagt, der feuert jetzt, aber sie haben mir nicht geglaubt. Ich kenne das von den US-Apaches im Irak. Kurz bevor sie feuern, müssen sie zielen und bleiben kurz in der Luft stehen". Kurz darauf schlugen zwei Raketen in den Leuchtturm ein, „aber nur zwei kleine", meint der unfreiwillig Kriegserprobte und zeigt auf die Spanne zwischen seinem Daumen und Zeigefinger.

Auch die Barometer-Bar unweit der berühmten Hamra-Flaniermeile im Westen Beiruts hat wieder aufgemacht. Gegen Mitternacht ist sie proppenvoll. Die jungen Libanesen, die tagsüber ehrenamtlich helfen, die Flüchtlingsfamilien aus dem Süden zu versorgen, kommen auf einen Drink hier vorbei. Der Fernseher läuft neben der Theke, in Schwarzweiß und ohne Ton. Keiner sieht hin. Die Besucher der Bar wollen wenigstens für ein paar Stunden die Nachrichten vergessen. Der Bruder des Vize-Hisbollah-Chefs Naim Qassem sitzt mit seinen Freunden am Nachbartisch. Er hat einen anderen Weg als sein prominenter Bruder eingeschlagen und ist ein stadtbekannter DJ geworden. Hisbollah-Vizechef und linker DJ in einer Familie. Auch das ist ein Teil der libanesischen Realität.

Der Irak-Krieg

Auch Saddam drückte einst die Schulbank, unter anderem in Kairo. Genau gesagt ging er 1959 auf die Kasr-El-Nil-Hochschule im Kairoer Bezirk Dokki. Den Irak hatte der spätere Diktator damals kurzzeitig verlassen müssen, da er dort wegen eines Mordes steckbrieflich gesucht wurde. Bis heute erzählt man sich in einem der Schule nahegelegenen Kaffeehaus in Kairo die Geschichten von damals. Saddam war kein besonders guter Student und hat viel Zeit in diesem Café verbracht. Dort fiel er vor allem dadurch auf, dass er seine Zeche nicht bezahlen konnte und stets anschreiben ließ. Die Schulden nahm er dann mit sich, als er über Nacht 1961 in den Irak zurückkehrte. Der Besitzer des Cafés hatte den unangenehmen Gast schon fast vergessen und auch nicht allzu aufmerksam die Nachrichten verfolgt, als Jahre später tatsächlich ein Bote aus der irakischen Botschaft vorbeikam, um die „Ehrenschulden des irakischen Präsidenten" zu begleichen. „Wie?", soll der von der unerwarteten Zahlung damals überraschte alte Kaffeehausbesitzer gesagt haben, „der unnütze Saddam Effendi hat inzwischen tatsächlich eine Arbeit gefunden?"
Wer als Iraker unter der Herrschaft Saddams geboren wurde, der hat viel Pech gehabt. Zunächst der sinnlose, fast acht Jahre andauernde Krieg gegen den Iran. Dann nur zwei Jahre später der Einmarsch nach Kuwait, mit dessen Ölreichtum Saddam Hussein die Schulden des ersten Golfkrieges tilgen wollte, nur um damit den zweiten Golfkrieg vom Zaun zu brechen. Mit der von US-Präsident Bush senior verkündeten Operation „Wüstenschild" werden die Iraker aus Kuwait vertrieben. Es folgen die zwölf nicht weniger mörderischen Jahre der UN-Sanktionen, bevor im Frühjahr 2003 Saddam gestürzt wird und ein neues, ebenso blutiges Kapitel irakischer Geschichte beginnt. Eines ist für die Iraker vor und nach Saddam gleich geblieben: Die Gegenwart ist stets der Tiefpunkt und doch bleibt der bange Blick in die Zukunft und die unbestimmte Hoffnung, dass es irgendwann vielleicht doch besser werden könnte.

In der Vorkriegszeit: Zu Besuch bei Madame Pio

(Bagdad, den 18. Februar 2003, wenige Wochen vor Kriegsausbruch)

Sie war bei jeder Reise nach Bagdad einen Besuch wert, die Pio-Galerie unweit des Tigris, in einer kleinen Passage im Zentrum der Hauptstadt. Wer durch die Tür des Antiquitätenladens trat, über der eine schwere Glocke den Besucher ankündigte, der tauchte in eine fast unwirkliche Traumwelt ein, mit irakischen und persischen Teppichen, alten kurdischen Hochzeitskleidern, blank geputzten silbernen Samowars und antiken schweren Truhen. Über dem Ganzen lag stets der Geruch der reichhaltigen irakischen und osmanischen Vergangenheit. Und mittendrin saß Madame Layla Yussuf Pio, die Grande Dame der irakischen Antiquitätenszene.

Auch jetzt sitzt sie wieder hinter ihrem massiven alten Holzschreibtisch mit den Ausmaßen zweier Tischtennisplatten und blickt beim dunklen Schlag der Glocke erwartungsvoll in Richtung Eingang. Die Atmosphäre hat sich verändert. Anders als früher ist es in dem Laden ziemlich düster. Ein Blick auf die oberen Fenster verrät, warum. Madame Pio hat sie letzte Woche mit grauen Blechen verrammeln lassen, aus Angst vor bevorstehenden Bombenangriffen. Auch die Auslagen im Fenster sind leer, genauso wie ein großer Teil der Vitrinen. Selbst der Stapel mit den Teppichen ist auffällig niedrig. Gut zwei Drittel ihrer Waren habe sie bereits zusammengepackt und nach Hause transportieren lassen, erzählt die 52-Jährige.

„Wenn es losgeht, möchte ich bei all meinen alten Dingen sein, die mir wichtig sind", sagt sie. Kundschaft komme ohnehin kaum noch. Die meisten Ausländer haben die Stadt verlassen, genauso wie viele reiche Irakis, die normalerweise zu ihren besten Kunden zählen. Verkaufen tut auch niemand mehr etwas. Die meisten halten an dem fest, was sie haben, und hoffen, es durch die unsicheren Zeiten zu bringen.

„Seit die Fensterbleche das natürliche Licht aussperren, ist das hier ein trauriger Ort geworden", bemerkt Madame Pio. „Wenn du die wirklichen Farben eines Teppichs sehen willst, brauchst du Tageslicht." Es macht einfach keinen Spaß mehr, in der Sammlung herumzukramen.

Nicht nur Bombardements fürchtet sie, auch Plünderungen bei einem möglicherweise ausbrechenden Chaos. Ein befreundeter Silberhändler habe ihr erzählt, dass er all seine kostbaren Waren nach Hause schaffen und selbst den Safe im Geschäft offen lassen werde, damit sich jeder überzeugen kann, dass dort nichts zu holen ist.

Die Galerie Pio ist fast ein halbes Jahrhundert alt. Seit den frühen 70er-Jahren hatte Madame Layla ihrem Vater Yussuf Pio, einem bekannten irakischen Dichter, im Geschäft geholfen und von ihm alles gelernt, was es über irakische Antiquitäten zu wissen gibt. Seit über 20 Jahren schmeißt sie den Laden nun alleine und ist inzwischen so gut geworden, dass sie im französischen Kulturinstitut in Bagdad regelmäßig Vorträge über kurdische Kelims, persische Teppiche oder alte irakische Textilien hält.

Ein paar alte seidene Kissenbezüge liegen auf dem Boden ausgebreitet. Sie streicht liebevoll darüber und erzählt, wie sie vor einem Jahrhundert von den geschickten Händen einiger irakischer Nonnen mit Blattsilber bestickt wurden. Damals waren diese Bezüge bei reichen Bagdadis als Hochzeitsbeigabe hochbegehrt. Sie selbst, erzählt die einer bekannten assyrisch-katholischen Familie entstammende Madame Pio, lasse die Geschichte ihrer Sammlung noch einmal an sich vorbeiziehen. Mal sehe sie sich jeden Tag ihre Teppiche, mal ihr Silber, mal ihre Textilien an. Und es fällt ihr sichtlich schwer, jetzt alles zusammenzupacken.

Freunde in Beirut haben ihr und ihrem Mann angeboten, für die nächsten Wochen sicherheitshalber in die libanesische Hauptstadt zu kommen. Madame Pio hat lange mit ihrem Mann diskutiert, ob sie dieses Angebot annehmen sollten. Sie haben sich dagegen entschieden. Gerade letzte Woche war Madame Pio noch zu einem Kurzbesuch im jordanischen Amman. Alle hatten sie für vollkommen verrückt erklärt, als sie sich wieder auf den Weg nach Bagdad machte.

Ihre Generation, sagt sie, kann hier nicht weggehen. „Wir haben viel zu gute Erinnerungen an das alte Bagdad, vor dem Kuwait-Einmarsch und den UN-Sanktionen, an die Restaurants, Bars und Nachtklubs und deren Besucher aus aller Welt." Morgens habe man in der Stadt nach Antiquitäten gesucht, nachmittags sei man in eine Kunstgalerie gegangen und abends folgte meist eine Einladung zu einer Dinnerparty. Und überhaupt, sagt sie, wohin soll eine Antiquitätenhändlerin gehen, deren ganzes Leben aus privaten Dingen aus Bagdads Vergangenheit besteht?

Also macht sie wie gehabt weiter, öffnet jeden Vormittag und jeden Nachmittag ihre immer leerer werdende Galerie und harrt der Dinge, die als Nächstes auf sie zukommen. Sie sei von Natur aus optimistisch. Sie lebe nach dem „Prinzip Hoffnung", denn, sagt Madame Pio, „ohne Hoffnung bist du schon tot, bevor du gestorben bist".

Korrespondenten-Post vom Weg nach Bagdad

(Amman, den 11. April .2003)

In der Visumsabteilung der irakischen Botschaft in Kairo herrscht unter den dortigen Konsularbeamten eine eher phlegmatische Stimmung, gelegentlich akzentuiert durch das Schlürfen des süßen irakischen Tees. Zumindest die unteren Chargen sind zur Arbeit erschienen, mit oder ohne Saddam Hussein. Es gebe keine Verbindung mehr mit Bagdad, „fliegen Sie doch zu unserer Botschaft in Damaskus oder Amman und versuchen dort Ihr Glück – Inschallah", lautet die lakonische Botschaft.

Nun denn. Auf nach Amman. Dort, in der irakischen Botschaft, geht es tatsächlich anders zu, es herrscht Aufbruchstimmung, zumindest was das Finanzielle angeht. Am Vormittag hat die Nachricht kursiert, dass zwar der irakische Grenzposten geräumt ist, die jordanischen Grenzbeamten aber nur Leute mit einem gültigen Irakvisum weiterreisen ließen. Für 1200 Dollar das Stück hat der Konsularbeamte daraufhin die letzten Visa an eine Gruppe Desperado-Journalisten vertickert. Für das Sümmchen drückte er nicht nur ein Auge zu – sondern ohne „Kontakt zum Außenministerium in Bagdad" den begehrten Stempel in den Pass. Zur Mittagsstunde stand dann nur noch der Pförtner hinter dem verschlossenen Tor und versuchte last minute noch seine Schäflein ins Trockene zu bringen. Sein Angebot: Gib mir eine Kopie deines Passes und 200 Dollar und morgen kannst du dein Visum abholen – Inschallah.

Doch dann wurde bekannt, dass sich die Jordanier an der Grenze von dem auf 60 Autos angeschwollenen Journalistenkonvoi nur noch ein Papier unterschreiben ließen, dass man vollkommen auf eigene Verantwortung und Gefahr das Land verlasse. Ein irakisches Visum, jahrelang Objekt heftiger journalistischer Begierde und Leidens, ist nun nicht mehr nötig.

Inzwischen kommt neue „Stille (Grenz-)Post" von den Kollegen unterwegs fast im Stundentakt. Amerikanische Soldaten sollen den verlassenen irakischen Grenzposten übernommen haben. Deren Politik: freundlich durchwinken, keine Interviews geben.

Im neuen Irak

Die Familie Radwan in Bagdad war ein echter Glücksfall. In den Jahren Saddams galt es immer, als Journalist die staatlichen Aufpasser abzuschütteln, um doch irgendwie zu versuchen, ein wirkliches Bild vom Irak zu erhalten. Doch die meisten Iraker hatten auch ohne Saddams Schergen Angst, mit einem Journalisten zu sprechen. Wären da nicht die Radwans gewesen, die mich in den letzten sechs Jahren unter Saddam, in denen ich regelmäßig nach Bagdad gereist bin, immer wieder zu sich eingeladen haben. Dabei haben mir der Vater Zuhair, die Mutter Intisar und ihre beiden Töchter Sarah und

Samma etwas vermittelt, das den meisten Journalisten verborgen geblieben ist: das Leben einer irakischen Familie zu Saddams Zeiten und nach dessen Sturz.

Bei unserem letzten gemeinsamen Mittagessen, bevor der Krieg mit einem heftigen Bombardement Bagdads begann, diskutierten wir darüber, wie man den beiden damals acht- und elfjährigen Mädchen am schonendsten beibringt, was auf sie zukommt. In den Medien war von US-amerikanischen Plänen die Rede, laut denen in der ersten Nacht 400 Marschflugkörper abgefeuert und 3000 Bomben abgeworfen würden. Kann man ein solches Szenario den Kindern erklären? Dass es nicht zum Krieg kommen würde, glaubte zu dieser Zeit, nach einem monatelangen US-Militäraufmarsch an den Grenzen des Irak, niemand mehr. Wie es Zuhair damals fasste: „Wer sich einmal ein Kondom übergestülpt hat, der wird es dabei nicht belassen."

In den ersten Kriegstagen hatte ich die Familie jeden Tag aus dem benachbarten jordanischen Amman angerufen. „Bei den Luftangriffen verhalten wir uns inzwischen immer nach einem ähnlichen Muster. Meine Frau singt unseren verängstigten Töchtern während der lauten Einschläge Kinderlieder vor und dann wird meist die Musik aufgedreht und getanzt. Ich habe gestern das erste Mal Flamenco getanzt", erzählte Zuhair am Telefon.

Als ich am 12. April 2003 am Nachmittag schließlich unangekündigt vor ihrem Haus in Bagdad erscheine, war der Kontakt bereits seit zwei Wochen abgebrochen. In der Stadt gab es weder Strom noch Telefone. Aber die Bombardements waren vorbei und die Amerikaner patrouillierten durch die Stadt. Die beiden Töchter Sarah und Samma spielten mit den Nachbarkindern auf der Straße. Zuhair stand am Gartentor und wollte gerade zur wieder neu eröffneten Bäckerei gehen, um Brot zu kaufen. „Wenn wieder Besuch aus dem Ausland kommen kann, ist wohl das Schlimmste überstanden", sagt seine irakische Frau Intisar zur Begrüßung und bricht in Tränen aus.

Saddam ist weg, es lebe …?

Die Familie Radwan versucht sich im neuen Irak zu orientieren
(Bagdad, den 18. April 2003)

Zum ersten Mal nach dem Ausbruch des Krieges fährt Intisar durch die Stadt. Sie sitzt schweigend auf dem Rücksitz des Wagens. „Das ist eine vollkommen andere Stadt als die, in der ich noch vor einem Monat gelebt habe“, unterbricht sie nur kurz die Stille. Wir fahren vorbei an geplünderten und ausgebrannten staatlichen Institutionen wie dem Ministerium für Bewässerung und dem Bildungsministerium. Intisar hält entsetzt ihre Hände vor den Mund, als wir an einer Gruppe von Männern vorbeifahren, die gerade dabei sind, große Säcke mit Mehl und Zucker aufzuladen, die sie noch in einem staatlichen Lebensmittellager aufgetrieben haben. Ihr Lkw ist bereits voll mit allerlei anderem Diebesgut, das sie heute in der Stadt gefunden haben. Ein alter Kühlschrank, ein paar Teppiche und eine angerostete Klimaanlage. Drei amerikanische Militärjeeps fahren vorbei, ohne die Plünderer zu behelligen. Ungläubig blickt Intisar dem Jeep hinterher, bis sie an der nächsten nicht funktionierenden Ampel rechts abbiegen. Kurz darauf erscheint das Palestine Hotel, in dem die US-Armee und die ausländischen Journalisten ihr Quartier aufgeschlagen haben und das Hunderte von Iraker auf der Suche nach Arbeit belagern.

Gegenüber auf dem Fardous-Platz steht der Sockel, auf dem bis vor neun Tagen noch Saddam Husseins Statue stand, bevor sie dank moderner Medientechnologie live vor den Augen aller Welt gestürzt wurde. Oder fast der ganzen Welt: Intisar und Zuhair saßen zu diesem Zeitpunkt ohne Elektrizität in ihrem Haus und lauschten im Radio den Berichten von dem, was in ihrer Stadt gerade geschah. Es sei schwer zu erklären, was in ihnen vorging, sagen beide. Zuhair versucht es trotzdem: „Saddam war wie ein Vater, der dich ständig schlägt und misshandelt, und dann kommt jemand und bringt ihn um.“

Intisars und Zuhairs Köpfe sind voll von Widersprüchen. Sie

sind froh, Saddam Hussein losgeworden zu sein, und glücklich, dass der Krieg vorüber ist. Die Amerikaner bezeichnen sie als „Besatzer", und ihre generelle Gefühlslage beschreiben sie als „traurig". Intisar hat seit dem Kriegsbeginn ein Magenleiden. Auch mit der Ankunft der US-Soldaten in der Stadt „fressen im Stress ihre Verdauungssäfte ihren Magen auf", wie sie es beschreibt. Die Araber hätten etwas, was man im Westen vielleicht nicht verstehen könne, und das sei Stolz, erklärt sie. „Als ich den ersten US-Soldaten auf der Straße hinter meinem Haus gesehen habe, habe ich geweint. Ich hätte gerne eine Waffe gehabt und ihn getötet, wenn ich gewusst hätte, wie. Einfach zu kapitulieren, hat einen bitteren Geschmack." Nicht gerade die Worte einer glücklich Befreiten. Später entspinnt sich im Haus eine heftige Diskussion über die Frage, ob es für Bagdad nicht besser sei, dass es widerstandslos gefallen ist und damit ein Blutbad verhindert wurde. Die erste spontane Antwort von Zuhair und Intisar ist eindeutig: „Widerstand wäre besser gewesen." Doch dann kommen sie ins Grübeln. „Wir wären mit wehenden Fahnen untergegangen, und es wäre sinnlos gewesen. Die Leute wären für nichts gestorben, weil das Ergebnis von vornherein klar war", sagt Zuhair. „Außerdem hätte das den Anschein erweckt, dass wir für das Regime und nicht für unser Land kämpfen."

„Ich bin psychisch völlig fertig, und es ist schwer, einen klaren Gedanken zu fassen", bricht Intisar die Diskussion ab. Über eines sind sich dann aber beide sofort wieder einig: Die Amerikaner sind in dieser Stadt nicht willkommen. Fünf Tage nach deren Einmarsch bezieht eine Gruppe von sieben US-Panzern in der Nähe ihres Hauses Position. Zuhair, der schon am Tag zuvor bei einer Fahrt durch die Stadt erstmals amerikanische Soldaten gesehen hat, nutzt die Chance, seiner Familie die neuen Herrscher der Stadt zu zeigen. Ein Panzerfahrer hat der kleinen Samma zugewinkt. Sie wollte zurückgrüßen. Aber ihre Mutter hat ihre Hand festgehalten und zu ihr gesagt, „Kein Hallo für unseren Feind." „Später", reflektiert sie, „habe ich dann gedacht, dass diese jungen Soldaten doch selber noch

Kinder sind, die keine Ahnung haben, warum sie in der Stadt sind."

Kurz darauf traf Zuhair eine Gruppe von US-Marines. „Ist alles in Ordnung?", fragte der Offizier. „Seit Sie hier sind, nicht mehr", antwortete Zuhair, der fließend Englisch spricht, dem verdutzten Offizier. So hat Zuhair Abu Sarah den Marines-Captain Watt kennen gelernt. Eine Stunde lang haben sie dort auf der Straße diskutiert. Zuhair hat ihm gesagt, er sei Teil einer Besatzungsarmee und damit auch für seine Sicherheit und die seiner Familie zuständig. Watt antwortete, dass er kein Polizist sei. Zuhair argumentierte mit der Genfer Konvention. Was er tun könne, fragte Watt. Und Zuhair erklärte ihm, dass mit der Wiederherstellung der Stromversorgung schon die Hälfte des Problems mit den Plünderungen gelöst wäre. Außerdem solle die US-Armee die zehn Kanalbrücken überwachen, die in die nördlichen schiitischen Armenviertel führen, wohin ein Großteil des Diebesgutes abtransportiert wird. Watt fragte, ob Zuhair nicht mit den Marines zusammenarbeiten wolle, und streckte die Hand aus. „Ich habe ihm gesagt, dass ich keinem Besatzer die Hand schüttle. Aber dass er herzlich in mein Haus eingeladen sei, wenn er keine Uniform anhat", erinnert sich Zuhair. Später habe er gedacht: „Mein Gott, hätte ich jemals so mit einem irakischen Geheimdienstoffizier gesprochen?" Das Treffen und die Diskussion mit Captain Watts haben Zuhair im Umgang mit den Amerikanern Selbstvertrauen gegeben. Als am nächsten Tag eine Gruppe Marines die benachbarte Polizeistation durchsucht und dort unter den Buhrufen der Nachbarschaft die irakische Fahne herunterholt, schlägt Zuhairs erste große Stunde im neuen Irak. Intisar versucht, ihn zurückzuhalten, aber er marschiert in die Polizeistation und fordert, dass die Fahne, die nichts mit dem alten Regime zu tun hat, sofort wieder hochgezogen wird. Er solle mit Captain Watts Kontakt aufnehmen, verlangt Zuhair von dem Offizier. Der kommt kurz darauf wieder und sagt: „Alles in Ordnung, Sir", man werde die Fahne wieder hochziehen. Aber Zuhair verlangt, das persönlich zu tun, und zieht das rot-weiß-schwarze Banner mit den drei grünen Sternen unter dem Applaus der gesamten Nachbarschaft wieder hoch.

Seitdem fungiert Zuhair als eine Art Sprecher für die umliegenden Straßen. Im Moment geht es vor allem darum, den Stromgenerator der benachbarten Grundschule zu sichern. Mehrmals hatten bewaffnete Männer versucht, in die Schule einzudringen. Am sechsten Tag der amerikanischen Befreiung der Stadt erschien eine bewaffnete Bande von elf Männern mit einem Kran und einem Lkw, um den großen Generator abzuholen. Gerade als die Nachbarn diskutierten, ob man sich den Plünderern mit Waffengewalt entgegenstellen solle, kam eine Patrouille der Marines des Wegs. Jemand hatte sie von der Hauptstraße herbeigerufen. Einige Plünderer wurden festgenommen, aber später vor den Augen aller wieder freigelassen. Sie seien nicht auf frischer Tat ertappt worden, rechtfertigt der Offizier seinen Befehl. „Aber der Kran stand bereits in der Schule“, argumentiert Zuhair. „Ich frage ihn, was er denn machen würde, wenn jemand mit einer Waffe vor einer Bank in Los Angeles steht“, erinnert er sich. Der Kran sei schließlich keine Waffe, entgegnet der Offizier. Zuhairs Einwand, dass in diesem Fall genau der Kran die Waffe sei, will er nicht gelten lassen.

Später kommen einige Nachbarn und raten Zuhair dringend, mit den US-Soldaten vorsichtiger zu sein. Er könnte sonst womöglich für einen Vertreter des alten Regimes gehalten werden und Schwierigkeiten bekommen. Heute, sagt Zuhair, sei alles seitenverkehrt. „Früher haben die Iraker Saddam Hussein in der Öffentlichkeit gepriesen und im Privaten verflucht, heute machen sie das Gleiche mit den Amerikanern.“ Seine Frau stimmt zu: „Saddam hat uns die Angst gelehrt vor jedem, der stärker ist als wir. Dieser Saddam-Komplex funktioniert bei den Leuten heute mit den Amerikanern.“

Und dann kommt wieder die Verwirrung zutage. Wie soll man sich in diesen neuen Zeiten zurechtfinden? Stundenlang diskutieren wir am Küchentisch die Frage, welche positiven Möglichkeiten sich mit der neuen Besatzung ergeben. Zuhair, der gelernte Landwirtschaftsingenieur, der sich jahrelang über Wasser gehalten hat, indem er für palästinensische Zeitungen kulturhistorische Artikel schrieb, möchte sein Englisch mit Kursen im Britischen Kulturinstitut verbessern, das hoffentlich bald wieder aufmachen wird. Er könnte vielleicht auch demnächst Artikel in irakischen Medien veröffentlichen. „Am wichtigsten ist es, unsere eigene moderne Geschichte aufzuarbeiten. Da gibt es viel Nachholbedarf", sagt er.

Die einstige englische Literaturstudentin Intisar, die früher als Sekretärin bei der DDR-Nachrichtenagentur ADN gearbeitet hat und heute bei der deutschen Hilfsorganisation „Architekten für Menschen in Not" mitarbeitet, weiß noch nicht, wie es weitergeht. Auf jeden Fall hat sie in den vergangenen Monaten gelernt, mit einem Computer umzugehen. Zusammen mit ihrem exzellenten Englisch wird ihr das wohl gute Chancen in einem neuen Irak eröffnen. Zuhair freut sich auch auf ein neues, lebhaftes intellektuelles Leben in der Stadt. In Zukunft müssen er und seine Freunde sich nicht mehr heimlich Bücher und Zeitschriften besorgen und sich gegenseitig ausleihen, bis sie total zerfleddert sind. In Zuhairs Lieblingscafé, direkt am freitäglichen Büchermarkt, kann er in Zukunft offen über alles mit seinen Freunden diskutieren. Er hofft auch, dass viele irakische Intellektuelle aus dem Exil zurückkehren. „Leute, die frei denken können und die Saddam Hussein nicht im Gehirn implantiert haben." Noch wissen sie nicht, wie sie sich mit der neuen Besatzung arrangieren können und wollen. Es ist wie in den Zwanzigerjahren während der britischen Kolonialzeit, sagt Zuhair. Manche haben mit den Briten zusammengearbeitet, weil sie darin die einzige Möglichkeit sahen, ihr Land zu entwickeln. Andere haben dies aus purem Opportunismus getan. „Auch diesmal werden wir beide Typen finden", meint er. Der 50-jährige Zuhair und die 44-jährige Intisar glauben aber, dass das eher eine Frage für die nächste Generation sei.

Doch ihre beiden Töchter haben noch gar nicht begriffen, welche neuen Zeiten angebrochen sind. Sie haben ihre Straße seit drei Wochen nicht verlassen. Und auch der Fernseher ist seit zwei Wochen tot. Sarah würde gerne wieder in ihre Schule gehen, die sie seit Kriegsbeginn nicht mehr besucht hat. Doch ihre Mutter hat ihr das bisher untersagt. „Es wäre zu dramatisch", erklärt sie. Andere Eltern haben ihr erzählt, dass die Schule ihrer Töchter vollkommen ausgeplündert wurde. Es gibt dort keinen einzigen Stuhl oder Tisch mehr, und selbst die Tafeln sollen sie abgeschraubt haben. Diesen Anblick will Intisar ihren Töchtern ersparen.

Zu Hause hatten Zuhair und Intisar immer nur über Politik geredet, ohne den Namen Saddam Husseins zu erwähnen. Und wenn das Gespräch zum Regime kritisch wurde, haben sie es in Englisch weitergeführt, aus Angst, die Kinder könnten ihre eigenen Eltern aus Versehen anschwärzen – wie jenes Kind, das bei einem Besuch Saddam Husseins in dessen Schule offen erzählt hatte, dass sein Vater immer den Fernseher ausschaltet, wenn der Präsident erscheint. Niemand weiß genau, was damals mit dem Mann passiert ist.

Nun haben Zuhair und Intisar zwei gehirngewaschene Töchter zu Hause. Vor allem Sarah weigert sich zu verstehen, dass Saddam Hussein nicht mehr ist. „Wir lieben unseren Führer, weil er die Kinder liebt", rezitiert sie einen in der Schule gelernten Slogan. Ich male Saddam Hussein mit einem komischen Gesicht und einer krummen Nase auf ein Blatt Papier. „Das darfst du nicht mit Onkel Saddam machen", reagiert Sarah erbost. „Wir haben schon versucht, mit ihr zu sprechen. Sie wird es nicht glauben, bis sie es von ihren eigenen Lehrern hört oder im Fernsehen sieht", meint ihre Mutter.

Samma ist da schon etwas gelassener, sie hat nicht einmal zwei Schuljahre in Saddams Propagandamaschine verbracht. „Was machst du jetzt ohne Saddam Hussein?", frage ich sie. „Nichts", antwortet die Achtjährige und zuckt mit den Schultern. „Soll ich jetzt vielleicht die Hände über dem Kopf zusammenschlagen?"

Korrespondenten-Post aus einem geplünderten Haus

(Bagdad, den 17. April 2003)

Ob sein Vorname wohl Winston lautet? Das wollte er nicht verraten, der US-Sergeant Churchill, den wir bei der Villa von Arschad Jassin trafen, als er mit seinen Männern viel zu spät dort vorfuhr. Das Haus von Saddam Husseins ehemaligem Leibwächter, der sich zum bekannten Antiquitätenschmuggler gemausert hatte, war bereits seit zwei Stunden von Plünderern heimgesucht worden. In den Nächten zuvor hatten Diebe die wertvollsten Stücke herausgepickt. Dann beschloss die Nachbarschaft, den Rest für sich zu sichern.

Vor dem Haus gleicht die Szene einem Flohmarkt. Schränke, Regale, Spiegel und luxuriöse Stehlampen warten auf ihren Abtransport, jedes Einzelstück streng bewacht vor dem Zugriff der Konkurrenz. Etwa das Babybett, gefüllt mit den Gewändern der Dame des Hauses. Ein schätzungsweise 70-jähriger Mann hält die Sprossen fest im Griff und blickt argwöhnisch in die Runde.

Im Innern der Villa macht sich eine gute Hundertschaft von Plünderern über die wenigen übrig gebliebenen Einrichtungsgegenstände her. Eine zierliche Greisin hält mit einer Hand ihre Abaya, ihren schwarzen Umhang, fest, während sie sich gegen eine massive Kommode stemmt und diese zentimeterweise in Richtung Ausgang rückt. Hilfe darf sie dabei nicht erwarten. Beim Plündern ist sich jeder selbst der Nächste.

An anderen Orten sind echte Experten am Werk, beispielsweise in einem der vier Badezimmer, in dem ein Mann zunächst eingehend die Funktionalität des WCs prüft, bevor er es fachmännisch aus der Verankerung schraubt. Im leeren Schlafzimmer schraubt ein Elektriker in aller Ruhe jede einzelne goldfarbene Steckdose ab und verstaut die Beute in einer Plastiktüte.

Im ganzen Haus riecht es nach Essig. In der Küche wird klar, warum. Ein Mann schnüffelt an Flaschen und Karaffen auf der Suche nach Alkoholischem. Enttäuscht zertrümmert er jede Flasche auf dem Küchenboden. Die Besitzer des Hauses waren offenbar dem Geschmack exquisiter Essigsorten verfallen.

Churchills Männer müssen sich mit einer Schallbombe in der Eingangshalle die Aufmerksamkeit der Plünderer verschaffen. Die Hälfte rennt daraufhin in Panik zum Ausgang. Die anderen gehen vor den amerikanischen Waffen sicherheitshalber erst mal respektvoll in die Hocke. Leider kann von dieser bemerkenswerten Szene kein Bild veröffentlicht werden, weil Churchill unseren Fotografen attackiert, die digitale Speicherkarte aus der Kamera nimmt und das gute 400-Dollar-Stück mit den Worten „der Fotograf gefährdet die Sicherheit meiner Männer" mit seinem Stiefel auf dem Fliesenboden zerdrückt.

Überhaupt scheinen sich Churchill und die Seinen mehr für die Journalisten als für die Plünderer zu interessieren. Während sie Letztere mit dem Hinweis „Ali Baba no good" des Weges schicken, fordern sie die Journalisten auf, sich auszuweisen. „Beihilfe zum Diebstahl", lautet die Anklage. Schließlich hätten wir die US-Armee rufen müssen. Auf den Einwand, ob wir lieber das US-Hauptquartier Centcom in Katar oder den amerikanischen Notruf 911 mit unseren nicht vorhandenen Telefonen hätten anrufen sollen, hat Churchill nur ein „Halt's Maul, ihr befindet euch in einer militärischen Situation" übrig.

Während einer seiner Soldaten, das Maschinengewehr im Anschlag, vom Jeep aus den Ort absichert, nimmt Churchill die Personalien auf, um uns dann die zerschmetterte digitale Speicherkarte zurückzugeben. „Journalisten ist es verboten, sich diesem militärischen Objekt zu nähern", erklärt er abschließend.

So viel zur amerikanischen Ordnungsmacht in Bagdad. Als wir wenige Stunden später abends noch einmal an dem Haus vorbeifahren, hat sich Churchills Armee taktisch zurückgezogen. Gemächlich und ungestört sind die letzten Plünderer gerade dabei, das Holz der Fensterrahmen in die dunklen Straßen

Bagdads davonzutragen. Von Churchills militärischem Objekt ist nur noch der Rohbau übrig.

Korrespondenten-Post aus einem Präsidentenpalast
(Bagdad, den 20. April 2003)

„Have a nice day" – einen wunderschönen Tag wünscht der US-Soldat am Ausgang des Palestine Hotels, das neben den Journalisten auch der US-Armee als Unterkunft dient. Rund um das Hauptquartier-Hotel erstreckt sich die „befreite Zone". Die „Vereinigten Staaten von Irak", wie es ein Bagdader eher abschätzig nennt.

Deren Hoheitsgebiet umfasst alle größeren Plätze der Stadt. Das neue Prinzip staatlicher Autorität ist relativ einfach: Auf jedem Verkehrsrondell, das groß genug ist, um einst in seiner Mitte eine Saddam-Statue beherbergt zu haben, steht heute ein amerikanischer Panzer. Alles andere ist rechtsfreie Zone.

Höhepunkt des kleinen Ausfluges war der Spaziergang durch den Jumhuriyah-Präsidentenpalast, der eigentlich nicht nur aus einem Palast besteht, sondern aus einem riesigen Areal aus Palastbauten. Früher galt dieser Ort als eine absolute Tabuzone, über die man nur flüsternd sprach. Selbst am anderen Tigrisufer durfte man nicht stehen bleiben und einen genauen Blick auf das Objekt werfen. Bei den durchschnittlichen Irakern galt es schon als gefährlich, in Richtung des Palasts auch nur zu deuten.

Jetzt kann man in den verbotenen Palastgärten zwischen zwitschernden Vögeln und blühenden Frühlingsbüschen flanieren, zumindest als ausländischer Journalist. Für Iraker gilt das ganze Gebiet noch immer als Tabuzone, statt Saddam Hussein residiert dort nämlich neuerdings in einem der Palastbauten das Hauptquartier einer US-Einheit dieser Stadt.

Der kleine, surreale Ausflug in die verfallene Saddam'sche Pracht hat sich dennoch gelohnt. Vorbei an vergoldeten Louis-

XIV-Sesseln und durch Säle mit prächtigen und klotzigen Schreibtischen, abgedunkelt mit grünen Brokatvorhängen, den zerbombten Kuppelsaal links liegen lassend, steht man schließlich vor der geöffneten Tür zu jener Lokalität, zu der selbst ein Präsident alleine geht. Vergoldete Wasserhähne und eine runde Badewanne, von der allerdings schon jemand den vergoldeten Duschkopf entfernt hat, geben dem stillen Örtchen ein besonderes Flair. Die Verlockung war natürlich zu groß, um ihr zu widerstehen. Das Resümee: An einem präsidialen Ort erleichtert es sich auch nicht anders. „Have a nice day."

Nachtrag: Wer konnte damals erahnen, dass genau an diesem Ort die „Grüne Zone" der Besatzungsverwaltung entstehen sollte, einer der bestbewachten Orte der Welt. Nur ein halbes Jahr später sah es dort bereits ganz anders aus. Dort wurde der Grundstein für die später weltweit größte US-Botschaft gelegt und das US-Militär schlug dort sein Hauptquartier auf. In der Zone ging es mitunter recht weltfremd zu. Die Phrasen des im nächsten Beitrag vorkommenden Besatzungsvermarkters Mike über „die letzten Verzweifelten, die es einfach nicht ertragen könnten, wie gut es jetzt im Irak laufe, und die daher den amerikanischen Erfolg angreifen" sollten allerdings noch einige Jahre danach gedroschen werden.

Die Insulaner von Bagdad

(Bagdad, den 26. November 2003)

Bagdad war schon immer eine Stadt der lang gezogenen hohen Mauern. Man fährt seit jeher ehrfürchtig an ihnen entlang und traut sich kaum zu ahnen, wie dahinter über das Schicksal des Landes und das der Vorbeifahrenden entschieden wird. Früher hatte sich Saddam Hussein hinter ihnen verborgen, heute hat sich Amerikas Besatzungsverwaltung dahinter verschanzt. Mit einem Unterschied: Für die neuen Herren des Landes waren

Saddam Husseins Mauern nicht hoch genug. Sie haben rund um ihr Hauptquartier, den einstigen Republikpalast des Diktators, sicherheitshalber noch einen kilometerlangen zweiten Betonwall, einen so genannten Bomb Blaster gezogen, umgeben mit Stacheldraht und Schildern davor, mit der Aufschrift „Demonstrieren verboten". Dann haben sie für den Komplex den wohlklingenden, fast schon umweltfreundlichen Namen „Grüne Zone" geschaffen. Im US-Militärjargon läuft das Ganze als „sensible installation".

Natürlich gibt es auch weniger sensible Installationen; dort geben die Besatzungsverwalter gelegentlich Audienzen oder Pressekonferenzen. Das wichtigste dieser medienzugänglichen Gebäude, ebenfalls in der Grünen Zone gelegen, ist das Bagdader Kongresszentrum. Um nicht missverstanden zu werden: Auch diese Installation gleicht einer modernen Festung, umgeben von Betonmauern, Stacheldraht, Sandsäcken und Soldaten, die jeden Besucher dreimal nach den Personalien fragen und gründlich abtasten. An der Uniform des zweiten Abtastsoldaten baumelt ein phosphorisierendes Gummiskelett. „Das ist Jack", stellt er sein Maskottchen vor. Der habe im Ramadan ein wenig zu viel gefastet, klärt er auf.

Es sind immerhin 13 Jahre vergangen, seit Saddam Hussein, kurz bevor er seinen Truppen den Einmarsch in den Kuwait befahl, bei einem arabischen Gipfeltreffen in den gleichen Hallen wütend einen Tisch mitsamt Kaffeegeschirr umwarf und ankündigte, den Krieg in die Schlafzimmer der Prinzen am Golf zu tragen. Und ganze sieben Monate ist es her, als sich das so genannte irakische Parlament dort zur letzten Sitzung traf, um in einer bizarren Veranstaltung alle Arten von Massenvernichtungswaffen im Irak zu verbieten.

Ein ausländischer Diplomat in Bagdad hat bereits gewarnt: Im „Palast" und im Kongresszentrum residiere heute keine Gruppe erfahrener amerikanischer Berufsdiplomaten, sondern ein, wie er es nennt, „amerikanischer neokonservativer Kindergarten". Es seien, wie er es beschreibt, junge, ehrgeizige Menschen, die das Pentagon aus den neokonservativen Think-

Tanks der USA eingesammelt und für einen Einsatz im Irak eingestellt habe.

Aber auf ihn ist man dann doch nicht gefasst. Nennen wir ihn einfach Mike, denn er informiert freimütig über amerikanische Erfolge im Irak, möchte aber nicht, dass sein Name in einer Zeitung genannt wird. Mike ist einer der Mitarbeiter der CPA, der Coalition Provisional Authority, wie sich die Besatzungsverwaltung nennt. „Koalition", weil man zeigen möchte, dass man in der Welt nicht alleine dasteht, und „provisorisch", um keinen langfristigen Kolonialeindruck zu erwecken. Nur am Wort Autorität kam man irgendwie nicht vorbei.

Mike hat sich auf der Sitzgruppe niedergelassen, auf der noch vor acht Monaten eine Gruppe irakischer Parlamentarier ihre Lobeshymnen auf Saddam Hussein in den Block diktiert hatte. Nur fühlten die sich damals nicht ganz wohl, saßen ganz am Rand der Ledersessel, in der Hoffnung, das Maskeradenspiel und das Gespräch schnell hinter sich bringen zu können. Bei Mike ist das anders. Er hat sich zurückgelehnt, die Arme auf beiden Seiten der Rückenlehne des Sofas ausgestreckt, einen Fuß mit seinem blank polierten Schuh lässig auf den Oberschenkel des anderen Beines gelegt. Mike fühlt sich sichtlich wohl, er glaubt fest an das, was er sagt. Sich selbst beschreibt er als „Teilnehmer an einer noblen Mission". Und auch auf die Frage, warum seiner Meinung nach die Amerikaner auf ihrer noblen Mission im Irak so häufig unter Beschuss geraten, kontert er mit einem: Das seien die letzten Verzweifelten, die es einfach nicht ertragen könnten, wie gut es jetzt im Irak laufe. „Sie greifen unseren Erfolg an."

Mikes Boss, der Chef der Zivilverwaltung, Paul Bremer, von allen in der CPA kurioserweise „Mister Botschafter" genannt, reist regelmäßig nach Washington, wo inzwischen ernsthaft über einen Strategiewechsel in Sachen Irak nachgedacht wird. Aber Mike ist nicht weiter beunruhigt. „Es wird keinen Strategiewechsel geben, aber wir befinden uns in einem konstanten Prozess der taktischen Neubewertung der Lage", sagt er.

Bei Mike gibt es keine Widersprüche, nicht einmal in seinem Lebenslauf. Über sein Alter möchte er nicht sprechen, aber er ist höchstens Anfang dreißig, hat an einer amerikanischen Eliteuniversität Recht studiert, bei der Bush-Wahlkampagne mitgemacht, ein wenig im Pentagon gearbeitet, und jetzt sitzt er seit drei Monaten hier, um die US-Politik an Journalisten zu verkaufen: „Unser Job ist es, irgendwann keinen Job mehr zu haben", sagt er, oder: „Es gibt großartige Fortschritte bei der Irakisierung." Beispielsweise bei der Polizei laufe es gut, führt Mike aus. Die agiere inzwischen viel unabhängiger von der US-Armee. Von direkter Kontrolle in den Polizeistationen durch die Militärpolizei sei man inzwischen zur „Beobachtungsphase" übergegangen.

Vor kurzem, als ich mich in einer Polizeistation in Bagdad mit einem irakischen Polizeioffizier unterhielt, war sein Kollege von der US-Militärpolizei hereingeplatzt und hatte den Iraker einfach wie ein Kind nach draußen geschickt. Man müsse bei dem US-Kommandanten erst klären, ob es für den irakischen Polizeioffizier sicher sei, mit Journalisten zu sprechen. Es stellt sich die Frage: Was haben sie mit den irakischen Polizisten gemacht, bevor sie mit Mikes neuer „Beobachtungsphase" begonnen haben? Überhaupt, schwärmt der weiter, die gemeinsamen Patrouillen mit den Irakern seien großartig, um bei den amerikanischen Truppen „kulturelles Bewusstsein" zu schärfen. Ob das Ramadan-Skelett Jack und dessen liebenswerter Träger da draußen vor dem Tor auch gelegentlich mit den Irakern Patrouille fahren?

Mike ist schon bei seinem nächsten Lieblingsthema, dem, was die Iraker wirklich denken. Er leitet das mit dem Satz ein: „Die Iraker haben endlich ein Gefühl der Hoffnung für ihre Zukunft." Mike ist überhaupt nicht mehr zu bremsen. Nur bei der Frage, wie oft er eigentlich aus seinem Palast und seinem Kongresszentrum hinaus in die Wirklichkeit Bagdads fährt und mit Irakern spricht, kommt er kurz ins Schleudern. Es sei das erste Mal, dass er überhaupt im Nahen Osten sei, und die Fahrt vom Flughafen hierher sei etwas überwältigend gewesen, räumt er ein, um wieder schnell die Kurve zu kriegen, „so überwältigend, weil das Land unter Saddam Hussein so vernachlässigt war".

Auch wenn Mike es nicht zugeben mag: Ausländische Diplomaten und Vertreter von Hilfsorganisationen, die mit den jungen US-Verwaltern im Palast regelmäßig zu tun haben, sagen alle übereinstimmend, dass diese nie aus ihrer amerikanischen Insel im Zentrum Bagdads herauskommen und dass sie sich, wenn überhaupt, nur von einer kleinen ausgewählten Gruppe beraten lassen. Ihr Leben zu riskieren, überlassen sie lieber den Soldaten.

Mike arbeitet nach eigener Aussage jeden Tag 16 Stunden mitten in Bagdad, ohne die Stadt je zu Gesicht zu bekommen. Der ambitionierte junge Anwalt mit seiner Hoffnung auf einen gutsituierten Job im Pentagon oder im Weißen Haus lebt heute sozusagen in freiwilliger Installationshaft in Bagdad.

Nachtrag: Und so sah es schon ein paar Monate zuvor, draußen im wirklichen Irak aus. In Falludscha, das später als die Hauptstadt der Aufständischen im blutigen sunnitischen Dreieck bekannt werden sollte, begann sich bereits die Guerilla zu formieren. Wer Usamas Geschichte kennt, der wundert sich kaum, warum.

Lebendig tot in Falludscha

(Falludscha, den 1. Juli 2003)

Captain John Ives sieht so aus, wie sich eine amerikanische Mutter ihren künftigen Schwiegersohn erträumt. Mit strahlenden blauen Augen und einem smarten Lächeln steht er im Gang des ehemaligen Hauptquartiers der Baath-Partei, in dem die US-Armee ihr Verwaltungszentrum für die westirakische Stadt Falludscha eingerichtet hat. Ives, Verbindungsoffizier zwischen den Besatzungstruppen und der irakischen Stadtverwaltung, erklärt, wer hier hinter den täglichen Attacken gegen seine Männer steckt: „Das sind einfach ignorante

Menschen, die nicht verstehen, dass wir ihnen Gutes bringen wollen."

Die 250 000-Einwohner-Stadt hat sich in den vergangenen Wochen zu einem konstanten Ärgernis für die dort stationierten 13 000 amerikanischen Soldaten entwickelt. Ein halbes Dutzend Angriffe mit Kalaschnikows und Granaten zählen die Amerikaner durchschnittlich in der Woche. Neben Bagdad und dem benachbarten Ramadi zählt Falludscha damit zu den Hauptzielgebieten der militanten irakischen Operationen, denen seit dem 1. Mai über 40 US-Soldaten zum Opfer gefallen sind. Mehrere hundert Iraker wurden bei dem amerikanischen Versuch getötet, die Täter ausfindig zu machen.

Er verstehe manche dieser Iraker nicht, sagt Captain Ives. „Da sind wir vor drei Monaten mit einem Panzer über einen privaten Pkw gerollt und der Besitzer regt sich heute immer noch darüber auf", wundert er sich sogar. Ives hat für das Ganze auch einen schönen Ausdruck parat. Er nennt es „peacekeeping damage", Schaden, der nun einmal entstehe, wenn die US-Armee Frieden schafft.

Usama Saleh und seine Familie sind Opfer eines ganz anderen Falls von „friedenschaffendem Schaden". Der 33-Jährige wohnt gegenüber der Al-Qaid-Mädchenschule, in der noch im April Soldaten der 82. US-Luftlandeeinheit stationiert waren. Langsam und mit leerem Blick erzählt er, wie der 28. April sein Leben verändert hat. Er wirkt wie ein vollkommen gebrochener Mann. Zunächst hörte der Taxifahrer an diesem Montag, wie sich eine Demonstration wütender Iraker der Schule näherte. Er verschloss Türen und Fenster. Dann hörte er die ersten Schüsse. Die Amerikaner behaupteten später, aus der Demonstration sei auf sie geschossen worden. Sie antworteten mit einem minutenlangen Sperrfeuer auf den Platz vor der Schule. Unzählige Einschusslöcher an den gegenüberliegenden Häusern zeugen noch von diesem blutigen Tag, an dem 15 Iraker erschossen und 75 verletzt wurden. An dem blauen Eingangstor zu Usamas Haus lassen sich allein sieben zählen.

In Panik waren die Menschen damals zu Usamas Bruder Mussana ins Nachbarhaus gerannt. Als der die Tür öffnete, wurde ihm mehrfach ins Bein geschossen. Usama hörte die Kinder und die Frau seines Bruders schreien und stürzte zusammen mit seinem anderen Bruder Walid aus dem Haus. Walid wurde direkt neben ihm niedergeschossen. Usama holte das Taxi aus der Garage, um seine Brüder ins Krankenhaus zu fahren. Der Wagen wurde von 72 Schüssen durchsiebt, zwei davon streiften Usamas Kopf, einer traf sein Bein. Als er versuchte, aus dem Auto zu steigen und zurück ins Haus zu kommen, schossen die US-Soldaten aus der Schule weiter. Usama wurde von hinten getroffen, die Kugel blieb im Unterleib stecken. Innerhalb weniger Minuten war bei der Familie Saleh nichts mehr wie zuvor. Walid war tot, Mussanas Bein musste später amputiert werden, Usama war Invalide, seine Mutter hatte einen Schulterschuss und das Taxi, die wichtigste Einnahmequelle der Familie, war völlig zerstört.

Am nächsten Tag durchsuchten die amerikanischen Soldaten Usamas Haus. Es habe der Verdacht bestanden, aus dem Haus sei auf sie geschossen worden, hieß es später. Aufmachen konnte niemand, die Familie war im Krankenhaus, die US-Soldaten mussten einbrechen. Als die Salehs nach Hause kamen, war alles auf den Kopf gestellt. Gefunden hatten die Soldaten nichts. „Wie auch", sagt Usama, „ich habe nie eine Waffe besessen." Keiner hat sich seitdem von der US-Armee bei ihm blicken lassen – keine Entschuldigung, kein Schadenersatzangebot, keine Rede davon, die Krankenhaus- oder die Reparaturkosten für das Taxi zu übernehmen.

Usama hinkt heute. Unter seiner grauen Galabija, dem Beinkleid, verschließt ein Plastikbeutel seinen künstlichen Darmausgang. Wegen der Streifschüsse am Kopf, die Nerven zerstörten, fängt er oft zu zittern an und kann nur wenige Minuten ruhig sitzen. Er hat schon den Fernseher, die Klimaanlage und zahlreiche Möbel verkauft, um die Klinik bezahlen zu können. Zwei weitere Operationen hat er noch vor sich. „Ich war früher derjenige, der anderen Geld gegeben hat, ich kann heute doch keines annehmen", sagt er stolz.

Captain Ives in seinem klimatisierten Büro findet die Iraker undankbar. Sie würden sich stets beschweren und die Amerikaner für alles verantwortlich machen, „obwohl wir eigentlich helfen wollen". Sichtlich enttäuscht fügt er hinzu: „Die Iraker sagen, dass die Tasse Milch heute nicht ganz so wohl temperiert ist wie unter Saddam Hussein." Für Usama stellt sich indes die Frage, wie er eine wie auch immer temperierte Milch auf den Tisch bringen soll. Wie, fragt er, soll er in Zukunft die 23 Münder stopfen, die seit dem Tod und der Verletzung seiner Brüder vollkommen von ihm abhängig sind.

Sicher, erklärt Captain Ives, seien einige Fehler gemacht worden. Gerade am Anfang hätten die US-Soldaten bei den Hausdurchsuchungen und an den Straßensperren oft falsch gehandelt. „Jetzt verstehen wir, dass es in dieser islamisch-konservativen Stadt nicht opportun ist, bei einer Hausdurchsuchung in der Frauenunterwäsche zu wühlen." Tatsächlich hatten die US-Truppen in den ersten Besatzungstagen viele verärgert, weil sie an Straßensperren Frauen durchsuchten oder weil sie gegen jeden Ehrenkodex der Beduinen Männer mit den Stiefeln in den Staub zwangen, bevor sie die Häuser durchsuchten. „Wir haben einen neuen Ansatz", erklärt Captain Ives. „Heute klopfen wir an und bitten die Frauen und Kinder, nach draußen zu gehen, bevor wir mit der Durchsuchung beginnen." Der Verbindungsoffizier beschreibt das als „langsamen Heilungsprozess".

Als Usama aus dem Krankenhaus kam, war er nach seinen eigenen Worten „psychologisch am Nullpunkt angekommen". Nur langsam begann er zu begreifen, was geschehen war. Aber er erholte sich jeden Tag mehr. Zum Nachdenken hatte er kaum Zeit. Das Taxi musste repariert, sein Bruder, dem das Bein abgenommen worden war, versorgt werden. Die Nachricht, die Usama dann vor drei Tagen ereilte, warf ihn endgültig zu Boden. US-Soldaten hatten bei einer Hausdurchsuchung seinen Cousin erschossen. Später, sagt Usama, hätten sie sich bei dem Vater entschuldigt: Sie hätten einen Fehler begangen. Doch der Tote war nicht nur Usamas Cousin, sondern auch sein bester Freund. Er sei bisher als starker Charakter bekannt gewesen. „Heute bin ich zerstört. Sieh mich an, ich bin ein Häuflein Elend, das nicht mehr als drei Stunden Schlaf finden kann."

Den Rest des Tages, wenn er „lebendig tot" in seinem Haus herumlaufe, habe er manchmal darüber nachgedacht, ob er sich nicht jenen anschließen sollte, die den Amerikanern auflauern. Dabei ist der Taxifahrer kein Überbleibsel des alten Regimes. Er sei heilfroh, Saddam losgeworden zu sein. Er würde nur so denken wie viele andere in Falludscha, die inzwischen den US-Soldaten nach dem Leben trachten. In der konservativen, von Beduinentraditionen geprägten Stadt herrscht das Konzept der Blutrache. „Tötet ein Soldat meinen Bruder, dann töte ich einen Soldaten", lautet das einfache Motto, das die amerikanischen Truppen hier in eine blutige Vendetta verstrickt hat.

Usama jedoch ist zu dem Schluss gekommen, dass er keine Rache nehmen wird. „Wir dürfen jetzt nicht den Kopf verlieren", sagt er. Militärische Operationen gegen die Amerikaner hält er gegenwärtig für falsch. Die Besatzer sollten mehr Zeit bekommen, das Land wieder zum Laufen zu bringen, sagt er. Sie in einen Kleinkrieg zu verstricken, bewirke nur das Gegenteil. Aber wenn es in ein paar Monaten immer noch nicht die grundlegendste Infrastruktur gibt oder eine irakische Regierung, prophezeit er, werden sich alle Iraker gegen die Besatzung erheben. Usama selbst wird allerdings, wie er sagt, „niemals eine Waffe in die Hand nehmen". Er hat eine einfache Rechnung aufgestellt: Sollte ihm etwas zustoßen, opfert er die 23 Menschen, die jetzt von ihm abhängig sind. Resigniert fügt er hinzu: „Als Saddam endlich weg war, haben wir gehofft, dass unser Leben endlich eine bessere Wendung nimmt. Was für eine Ironie."

„Meine Gefühle? Die sind abgestorben" – *Die Familie Radwan reflektiert über ihre Flucht und fünf Jahre Irak-Desaster* *(Kairo, den 26. März 2008)*

Früher saßen wir immer gemeinsam am Küchentisch im Haus der Familie Radwan im Norden Bagdads. Mit Zuhair, dem Familienvater, und seiner Frau Intisar debattierten wir über Saddam, den Krieg und schließlich über ihre Hoffnungen und Wünsche im neuen Irak.

Heute sitzen wir wieder zusammen am Küchentisch, allerdings nicht in Bagdad, sondern in Kairo. Die irakische Familie war im Sommer vor zwei Jahren aus Bagdad nach Ägypten geflohen. Sie hatte es einfach nicht mehr ausgehalten. Einmal, im Sommer 2005, explodierte eine Bombe neben der Schule der beiden Töchter Sarah und Samma. Noch heute erzählen die beiden Mädchen mit aufgeregten Stimmen davon, wie sie unter den Tisch krochen und wie Sarah ihre kleine Schwester im anschließenden Chaos auf dem Schulhof suchte, um sicherzugehen, dass alles in Ordnung ist. Später kamen zur ständigen Angst vor Anschlägen noch die Milizen und Todesschwadronen hinzu. „Immer wenn wir zur Arbeit oder zur Schule mussten, wussten wir nicht, ob wir uns am Abend wiedersehen", erinnert sich Intisar. Und abends, zu Hause, sei sie jedes Mal zusammengezuckt, wenn das Gartentor klapperte. „Ich dachte, jetzt kommen die Milizen und holen meinen Mann." Zuhair, der inzwischen als Journalist bei der unabhängigen irakischen Tageszeitung *Al-Mada* in Bagdad arbeitete, saß eines Tages im Büro an seinem Computer, als das Internet ausfiel. Er war gerade von seinem Arbeitsplatz aufgestanden, um im Nebenzimmer den Techniker zu suchen, als die Bombe vor dem Gebäude explodierte. Als Zuhair zu seinem Arbeitsplatz zurückkehrte, war sein Schreibtisch von Trümmern der heruntergestürzten Decke bedeckt.

Das Traurigste in den letzten fünf Jahren war, das Haus in Bagdad zusammenzupacken, sind sich Intisar und Zuhair einig. „Jedes einzelne Stück dort haben wir gekauft, gesammelt oder geschenkt bekommen, und dann musst du dich entscheiden, welche wenigen Sachen du in den wenigen Koffern mitnimmst“, blickt Zuhair zurück. Die Fotoalben hat er schließlich eingepackt, obwohl sie einen Großteil der Tasche in Anspruch nahmen. „Das war unser Leben, dachte ich damals, das muss unbedingt mit.“ Dann kamen die Leute aus der Nachbarschaft und nahmen den Rest mit. Zuhair ist noch einmal durch das leere Haus gegangen: „Alle meine Erinnerungen waren weg. Ich fühlte mich wie im Koma.“ Die letzte Nacht verbrachte die Familie auf einem Teppich auf dem Dach. Die Matratzen waren weg. „Wir hörten Schüsse in der Nähe des Hauses.“ Da haben die Eltern ihre Töchter in die Mitte genommen und an sich gedrückt. „Bis zum Morgen habe ich wach gelegen“, erinnert sich Zuhair, bis schließlich das Taxi kam, um die Familie zum Flughafen zu bringen.

Die Flucht war die beste Entscheidung ihres Leben, meinen Zuhair und Intisar heute. Manchmal gehe er durch die Straßen von Kairo und habe dabei das gleiche Gefühl, wie wenn man aus dem Schlaf aufwacht und im ersten Moment nicht genau weiß, wo man ist, beschreibt Zuhair seine Empfindungen. Es war ein dramatischer Wechsel. „Ich bin 55 Jahre alt, in den nächsten Jahren hätte ich eigentlich an meine Pension denken müssen. Stattdessen muss ich jetzt mit meiner Familie ein neues Leben aufbauen“, sagt er. Zuhair hat Glück gehabt. Seit Beginn des Jahres arbeitet er in einer ausländischen Nachrichtenagentur in Kairo. Intisar hat diesen Monat bei einer privaten ägyptischen Organisation angefangen, die Schulprojekte für Kinder aus den Armenvierteln Kairos koordiniert. Anders als viele der mehr als zwei Millionen Iraker, die seit dem Krieg ihre Koffer gepackt haben und meist nach Syrien, Jordanien und Ägypten gekommen sind, hat die Familie Radwan damit ein gesichertes Auskommen.

Ob sie an Rückkehr denken, wenn sich die Lage im Irak verbessern würde? Zuhair kommt mit einem historischen Vergleich. „Verbrennt die Schiffe“, hatte der arabische Feldherr

Tarek Ben Ziad bei der Eroberung Andalusiens seinen Männern befohlen, nachdem sie die Meerenge von Gibraltar überquert hatten. Selbst wenn sich die Sicherheitslage verbessere, der Irak und die Menschen seien nicht mehr die gleichen, wirft Intisar ein.

„Ich dachte am Anfang immer, das Problem seien die Amerikaner. Inzwischen glaube ich, dass die Iraker selbst das Hauptproblem darstellen“, bricht es aus Zuhair heraus. „Die Amerikaner haben den Kanaldeckel hochgehoben, und dann kam das irakische Chaos herausgeschwappt.“ Zu Saddams Zeiten, als die Leute Angst hatten zu reden, habe Zuhair immer gedacht, in ihren Gedanken wollten alle Iraker das Gleiche, einen demokratischen und säkularen Staat. Nach dem Sturz Saddams hätten sie entdeckt, dass die Unterschiede größer sind als die Gemeinsamkeiten. Keiner wisse mehr, wer zu wem gehört.

Ob sie etwas anders gemacht hätten, wenn sie vor fünf Jahren gewusst hätten, wie sich der Irak entwickelt? Zuhair erzählt die Geschichte eines Freundes, der ihn nach dem Krieg gefragt hatte, ob er mit ihm in der US-Botschaft arbeiten wolle. Sie brauchten gute und ehrliche Leute, um die Amerikaner zu beraten, wie das Land in die richtige Richtung zu lenken sei. Damit die Amerikaner nicht nur von dem Haufen korrupter Iraker beraten würden, die sie bei der Invasion mitgebracht hatten, argumentierte sein Freund. Zuhair lehnte es ab, mit den Besatzern zusammenzuarbeiten. „Vielleicht war das ein Fehler“, denkt er heute manchmal. „Indem die ehrlichen, säkularen, nicht korrupten Iraker sich weigerten, mit den Amerikanern zusammenzuarbeiten, haben wir das Feld den Gangstern überlassen.“

Was wäre besser gewesen? Fünf Jahre länger Saddam oder fünf Jahre US-Besatzung? Eine lange Pause – die beiden zögern. Das kann ich nicht beantworten, sagt Zuhair zunächst. „Zu Saddams Zeiten gab es die Hoffnung auf Veränderung, heute ist das Land politisch und gesellschaftlich so zerstört, dass es sich nicht wieder aufbauen lässt“, versucht er es trotzdem. „Im

Prinzip ist es egal, denn wir hatten ohnehin niemals die Wahl", sagt Intisar, „keiner hat sich Saddam ausgesucht, und nach ihm hatten wir keine andere Wahl als zu flüchten." Irakerin zu sein, das hieß in den letzten Jahrzehnten, von Umständen hin und her geworfen zu werden, auf die sie keinerlei Einfluss gehabt habe. Saddam Hussein, acht Jahre Krieg mit dem Iran, zwei Kriege mit den Amerikanern, fünf Jahre Besatzung und jetzt ein völlig zerstörtes Land. „Ich habe mein ganzes Leben verloren", fasst die 49-jährige Irakerin zusammen. Sie sagt das ohne große Regung, starrt nur geradeaus, in die Leere ihrer Kairoer Exilwohnung. „Meine Gefühle", fügt sie noch leise hinzu, „die sind dabei abgestorben."

Danksagung

„Ein Buch ist wie ein Garten, den man in seiner Tasche trägt“, lautet ein arabisches Sprichwort. An diesem Buch waren viele Gärtner beteiligt. Ausgesät hat ihn Barbara Köszegi, die nachdrücklich insistierende Programmdirektorin des K&S-Verlages, die es bei einem Spaziergang im Wiener Schlosspark Schönbrunn tatsächlich fertig gebracht hat, mich zu überreden, dass es zwar Wahnsinn ist, neben einem unberechenbaren Job als Nahost-Korrespondent und meiner Familie mit drei Kindern im anstrengenden Kairo ein Buch zu schreiben – dass es aber trotzdem gemacht werden sollte.

Natürlich gab es schon zuvor viele Wurzeln in dem Garten. Viele der Geschichten dieses Buches sind zuvor als Kolumnen in den Tageszeitungen erschienen, für die ich arbeite. Angefangen haben diese vor vielen Monden in der Rubrik der Berliner Tageszeitung *taz* mit dem schönen Titel „Nebensachen aus …“. Später wurden die Kolumnen, Reportagen und Porträts auch von der *Hannoverschen Allgemeinen*, der *Presse* in Wien, der *Sonntagszeitung* in Zürich, der *Badischen Zeitung*, den *Stuttgarter Nachrichten*, der *Rheinpfalz*, der *Rheinischen Post*, dem *Bonner General Anzeiger* und den *Lübecker Nachrichten* gedruckt. Manche sind auch in Ton und Bild als Fernsehbeitrag im ORF gelaufen.

Waren die Pflanzen im Garten erst einmal gewachsen, mussten sie gestutzt, zurechtgeschnitten und gelegentlich auch gedüngt werden. Das haben meine ebenso gewissenhaften wie erfahrenen Kollegen Jürgen Stryjak, Esther Saoub und Heiko Flottau in Kairo, Stefan Kaltenbrunner in Basata sowie Christine von dem Knesebeck in München übernommen. Ohne sie alle wäre so manche Pflanze wild gewuchert oder mangels ihrer Ideen verkümmert. Ebenso war mein Vater Magdi mit von der Gartenpartie, mit vielen Tipps und amüsanten, aber auch vielsagenden ägyptischen Familiengeschichten. Von Statistiken bis zu zitierten Witzen wurde einiges auch von meinem Assistenten Usama Naguib und von meiner Fernsehproduzentin Fatima Shihabi recherchiert. Manche Geschichte ist auch der Idee meines Kameramannes und ständigen Reisebegleiters Ali Abed entsprungen.

Jenseits der unmittelbaren Gartenarbeit entschuldige ich mich bei meinen geduldigen Kindern Nadim, Sophia und Yunis, die mehrere Urlaube ohne ihren Vater verbringen mussten und bei meiner Mama Irmhild, die kurzfristig als Urlaubsretterin eingesprungen ist. Nicht zuletzt gilt der Dank meiner Frau Krista, die wusste, wann es Zeit war, mich zu Hause rauszuschmeißen und ins Arbeitsexil ans Rote Meer zu schicken. Nur so konnte diese Buch-Saga auf einer zum Schreibtisch umfunktionierten, mit Cola-Kisten aufgebockten Holztür, mit Blick auf den inspirierenden Golf von Aqaba, tatsächlich ihren Abschluss finden.